シリーズ学級経営
田中耕治・監修

THEORY AND METHODS OF
CLASSROOM MANAGEMENT

学級経営の理論と方法

田中耕治［編著］

1

ミネルヴァ書房

シリーズ刊行にあたって

「今、なぜ学級経営（づくり）なのだろうか」。最近、小学校や中学校の先生と話していると、「何とか授業はうまくいっているのですが、学級づくりとなるとうまくいきません」と悩む声を聞くようになった。よく聞いてみると、「どうもクラスの中に、カーストみたいな人間関係が出来上がっていて、目の届かないところでいじめがあって、不登校になる子どもも生まれているんです」とか「クラスに発達障害と思われる子がいて、どうしてもその子のことが気になり、困っています」という悩みなのである。

翻って、子どもたちの立場に立てば、学校や学級はもはや安心して過ごせる居場所でなく、気苦労を強いる場所となっていることであろう。実は、「困った子」は「困っている子」なのである。このような先生と子どもたちをめぐる悲痛な状況は、一九八〇年代以降に頻発・顕在化するようになる「いじめ問題」「不登校問題」「子どもの荒れと学級崩壊問題」とつながっている。

学校教育を対象とする教育方法学は、従来は授業研究と生活指導研究とを峻別して研究されることが多かった。しかし、今日の教育現実は、授業づくりと生活指導を分離する発想を許さず、まさしく両者が統合された「学級」それ自体に正対することを要求するようになっている。本シリーズは、このような問題意識に立って、戦後日本の教育実践の豊かな蓄積を土台として、現代の多様化する学校現場を踏まえて、次の時代の学級経営を創るための確かな理論と実践知の集大成をめざそうとした。そのために、本シリーズでは、以下のような構成をとっている。

【第1巻】　学級経営の理論と方法（編集責任　田中耕治）
【第2巻】　事例で読む学級経営（共同編集責任　岸田蘭子・盛永俊弘）
【第3巻】　教育的ニーズに応じたインクルーシブな学級経営（共同編集責任　窪田知子・川地亜弥子・羽山裕子）
【別　巻】　名著でたどる学級づくりの歴史（編集責任　川地亜弥子）

読者は、関心のある巻から、また興味を惹く章から読み始めていただければ、学級経営の豊かなヒントをたくさん得ることができるだろう。

最後になったが、ご多忙、ご多用な中で、執筆を快くお引き受けいただき、玉稿をお寄せいただいた執筆者の皆様に、心から御礼申し上げたい。また、学級経営という挑戦的な課題にふさわしく、全四巻のシリーズ本を企画していただいたミネルヴァ書房の神谷透氏、深井大輔氏に、この場を借りて深く感謝申し上げたい。

二〇二二年八月

田中耕治

学級経営の理論と方法＊目次

シリーズ刊行にあたって

Ⅲ　学級経営の方法

序論　「学級」の誕生

一　「学級」とは何か

教育辞典のなかの「学級」

「学級」と聞くと、日本の公立小学校で学んだ者にとって、黒板を背にした一人の先生を前にして、整然と座る同年齢の子どもたちという共通の風景を思い起こすことであろう。しかしながら、調べてみると、私たちにとって何の変哲もない「学級」風景も、歴史のなかで紆余曲折を経て成立したことがわかり、それを知ることによって、自明視している「学級」の特質やあり方を問い直すことも可能となってくる。

まずは手始めに、そもそも「学級」は代表的な教育辞典のなかでどのように定義されているのかを見てみよう。古い順番から並べてみると、

元来学級の原語クラスなる語は、ラテンの Classis 即ち呼集する（to call）といふ意味を有する語より来りて、或る目的のために呼集せられたる一群団に適用せらる。而して学校に於ける級とは同時に教授を施すために

編制せられたる生徒の一団をいふなり。

——『教育大辞書』同文館、一九〇八年

学校教育に於て、同一の場所（教室等）で同時に教へられる一定数の児童生徒の、比較的継続性を有する集団である。

——『教育学辞典』岩波書店、一九三六年

学級は、学校に於ける最も基本的な集団であり、学習指導および生活指導の基礎単位とみなされる。

——『新版現代学校教育大事典』ぎょうせい、二〇〇二年

大きく時代は異なるとはいえ、「学級」とは、何よりも学校教育において比較的安定した児童・生徒集団を意味していることは間違いないであろう。少し詳細に読むと、「学習指導および生活指導の基礎単位」という表現から、時代が下るなかで、学校教育における「学級」の教育的な比重が高まっていることがわかる。

もちろん、このように定義したからといって、特別な示唆が得られたことにはならない。実は、「学級」について調べるということは、この児童・生徒集団をいかなる基準によって編制するのか、またそのように編制した「学級」にいかなる教育的意味を見出そうとするのかを考究することである。そうした「学級」論の探究は、次節以降において詳細に展開するとして、その大前提として、教育場面において、なぜ児童・生徒集団を対象として指導するのかについて、教育の学説史を紐解いてみようと思う。

学級の学説史——コメニウスの思想

「学級」に関する言説を教育思想上はじめて明確に述べたのは、コメニウス（J. A. Comenius, 1592-1670）である

と言われている。彼の主著『大教授学』（*'Didactica' Magna*, 1657）[1]から、関連する言説を引用してみよう。

太陽は、万物をただ一つの光線（uni iidem Radii）で、照らします。同じ雲を　垂れこめさせ　はれさせて、万物をうるおします。同じ熱と同じ風を　万物に吹き送ります。同じ熱と寒さとで　万物を活気づけるのです[2]。

私は、教師ひとりで、百人近くの生徒を指導することは、可能である、と断言するばかりではありません。そうでなくてはいけない、と主張するのであります。なぜなら、その方が、教授者にとっても学習者にとっても　まことに好都合（longe commodissimum）であるからです。教授者の方では、目の前にある生徒の数が多いほど　ますますよろこんで（majore voluptate）授業を推し進めて行くようになることは　疑いありません〈採鉱職人〈metallic fossores〉が、豊富な鉱脈に思わず手をのばすのと　同じです。〉そして、教師がますます熱心になる（fervidior）ほど、生徒の方でも活気づいて（vividiores）きます。生徒の側でも同じことで、数が多いほど楽しさも増し（majori jucunditati）お互いに役立つことも多くなる（majori utilitati）でありましょう。よろこびは常に　努力なる友を持つ、です。申すまでもなく、この年頃には、競争心（aemulationum stimuli）が盛んなので、お互いに刺激し合い、助け合うからです[3]。

集まった生徒を　いくつかの組（tribus）一例をあげれば　十人ずつ組（decuriae）にわけ、各組の上に組長（inspectors）をおき、組長の集まりの上にまた組長をおき、こうしていちばん上の組長〔教師〕まで行くようにする場合が、それです[4]。

図序－1　コメニウス

現代の立場から一七世紀に語られた言説をそのまま読むと、いろいろと疑問や異論が生まれてきそうである。そこで、コメニウス研究の最先端を行く碩学の研究書[5]を手がかりに、コメニウスの「クラス」論の歴史的意義を探ってみたい。

コメニウスが、「〈貧富、身分、性、居住地、民族等の差異にかかわらず〉すべての人にすべての事柄〈自然と人間と神についてのあらゆる事柄を網羅した汎知学〉を教授する」（傍線は筆者）と主張した背景には、「全青少年を一人も無視することなく正しく教育する以外に、戦禍に覆われた地上に平和を回復し祖国を再建する有効な道はない」[6]と考えたことがあり、この「すべての人にすべての事柄」を実現するため、「コメニウスの教授方法論は、『学級』という場面で展開されることを必要とするようになったのである」[7]。当時の状況では、教育の対象とされるのは、裕福な家庭の子弟に限られ、その指導場面は一対一の個別教授が基本であったことを想起すれば、コメニウスの「学年クラスの空間的独立」[8]を構想する「年齢別学年制学級」論、そして「一斉教授法」（一人の教師が一定数の生徒集団に対して、同一の教育内容を同一の時間で教授する方法）[9]は、近代学校の黎明を告げるにふさわしい言説であったことは間違いない。

しかしながら、たとえ「クラス」を分割して十人組法を採用したからといって、教え込みの動因と考えられることが多い「一斉教授法」について、いかにコメニウスを理解したらよいのであろうか。このことについては、「コメニウスの光の哲学の視点からすれば、〔…〕長所であれ欠点であれ、多様性は普遍性に照らされることで初めて明らかになる。個別的配慮は一見、個性の尊重に見えるが、往々にして相手を同化しようとする欲望を暗黙の前提にしているし、学習者をバラバラに引き離すことで相違の隠蔽に陥ることもある。互いの違いが明らかになることで相互の照らし合いも可能になることを考えれば、一斉教授が個性を抑圧するとは即断できない。一斉教授が学習者を光にさらすなら、それを受けた相互学習は学習者が光を発する場となりうる。学習者が光を受け取る存在から光を贈る存在へと変容する過程を、学びとして捉えたのである[10]」と応答されている。コメニウスは、加えて、コメニウスの十人組法が、一九世紀イギリスで開発されたベル・ランカスター法（モニトリアル方式）と混同されることから、その違いをモニトリアル方式ではモニター（助教）しか教えない（したがって、その指導内容や指導方法は初歩的なレベル）のに対して、コメニウスは「光となる汎知学」を教える教師の役割を重視し、いわば一斉授業と班活動を組み合わせた方式を構想していたと解説されている[11]。

コメニウスが構想した、児童・生徒集団を対象とする「学級」論の思想的萌芽は、貧富、身分、性、居住地、民族等の差異にかかわらず、すべての人を教育対象とする時代の要請に応えるものであった。さらには、そこで採用された一斉教授法は、個性を無視するものではなく、むしろ個性を逆照射するものとして意図されていた。

しかしながら、国家意思を体現して登場した近代学校の実際は、コメニウスの初発の構想とは別に、各国特有の「学級」を誕生させることになった。次に、近代学校を設立した明治日本において、日本特有の「学級」論がいかに形成されたのかを探ってみよう。

二　「等級制」から「学級制」へ——日本特有の「学級」システムの形成

近代学校を設立した明治日本において誕生した学級論とその実態を語る前に[12]、まずは近世江戸期の寺子屋の授業風景をみてみよう。その近世と近代の断絶の大きさを知ってもらうためである。

江戸期に設立されることになった寺子屋においては（図序‐2）、師匠は子どもたちの側面に座し、三、四名の

図序－2　寺子屋

一寸子花里「文学万代の宝」（始の巻・末の巻）、弘化年間（1844～1848）頃。
出所：東京都立図書館蔵、東京誌料 3920-C1-1・2。

寺子を前に呼び、初歩的な筆法や手本の読み方を授けるか、または師匠が巡視して一人ひとりの寺子を指導するといった方法で、「原則として個別教授が主」[13]であった。商業経済が発展する江戸後期になると全国に寺子屋が増え、そのことが明治政府による近代学校設立の礎になったと言われる。しかし、武士を対象とする藩校とともに、民間設立の寺子屋に通える子どもたちは限定されたものであった[14]。

スコットの招聘——アメリカ式の導入

近代になって、欧米列強と対峙するために、明治政府は一八七二（明治五）年に「学制」を発布して、全国民を対象とする教育（国民皆学）とともに、旧来の初歩的な読み書き算を超える科学知識や技術（開化日新の学）を導入・普及するための教育機関として、全国に学校を設立することを急ぐことになる。しかしながら、それまでの個別教授しか知らなかった当時の日本人は、一斉教授の方法（一斉に応答・復唱することなど）や大規模な学校における規律（例えば時間管理など）を全く知らなかった。そこで、一八七三（明治六）年にアメリカ人モルレー（D. Murray, 1830–1905）を招聘して文部省学監とし、スコット（M. M. Scott, 1843–1922）を設立されたばかりの東京師範学校（一八七二年設立）の顧問として雇い入れることになった。

スコットは、東京師範学校最初の教師として、約一〇年間、日本に教員養成法と近代教授法（一斉教授法の伝習、教則の編成、教科書の編纂）を導入した人物として知られている。スコットの具体的な教授法に関しては、初代師範学校長であった諸葛信澄《もろくずのぶずみ》が著わした『小学教師必携』（一八七三年）に記されている。また、文部省が公布した「小学教則」（一八七二年）に続いて制定された師範学校による「下等小学教則」（一八七三年）には、スコットの影響が色濃く反映されており、後者は設立されたばかりの全国の小学校に対して、実践的な指針の役割を担うことになった。

スコットは、来日直前までサンフランシスコの初等教育機関で教鞭をとっていたこともあり、日本に伝授した内容は、当時のアメリカ都市部のサンフランシスコやフィラデルフィアの「小学教則」を典拠にしたとされている[15]。一九世紀初頭のアメリカの都市部では、多くの貧民層の児童を対象にした、イギリス経由のランカスター・システムが導入されていた。そこでは、軍隊的な号令を採用した授業規律に基づいて、モニターを採用し初歩的な読み方や算術が教えられていた。しかし、一九世紀も半ば頃になると、こうしたモニトリアル方式の学校（校長一人に数十人のモニターで構成）に対する不満が増して、やがて等級学校（Graded School：一等級一教師の一斉教授が基本形態）に移行していく。その際にも、実際の授業場面では、軍隊的規律を模した教場指令法（School Tactics）が採用されていた。さらには、当時のアメリカでは、ペスタロッチ主義に基づくオスウィーゴ運動（児童の心意に配慮した実物教授を展開した運動）が次第に形骸化して、教科書内容を暗誦するために掛図を使う問答法が流行していた。来日したスコットが伝えたのは、まさに以上のアメリカのシステムと教授法であった。

「等級制」の理想

明治の「学制」がめざそうとした理想は、スコットが伝えた「一等級一教師」による一斉教授法であった。欧米列強の科学知識や技術を急速に導入・普及させるために、明治政府は閉鎖的な身分秩序を解体し国民皆学の理念のもと、後に示す学事奨励策の強力な装置として、「等級制」下の「試験」制度を活用しようとした。そのことの説明に入る前に、図序‐3に挙げた錦絵をご覧いただきたい。そこには、スコットが伝えた「一等級一教師」による一斉教授法の授業風景が描かれている。

当時出版された教授法書（諸葛信澄『小学教師必携』一八七三年）[16]から、その様子を引用してみよう。

図序－3　明治の授業風景

鮮斎永濯「小学入門教授図解」1877（明治 10）年。
出所：国立教育政策研究所教育図書館貴重資料デジタルコレクション。

教場ニ在テハ、生徒ノ行儀ヲ正シ、顧視及ビ雑談等ヲ制シ、専ラ受業ニ、注意セシムルコト肝要ナリ(17)

五十音図ヲ教フルニハ、教師、先ヅ其教フベキ、文字ヲ指シ示シ、音声ヲ明カニシテ誦読シ、第一席ノ生徒ヨリ、順次ニ誦読セシメ、然ル後、調子ヲ整へ、各ノ生徒ヲシテ、一列同音ニ、数回復サシムべシ(18)

先に示した「教場指令法」に基づいて、児童生徒は教室に入り、着席し、授業開始までの行動を号令によって統制され、授業はもっぱら「記誦注入の教授法」により、知識の記憶力、暗記力をめざすものであった。そして、その授業法の背後に、「等級制」下の「試験」制度というシステムがあった。

「試験」の時代

明治初期の小学校は、上等・下等に分かれ、各々八つの級によって構成されていた。次の二つの法令はそのことを示している。(19)

下等小学ノ課程ヲ分チ八級トス毎級六ケ月ノ習業ト定メ始テ学ニ入ル者ヲ第八級トシ次第ニ進テ第一級ニ至ル今其毎級課業授ケ方ノ一例ヲ挙テ左ニ示ス尤一般必行ノモノニハ非スト雖トモ各其地其境ニ随ヒ能ク之ヲ斟酌シテ活用ノ方ヲ求ムヘシ

――「小学教則」第二章、一八七二年

生徒ハ諸学科ニ於テ必ス其等級ヲ踏マシムルコトヲ要ス故ニ一級毎ニ必ス試験アリ一級卒業スル者ハ試験状ヲ渡シ試験状ヲ得ルモノニ非サレハ進級スルヲ得ス

――「学制」第四十八条「生徒及試業ノ事」一八七二年

ここで「級」と称されているものは、「難易度を基準に構成された教授内容のグレイドであるとともに、かつ授業のための生徒編制[20]」のことである。換言すれば、「等級」とは教授に関する「時間の概念」ではなく、教授に関する「内容程度の概念」のことである[21]。このように学業の進歩に応じて等級を定め、等級に応じて教育課程を編成する「等級制」は、もちろんスコットにより導入されたものであるが、近世儒学の一派である徂徠学派の影響にあった江戸時代の藩校にも源流があると指摘されている[22]。

ところで、「等級制」には、「複分法」と「単分法」の二つの方式がある[23]。前者は、教科別能力編制であり、学科目（教科目）または学科群ごとに各別の等級を設定して、児童は授業時間の変わるたびに別の級に移動することになる。他方、後者は、学科目すべての平均学力を基準にして等級を設定するもので、平均して同レベルの学力集団を構成することになる。当時の日本の財力（教員不足など）からみて、教科専門をとる「複分法」は難しく、さらには児童の人格形成の上からも「単分法」が採用されることになる[24]。

今日のような義務教育の段階での学年進行にともなう自動的な進級（年数（齢）主義 social promotion）とは異なり、当時においては、一定の課程を習得したことをもって進級（課程主義 merit promotion）と認定していたのである。したがって、「試験」の目的は、学業が一定の基準に達しているかどうかを判定し、それに基づいて進級・卒業ならびに進学を認定することにあり、当時の試験は「資格試験」の性格を持っていた。

ちなみに、「小試験」は毎月実施され席順を決定するために、「昇級試験」は進級認定のために、「大試験」は下等・上等の各小学校の卒業認定のために行われた。さらには「比較試験」は、試験立会人や一般参観者の衆目のなかで、各小学校選抜の優秀な生徒によって学校対抗の競争が奨励され、全受験者の成績は公表され、優秀者には褒賞が授与されたのである。[25] 当時は半年で一級を修了する「半年進級制」であり、試験に合格しなければ、「原級留置（落第）」という措置が取られるなど（逆に優秀生には「飛び級」もあり）、まさしく「試験の時代」であり、個人主義や競争主義を助長するものであった。

やや結論先取の形で大胆に整理すると、明治初期には「課程主義、等級制、試験制」は三位一体で機能するように設計され、その後三位一体に揺らぎが生じて、「年数主義、学級制、考査制」へと転換していくという経緯をたどることになる（表序-2参照）。

次に、その揺らぎと転換の様相を述べてみよう。

「等級制」の揺らぎと「学級制」の登場

先述したように、明治政府は国民皆学の理念のもと、学事奨励策の強力な装置として、「等級制」下の「試験」制度を活用しようとした。しかしながら、その装置はうまく稼働しなかったと言われている。[26]

当時の実態として、在籍者の八割程度が、八級、七級程度にとどまり、各等級における在籍児童数の著しい不均衡が生じていた。また、「等級制」であることから、同一等級内の児童の年齢構成に大幅な格差が生じており、ある県では四級に属する児童の年齢は九歳から一六歳となっていたと報告されている。また、進級困難な児童の多くは、中途退学していた。このような状況では、八級、七級以外では一斉教授の成立はきわめて困難であり、「国民皆学」（就学率はなかなか五〇%を超えなかった。表序-1）、「開化日新の学」は画餅にすぎないものとなろうとしていた。その原因は、農民層の貧困、教育内容の非民衆的な性格、厳格な試験制度の三つにあったと指摘されている。[27]

このような事態を打開するために、とりわけ規模の小さく財政基盤が弱い村落小学校（一学校の規模は八五～一一〇人で、一校当たりの教員は二人程度[28]を中心に、「合級教授」が採用されるようになる。「合級教授」とは、「一教員の複数等級同時担任制[29]」のことであり、一種の複式教授（一人の教員が複数の等級を同時に受け持つこと）であり、一等級一教員を配置できないという経費節減のために取られた制度であった。

この「等級制」の揺らぎのなかで取られた打開策（後述）の歴史的意義を理解するためには、この時期の明治政府の教育政策転換の全容を知る必要がある[30]。一八七二（明治五）年の学制のもつ硬直性（画一性、非実用性など）を軌道修正するために発出された一八七九（明治一二）年の「第一次教育令（いわゆる自由教育令）」や欧化思想（共和制的な思想など）に影響されて高揚していた自由民権運動に対抗するために、儒教主義に基づく「教学聖旨」（一八七九年）が下付され、教育政策の復古的傾向が顕著になっていく。この延長上に発出された「第二次教育令」（一八八〇〈明治一三〉年）において、儒教道徳を基本とする「修身科」が筆頭科目となる。この教育令の趣旨をふまえて、「教育課程の基準（最初の全国規模での教育内容の規準化）」を決定したのが、「小学校教則綱領」（一八八一〈明治一四〉年）である。

このような路線の集大成として、一八九〇（明治二三）年に「教育勅語」が渙発され、「忠君愛国」イデオロギーが国家の教育目的として確立されることになる。この勅語渙発と「第二次小学校令」（一八九〇〈明治二三〉年。一八八六〈明治一九〉年の「第一次小学校令」はいわゆる森

表序－1　児童の就学率

（%）

年　次	男	女	平　均
明治6	39.9	15.1	28.1
7	46.2	17.2	32.3
8	50.8	18.7	35.4
9	54.2	21.0	38.3
10	56.0	22.5	39.9
11	57.6	23.5	41.3
12	58.2	22.6	41.2
13	58.7	21.9	41.1
14	62.8	26.8	41.5
15	67.0	33.0	50.7
16	69.3	35.5	53.1
17	69.3	35.3	52.9
18	65.8	32.1	49.6

出所：文部科学省「学制百年史」https://www.mext.go.jp/b_menu/hakusho/html/others/detail/1317590.htm（2022年4月8日閲覧）をもとに作成。

文相期のもの）を受けて教育課程の全体構造が確立されるのが、「小学校教則大綱」（一八九一〈明治二四〉年）である。この時期、明治初期にあった欧米に開かれた開明的政策から「忠君愛国」イデオロギーに特化した教育政策へと転換が行われたのである。

国家政策の転換のなか、既述したような「等級制」の動揺や変質があきらかになるなかで、一八八五（明治一八）年一二月に発出された文部省達第十六号（「公立小学校修業期限一箇年ヲ以テ一学級トナス事」）において、公立小学校が従来の半年進級制を一年進級制に改め（その分、教員数は少なくてすむので）、学年制を採用することになる。この場合、半年進級制を断念したことは、明らかに「等級制」の後退を意味していた。また、日本教育史上はじめて登場した「学級」概念は、明らかに「修業の時間単位」を意味しており、課程のグレードとしての「級」とは異なるものであった。

翌年の文部省令第八号「小学校ノ学科及其ノ程度」においては、「尋常小学校ノ修業年限ヲ四箇年トシ高等小学校ノ修業年限ヲ四箇年トス」としたうえで、「第五条　尋常小学校ニ於テハ児童ノ数八十人以下高等小学校ニ於テハ六十人以下ハ教員一人ヲ以テ之ヲ教授スルコトヲ得」とし、「第六条　小学校ニ於テ教員二人ヲ置クトキハ二学級ヲ設クヘシ児童ノ数百二十人ヲ超フルトキハ三学級トナスヘシ　但教員三人以上ヲ置クトキハ本文ニ準シテ学級ヲ設クヘシ」と規定し、「一人の教員の教授しうる児童数を基準にした授業組織単位としての『級』概念[31]」を示すことになった。明らかに、「等級制」における「級」概念（内容程度の概念）からの転換であり、この場合の「級」とは、児童集団がイメージされていた。

さらに、一八九一（明治二四）年一一月に発出された文部省令第一二号「学級編制等ニ関スル規則」においては、

第一条　小学校ニ於テハ此規則ニ依リ学級ヲ編制シ及教員ヲ配置スヘシ
全校児童ヲ一学級ニ編制スルモノヲ之ヲ単級ノ学校トシ二学級以上ニ編制スルモノ之ヲ多級ノ学校トス／小学校ニ於テ全校児童ヲ二学級以上ニ編制スル場合ニ於テハ児童ノ学力及年齢ヲ斟酌シ学級ヲ別ツヘシ

第二条　市町村立尋常小学校ニ於テ学級ヲ編制スルニハ左ノ例ニ依ルヘシ
一　全校児童ノ数七十人未満ナルトキハ之ヲ一学級ニ編制スヘシ／二　全校児童ノ数七十人以上百四十未満ナルトキハ之ヲ二学級ニ編制スヘシ但七十人以上百人未満ナルトキハ之ヲ一学級ニ編制スルコトヲ得／三　全校児童ノ数百四十以上ナルトキハ一学級児童ノ数平均凡五十乃至七十人ノ割合ヲ以テ適宜学級ヲ編制スヘシ／四　同学年ノ女児ノ数一学級ヲ組織スルニ足ルトキハ該学年ノ男女学級別ツヘシ但第一学年及第二学年ニ於テハ此限ニ在ラス

と規定され、ここに「等級制」に代わる教授学習組織としての「年齢別学年制学級」制度が法制上確立することになった。その特徴は[32]、(1)学級とは、一正教員が同時に教授する児童集団の人数と規定し、量的把握を優先したこと、(2)全校一学級の編制とする「単級学校」と、全校二学級以上の編制とする「多級学校」の二種類の学校が存在したこと。就学率の低い当時の状況では、「単級学校」が多く、明治末の就学率の向上により減少したこと（大正中期まで「単級学校」が優位）。(3)「多級学校」における学級の区分原理として、「『学力』と『年齢』」を提示し、「学力」と「年齢」が混在する「学年」概念の登場を促したこと。

このようにして確立した「年齢別学年制学級」制度の特質は、「等級制」にあった「学力」の比重の後退とともに、同年齢の児童集団のもつ訓育的機能へと重点の移行がはかられたものと言えよう。その歴史的な意義について、「等級制」における競争主義[33]・個人主義では徳育重視に転換した教育政策に抵触するために、国民的連帯性を重んじる訓育が容易な集団として生徒を把握する必要性が自覚され、またそれこそが一斉授業方式になじみやすかったと説明されている[34]。

「試験制」から「考査制」へ

このように、「等級制」の後退と変質は、「等級制」を支えていた「試験制」の転換を促すことになった。「小学校教則大綱」の第二十一条では、「小学校ニ於テ児童ノ学業ヲ試験スルハ専ラ学業ノ進歩及習熟ノ度ヲ検定シテ教授上ノ参考ニ供シ又ハ卒業ヲ認定スルヲ以テ目的トスヘシ」とあるように、「試験制度」自体の役割は否定されていないが、過度な競争を煽る方法の誤りと、試験とは「教授上ノ参考ニ供」するものであるとする認識が登場してくる。さらには、日清戦争を契機として台頭してきたナショナリズムを背景として発出された、文部省「小学校ニ於ケル体育及衛生ニ関スル件」（一八九四〈明治二七〉年。いわゆる訓令第六号）において、「小学校ニ於テ施行スル所ノ試験法ハ或ハ褒貶ノ意味ニ偏シ点数ニ依リテ毎朝席順ヲ上下シ又ハ賞与ヲ与フル等過度ニ生徒ノ神経ヲ刺衝スルノ幣アリ」として、以降「試験ニ依レル席順ノ上下ヲ廃スヘシ」と提言している。

一九〇〇（明治三三）年に公布される「第三次小学校令」と同時に発出された「小学校令施行規則」（省令一四号）は、時代の要請に応え、一九四一（昭和一六）年の国民学校令までの四一年間にわたって、戦前期の教育課程と教育評価の内容と制度を規定することになる。まず何よりも、「小学校令施行規則」（省令一四号）の第二十三条には、「小学校ニ於テ各学年ノ課程ノ修了若ハ全教科ノ卒業ヲ認ムルニハ別ニ試験ヲ用フルコトナク児童平素ノ成績ヲ考査シテ之ヲ定ムヘシ」とあり、加えて「是レ心身ノ発育未タ十分ナラザル児童ヲシテ競争心ニ駆ラレ試験前一時ニ過度ノ勉強ヲ為シ是ガ為ニ往々其ノ心身ノ発育ヲ害スルノミナラス試験ノ為ニ勉強スルノ陋習ヲ

表序－2　学級と評価の小史（等級〈試験〉制から学級〈考査〉制まで）

年	月	できごと
1872（明治５）年	７月	スコット、師範学校教師に就任
	９月	「学事奨励ニ関スル被仰出書」
		文部省布達第13号別冊「学制」発布（第48条生徒及試業ノ事）
		文部省「小学教則」公布　――等級制の教授法
1873（明治６）年	２月	師範学校「下等小学教則」制定
	６月	諸葛信澄『小学教師必携』出版
1879（明治12）年	８月	「教学聖旨」下付
	９月	第一次教育令（自由教育令）
1880（明治13）年	12月	第二次教育令　――「修身科」が筆頭科目
1881（明治14）年	５月	小学校教則綱領（儒教主義）
1885（明治18）年	８月	第三次教育令
	12月	文部省達第16号　――公立小学校が学年制
1886（明治19）年	４月	第一次小学校令（森文相期）
	５月	文部省令第８号「小学校ノ学科及其程度」
1889（明治22）年	２月	大日本帝国憲法発布
1890（明治23）年	10月	第二次小学校令
		「教育ニ関スル勅語」渙発
1891（明治24）年	11月	文部省令第12号「学級編制等ニ関スル規則」　――学級制の成立
		小学校教則大綱第21条　――競争試験の是正
1894（明治27）年	９月	文部省第６号訓令「小学校ニ於ケル体育及衛生ニ関スル件」――試験による席順の上下廃す
1900（明治33）年	８月	第三次小学校令
		「小学校令施行規則」（省令14号）第23条　――試験制度の廃止と考査の重視
		同第89条　――学籍簿制定
1907（明治40）年	３月	義務教育（尋常小学校）の年限を６年に延長

出所：筆者作成。

訓致スルヲ避ケンカ為ナリ」（同小学校令改正の要旨及施行上の注意要項。一九〇〇〈明治三三〉年文部省訓令第十号）と説明されているように、明治初期に採用されていた「試験制」を廃止して、「児童平素ノ成績ヲ考査」せよ（「考査制」）という転換が注目される。その内容は、学級担任により平素及び学期内数回の調査により評定する。成績は点数（十点法）をもって調査し、評語（甲乙丙丁）をもって評点とすること、各科四点以上、全科平均五点以上を卒業・修了の標準として、通信簿には評語で記入することとなっており、「平素の学業を重視すること、つまり出席を重視することへと変えようとした[35]」と指摘されている。文字どおり、明治初期の「課程主義」から「年数主義」へと転換したことを意味する。

日清戦争（一八九四～一八九五年）、日露戦争（一九〇四～一九〇五年）を契機に急速に発展する産業資本主義を背景として、就学率は一九〇〇（明治三三）年で男子九〇％、女子七一％となり、義務教育が六年制となる一九〇七（明治四〇）年には男女平均九六％となり、一九一〇（明治四三）年には、六学級校が首位となり、現在に続く「年齢別学年制学級」制度が定着していくことになる。

三 「学級」を問う

「年齢別学年制学級」制度が定着した頃に、その「学級」を教育学の対象にすべしという主張が、沢柳政太郎[36]の『実際的教育学』（一九〇九〈明治四二〉年）において提唱されている。沢柳は、「今日の教育は学級を単位として教育を施す[37]」にもかかわらず、「従来の教育学に於ては学級に関して何らの研究がない[38]」と断じて、「学級の組織及種類」「学級の大さ」について言及している。詳細は割愛するが、この沢柳の提起を受けて、「ある意味で実践的な回答を出したのは及川平治であった[39]」と指摘されている。この及川が創案した「分団式動的教育法」は、同じく大正新教育のメッカと言われた奈良女子高等師範学校附属小学校の木下竹次にも影響を与え、ここに学習集団としての「学級」の発見と経営が展開されていくことになる。(40)

少し時代が下ると、「北方性教育運動」を担う教師たちのなかから、「生活綴方」教育が着目されるようになる。「北方性」とは当時の東北地方のことであり、旱魃や冷害を引き起こす厳しい自然環境のなかで、封建遺制と貧困にあえぐ、日本国内の〝半植民地〟と称されていた。そのようななかに赴任した若き教師たちは、教育を受けるという前提が崩壊している目前の子どもたちの状況（生活台）をまずはしっかりと把握するとともに、その状況に果敢に挑む「生活知性」や「生活意欲」を子どもたちに喚起する必要に迫られていた。「生活綴方」は、そのための有効な方法として自覚されるようになる。(41)

「生活綴方」の特徴の一つは、子どもたちの生活を綴る営みが孤立したものではなく、つねに子どもたちの集団に開かれていることである。子どもたちが書いてきた「生活綴方」は、学級の子どもたちに読まれ、話し合われていく。提出された「綴方」を軸として、子どもたちは同時代を生きる仲間たちの「つらさ」「さびしさ」「喜び」「やさしさ」を共有していく。かつて北方教師の一人は、そのことを「ひとりの喜びが　みんなの喜びとなり　ひとりの悲しみがみんなの悲しみとなる〔…〕教室」と語っていた。(42)ここに至って、生活集団としての「学級」の発見と経営が展開されることになる。

このように、子どもの目線に立った教育的集団としての「学級」の経営のあり方と今日的な課題については、次章以降でより具体的に語られるだろう。ところで、本シリーズでは特段に語られてはいない「学級論」のもう一つのテーマに、「学級」の学習環境の課題がある。たとえば、「学級」の学習環境の課題としては、学級定員、(43)教室のサイズ、照明の角度や光度、黒板などの設備、机の形状などがある。この学習環境の課題は、日本では「施設＝いれもの」観の影響で等閑視されることが多かったが、(44)今日のＩＣＴ環境の急激な変革によって、教育的検討を避けることができなくなっている。私たちが自明視してきた「学級」というテーマは、沢柳の言を俟つまでもなく、教育の本質論に根ざし、喫緊の課題を提起している。

Ⅰ　学級経営の論点

第一章　学級経営の概念規定

一　「学級経営」という言葉

文部科学省の用いる「学級経営」

授業がうまくできない、子どもが話を聞いてくれない、クラスがとても騒がしい、教室が荒れている……そうした悩みは、教師であれば一度は直面したことがあるかもしれない。その原因としてしばしば挙げられるのが学級経営である。たとえば、「学級経営がうまくいっていないからだ」「あの先生のように学級経営ができていれば」というようにである。それだけ、学級を単位として行われる教育実践は、得てして学級経営のあり方に大きく左右されると考えられている。第一章から第四章までをかけて、主として戦後日本における議論を手掛かりに、学級経営のあり方を理論的に検討してみよう。

ところで、そもそもどのような営みが「学級経営」に当たるのか。こう問われたとき、学級開きでの挨拶や自己紹介に始まり、学級・学校での生活を支える係や班、日直の決定、時間割の編成、掃除の指導、朝の会や終わりの会（ホームルーム）など、授業以外のさまざまな活動を挙げる教師は多いであろう。そのほかに、保護者対応や地域住民との渉外活動など、子ども・学級に対する直接の指導に当たらない営みをも学級経営に含めることもある。それにとどまらず、授業や生徒指導そのものも学級経営の射程に入れるという見方も可能である。実際、たとえば高旗正人編『学級経営重要用語三〇〇の基礎知識』（明治図書、二〇〇〇年）のような用語集において、これらの活動はいずれも学級経営の項目として挙げられている。

つまり、「学級経営」という概念には、教師が学級担任として行う、非常に多岐にわたるさまざまな活動が含まれる。そこでまず公式の見解として、文部科学省による「学級経営」の取り上げ方を確認してみよう。文科省は、『生徒指導提要』（二〇一〇年）において次のように規定している。

この学級・ホームルームという場において、一人一人の児童生徒の成長発達が円滑にかつ確実に進むように、学校経営の基本方針の下に、学級・ホームルームを単位として展開される様々な教育活動の成果が上がるよう諸条件を整備し運営していくことが、学級経営・ホームルーム経営と呼ばれるものです。(1)

ここから、文科省が学級経営（ホームルーム経営）を教育活動のための条件整備として捉えていることがわかる。『生徒指導提要』では、学級経営が「生徒指導の基盤」として位置づけられている。

二〇一七年改訂小学校学習指導要領の総則では、第4「児童の発達の支援」の項に「学習や生活の基盤として、教師と児童との信頼関係及び児童相互のよりよい人間関係を育てるため、日ごろから学級経営の充実を図ること」として「学級経営」の語が用いられている。この記述からは、文科省が学級経営を「信頼関係」「人間関係」につなげて把握していることがうかがえる。

「小学校学習指導要領解説　特別活動編」には、特別活動が学級経営の「要」であると明記されている。その直前には「学級がよりよい生活集団や学習集団へと向上するためには、教師の意図的、計画的な指導とともに、児童の主体的な取組が不可欠である」とある。つまり、学級経営は学級を「よりよい生活集団や学習集団」へと高めることを目的として行われる。

文科省の「学校評価ガイドライン」（二〇一六年）では、評価項目・指標の例の一つに「学級経営」が挙げられており、「学級内における児童生徒の様子や、学習に適した環境に整備されているかなど、学級経営の状況」と記されている。(2) あくまで例示にすぎないにしても、学級経営が児童生徒の様子や学習環境に関連するものであることはわかる。

この「学校評価ガイドライン」においては、学級経営は「教育課程・学習指導」分野のなかに位置づけられている。しかし、同ガイドラインが「義務教育諸学校における学校評価ガイドライン」として二〇〇六年に策定された時点では「組織運営」分野に含まれていた。このことから、教育および学習にとっての学級経営の役割が強く認識されるようになったと言える。

以上から、文科省は「学級経営」を次のように扱っていると見なすことができる。すなわちそれは、特別活動領域をその「要」として、学習指導や生徒指導を含むさまざまな教育活動の基盤としての、児童生徒の実態、人間関係や学習環境といった諸条件を整備することで、生活集団・学習集団としての質を高めていく営みである。このように公式には、主に学級経営を条件整備として捉える考え方が基本的に共有されていると見てよいであろう。

多様な学級経営概念とその理論的立場

しかし先ほど述べたとおり、学級経営として想定される活動には、単なる条件整備にとどまらないものも含まれうる。もちろん、時間割の編成や渉外活動は、一般に教育や学習を支える基盤を築くものである。ところがたとえば掃除の指導やホームルーム活動などは、学習環境、人間関係といった条件を整備するためのものとしての性格を持つが、それ自体が児童生徒の訓育としての機能をも果たしている。また授業や生徒指導そのものは、学級経営につながることは間違いないにしても、そもそも条件を整備する目的に当たるものであるだろう。こうなると、学級経営はひとまとまりの活動領域のことなのか、それとも機能と見なすのがよいのか、学習指導や生活指導を含むものなのかといった疑問も浮かんでくる。この点で、文科省の学級経営概念を相対化して検討してみる価値があると言える。

また、そのような学級経営の概念や営みを、どのような理論やモデルを用いて捉えるのかという点も一枚岩ではない。たとえばかつて宮坂哲文は、『学級づくりの理論と方法』（明治図書、一九六一年）を編集するなかで、集団主義教育、生活綴方、演劇教育、教科教育、集団力学（グループ・ダイナミクス）の代表的論者から学級づくりの理論・実践を提起させ、横断的に検討してみせた。近年でもたとえば安藤知子が、「戦後学級経営論の展開」を「生活綴り方的学級経営論」「全国生活指導研究協議会の『集団づくり論』」など五つの段階に分けて概観している。(3)

そこで第一章から第四章までをかけて、これまで提起されてきた学級経営論に関係の深い議論を手掛かりに、文科省による「公式」の学級経営概念を相対化していく。これは単に文科省の概念規定が見逃している点を探し出す作業ではなく、私たち自身の学級経営観とその立ち位置を明確にすることでもある。取り上げる理論や言説のすべてが、古くて新しい問題を含みつつ、学級経営観・実践を見つめ直すための示唆を与えてくれるものと期待したい。

本章では、とくに学級経営の概念規定をめぐる理論的立場と論点に注目し、第Ⅰ部の全体にわたる議論の見取り図を描き出していく。その際、先行研究である下村哲夫の『学年・学級の経営』（第一法規、一九八二年）を手掛かりとして、宮坂哲文、宮田丈夫、細谷俊夫の三者による学級経営論を取り上げる。この三者は、一九五八年に教育経営学会（現・日本教育経営学会）を設立したメンバーでもある。

下村は、宮坂、宮田、細谷に代表される戦後日本の学級経営に関する諸説をそれぞれ次のように整理している[4]。すなわち、⑴教科指導のなかでも学級経営が行われるとして、学級経営の問題領域に教科指導と生活指導をそれぞれ独自な形で含み込もうとする「学級教育＝学級経営論」（宮坂）、⑵教科指導と学級経営を明確に区別し、学級経営を教科指導のための条件整備と捉える「学級経営・機能論」（宮田）、⑶教科指導と学級経営を区別しつつ、独自の役割や領域を学級経営に担わせようとする「学級経営＝経営主体活動論」（細谷）である。それぞれ詳しく見ていこう。

二　三つの代表的な学級経営論

宮坂哲文の「学級教育＝学級経営論」

学級経営の主眼を生活指導に置いて、「学級崩壊」を防ぐ（あるいはそれに立ち向かう）ことは、しばしば挙げられる学級経営の主な使命である。そうであれば、授業との関係はどのように考えればよいのであろうか。学級経営と授業とを相互に独立したものとして規定するべきであろうか。

この問題に取り組んだ論者の一人が宮坂哲文である。宮坂は、学級経営に対する自身の考えを体系化した著書『学級経営入門』（明治図書、一九六四年）において、『山びこ学校』に連なる日本の学級経営の実践記録が「みな教科指導の記録であるとともに生活指導の記録」であることから、「学級経営はこのように本来、教科指導と生活指導とを統一的に展開させる実践的基盤をなすものにほかならない」(5)（傍点宮坂）と述べる。

宮坂は、学級経営を「授業とは別なこと」として捉える考えが見られることに対し、次のように述べている。

> 授業も、また、というよりもむしろ主要な学級経営の場面であることに人々の意識が向きにくいのはなぜであろうか。〔…〕「教科経営」ということばがすでにある程度のことを示唆しているように、授業という行為はそれじたい一つの経営でなければならない。授業が教授＝学習過程ということばでよばれ、そこに教師の指導性と学習者の主体性という二つの基本的契機がよみこまれていることのなかにも、授業というものの経営的本質が示唆されているということができる(6)。〔傍点宮坂〕

この記述から、宮坂が「教科経営」として、授業における学級経営を念頭に置こうとしていることがわかるだろう。このような授業における学級経営に対する理解が不十分であるために教師中心の一斉授業に陥るという懸念が見られることから、学習形態の効果的な切り替えや学習集団の形成などによって授業に「学習者の主体性」を保障しようとする取り組みを、宮坂は「教科経営」すなわち授業における学級経営として想定している。

実際、宮坂は『学級経営入門』において、「授業をとおしての学級づくり」のあり方について記している。宮坂によれば、「ひとりひとりの子どもへの教師の理解」および「より有効な学習のための解放された集団的ないし社会的場面の用意」の二つが、「授業をとおしての学級づくり」に固有な要求であるという(7)。前者には、学習のレディネス、考え方や感じ方の個性、家庭環境や健康状態などの把握が含まれる。後者としては、学級集団における相互作用を促す教師の発問、教師の指導性を通じた授業における子どもたちの組織化、学級づくりを念頭に置いた個別指導が挙げられている。

また宮坂は、「学級経営は事務的な雑務ではなく、また突発事件の善後処置でもない。それは、基本的には〈学級集団づくり〉でなければならない」として、学級経営の目的的・計画的性質を主張する。[8]「生活綴方的な手法による『なかまづくり』『学級づくり』の実践の広がりが、学級経営という古いことばに新鮮な魅力を盛った」という記述からもうかがえるように、[9]宮坂にとって学級経営は「学級づくり」にほかならなかった。

以上のように、宮坂の学級経営概念は、教師による目的的・計画的な学級指導の実践そのものである。その射程には教科指導と生活指導の両者が入り、それらの総体が学級経営であるということになる。

宮田丈夫の「学級経営・機能論」

それに対し、学級経営と教科指導とを区別しつつ、学級経営が教科指導に対して持つ役割・意義に注目したのが宮田丈夫である。宮田は、主著『新訂学級経営』（金子書房、一九七〇）において、学級経営を教科指導のための条件整備という機能を持つ経営活動として捉えている。宮田は、教師の職務を分析した教育学者ウィラード・タイディマン（W. F. Tidyman）の所論に沿いながら、自らの学級経営概念を構成した。タイディマンによれば、教師の仕事は「教授活動」が中心であると認識されてきたが、その活動の失敗と反省を通じて「経営活動」の必要性が認識されるようになった。ここにすでに、教授を補い、それに貢献する学級経営概念の根拠が見られる。

続いて宮田は、タイディマンの「経営活動」の一覧を要約しつつ、「経営活動にしても、それは教授活動本来の領域の内容にも触れるのであるが、その取り上げ方が教授活動の場合と異なる」と述べる。[10]宮田によれば、「経営活動」に含まれるのは、「教育哲学の構成」「環境整備の問題」「教授活動の管理に関する領域」「健康活動をも含めた限りでの生活活動の管理に関する領域」「家庭および地域社会との協力の活動」「教職的な関係や個人的な教養・娯楽に関する活動の領域」の六つである。[11]

このうち「教授活動の管理に関する領域」に着目しよう。ここには具体的に、評点の記録と報告、カリキュラムの計画やスケジュールの策定、さまざまな教授様式の選択と管理などが挙げられている。たとえば、評点をつけ、それを記録・報告すること自体は教授活動ではないにしても、それと密接に結びついた活動である。また、スケジュールを策定することは学級での教授活動そのものには該当しないが、しかしこれがうまく機能することによって、その日あるいはその週の教授活動を効果的に進めることができる。

宮田においても、宮坂の「教科経営」と同様の発想が見受けられる。たとえば宮坂が学習形態の切り替えや学習集団の形成といった取り組みにそれを求めていたのと同じく、宮田は「教授活動の管理に関する領域」に「学級討議」や「発見学習」を挙げ、「伝統的な方法が、どのように良い学習を妨げるものであるか」を明らかにするものとしている。(12)

しかしこうした発想は、宮田においてはあくまでも「集団の雰囲気」「集団風土」の改善策として取り上げられる。宮田にとって、教授様式の管理・選択はあくまで教授活動を補助するもので、それ自体を教授活動として捉えるという視点は相対的に薄い。このことは、たとえば宮坂が教師の発問によって学級の相互作用を促し、学習集団を組織していく方法の探究を進めようとしていたのとは対照的である。宮田における学級経営の概念は、教師の仕事のあらゆる領域に及ぶものであるが、しかし教授活動そのものとは明確に区別されつつ、それを支えるものとして位置づけられるものである。宮田の記述を引用すれば次のとおりである。

経営活動は一応教授活動とは対比される。学校の場合にせよ、また、学級の場合にせよ、経営活動は教育内容の全域にわたって、その内容を通して目的や目標を実現する方法の効果をあげるために行なわれる外面的な活動なのである。別な言い方をするならば、経営活動は教授の効果をあげるための条件整備という性格をもつものであり、また、教授の方法をなめらかにする潤滑油のはたらきをするものとみてよい[13]。

この記述から、宮田の学級経営概念の特徴を次のとおり二点指摘することができる。(1)学級経営は学級教育のすべての領域にわたる。(2)学級経営は学級教育の外側からその効果を上げるために行われる。すなわち、宮坂とは対照的に、宮田は学級経営をあくまでも教授のための「条件整備」の営みとして規定している。宮田によれば、この「条件整備」に含まれる経営活動の内容は「学級の環境経営」「学級の学習風土（教科経営の問題）」「児童活動と学級経営」「学級教師の諸関係」の四つに整理できる[14]。

細谷俊夫の「学級経営＝経営主体活動論」

学級経営の独立性をさらに高めたのが、細谷俊夫の学級経営概念である。細谷は主著『教育方法』（岩波書店、第四版、一九九一年）にて、「学級における教師の活動」を「教授を主体とする活動」と「経営を主体とする活動」に分けて捉え、「教師の活動から教授を主体とする活動を除いたすべての活動が学級経営の分野に含まれることになるのであって、その範囲はきわめて広く、学級に関するあらゆる問題がこれに関連をもってくる」と述べた[15]。この点では、細谷と宮田の見解はほとんど同じである。

しかし細谷は、宮田とは異なり、学級経営を教科指導のための条件整備にとどめることに否定的である。細谷によれば、学級経営は市民性を育む領域として、教科指導の領域と対応して重要な機能を果たすという。

細谷はアメリカにおける学級経営論の歩みを踏まえ、「最近の学級経営において重視される問題」を五つ挙げる[16]。第一に「科学的成績考査の問題」である。これは、教師の主観が評価に入り込まず、数量的に容易に処理できる「科学的」な考査で得た情報を、経営活動に生かすことを指す。

第二の問題は「学級編成ないし学級内の分団編成の問題」である。宮田や宮坂と同じく細谷も、教育の目的に応じた学級や分団の編成が、学級経営上重要な問題と見なされている。これは従来「教授能率」を高めるために行われてきたが、「学校を一つの共同体として、生徒の社会人としての資質を培養することが、個人の知的能力の伸長を図ることよりも、はるかに重要な意味をもつべきであるという教育の新しい目的観」が持たれるようになってきたため、異質性を尊重する学級編成・分団編成への注目が集まっていると細谷は述べる[17]。この点で、細谷は学級経営を教授面の問題に解消する考えに否定的である。

第三の問題は「常規的活動の問題」である。「常規的活動」は「行動を習慣化する部面」に関わるもので[18]、座席指定、出席記録、教室移動、教具の整理・管理、教室の清掃などが含まれる。これらの活動は教授の効率化を図ることができる点で重要であるばかりでなく、「教育の新しい目的観」のもとで、「社会的・協同的訓育の手段」にもなりえている[19]。

第四の問題は「生活指導の問題」である。細谷のいう生活指導は「生徒の行為に対して禁止的な制御を加えることよりも、むしろ建設的態度ないし習慣を発展させるような方向に向かって指導すること」であり[20]、すでに行われた反社会的行為を矯正する〈一次的生活指導〉と、そうした反社会的行為を未然に防ぎ、望ましい社会的行為を実践させることを目的とする〈二次的生活指導〉とからなる。〈二次的生活指導〉は、一定の指導計画のもとで組織的・系統的に行われる、学級経営の一環となる。

第五の問題は「特別活動の問題」である。細谷は、『教育方法』の初版（岩波書店、一九六〇年）から一貫して、「特別活動の問題」（初版のみ「特別教育活動の問題」）を最も新しい学級経営の問題領域として挙げている。細谷によれば、特別活動には次のような学級経営の独自な役割が見いだされる。

その内容としては学級会活動、生徒（児童）会、クラブ活動などが中心になっている。そのうちでも学級会活動はとくに重視されるものであるが、この場合には教室は単なる教授のための場ではなくて、市民性育成のための実験室となり、教師は教科の指導者ではなくて、生徒の指導者となる。〔…〕いまや学級経営は教授に対して隷属的地位を守ることが許されなくなり、それ自身として重要な機能を果さねばならなくなってきたといえよう。(21)

ここでも細谷は、「教育の新しい目的観」を念頭に置いて、学級経営が果たすべき役割を、教授活動とは相対的に独立したものとして描き出している。特別活動が行われるなかで、学級経営は「教授に対して隷属的地位」すなわち教授のための条件整備の機能を果たすものではなく、「市民性育成」や「社会的・協同的訓育」といった訓育的な機能をこそ果たす独自の活動とならねばならないというわけである。したがって細谷は、教授活動と経営活動とを明確に区別し、学級経営が専ら経営活動を担うものとして考える点で宮坂と意見を異にし、さらに独自に訓育機能を担うものとして学級経営を領域的に捉える点で宮田とも異なる概念規定を行っている。

以上の三つの立場は、とくに教科指導との関わりという点において大きく異なっている。どのように学級経営概念を規定するかによって、学校教育における学級経営の位置づけや、学級経営の方法に対する考え方は変わってくる。次節でこの点を検討しよう。

三　学校教育における学級経営の位置づけをめぐって

下村哲夫による三つの概念規定の比較検討

下村は、学級経営が学校教育の一領域として独立しうるものなのか、学校教育において効果的に作用する一機能なのかという観点から、これら三つの学級経営論を検討する。まず、「学級教育＝学級経営論」について下村は、宮坂の「授業という行為はそれじたい一つの経営でなければならない」という言葉を取り上げ、「学級経営がすでに条件整備の域をこえて位置づけられている」とし、「学級教育と学級経営とを同一視する」ものと見る。[22]教師が学級の中で行うすべての営みには多かれ少なかれ経営的側面が存在するとして、あらゆる学級教育を学級経営と捉えるのが、この「学級教育＝学級経営論」である。

下村はこの「学級教育＝学級経営論」に対し二つの点で批判を加えている。第一に、確かにこの考え方は現場感覚に馴染みやすいが、学級経営概念がきわめて広くなるおそれがあるという。[23]これでは結局、一般に教師という存在が学級担任として行うあらゆる活動が学級経営に含まれることになってしまい、わざわざ学級経営という言葉を用いる必要性が薄れてしまう。第二に、教科指導においては教科の論理がすでに存在し、それが優先されるべきであるという。下村によれば、「教科指導においても、学級担任教師の経営的配慮が必要とされるのは当然であるが、教科指導は、本来、教科の論理にもとづいて進められるものであり、経営的配慮なるものもまた教科の学習課題の達成をめざすものである」[24]。こうして下村は、教科指導における「経営はその基底となる諸条件の整備・調整の役割にとどまる」と見るよう主張している。[25]

残る「学級経営・機能論」と「学級経営＝経営主体活動論」について、下村はそれぞれ学級経営を「機能」と見る立場と、「領域」と見る立場というように特徴づけている。「学級経営・機能論」の代表格である宮田は、教授活動と経営活動とを区別してはいるが、教授活動と経営活動とが完全に切り離されているわけではない。あくまで経営活動は教授活動の効果を上げるための「潤滑油」なのであり、したがって独立した「領域」にはなりえず、「機能」として捉えるべきものであるということになる。

一方で細谷に代表される「学級経営＝経営主体活動論」は、学級経営を「領域」と捉えることに結びつく。細谷は、「教育の新しい目的観」として、「市民性育成」や「社会的・協同的訓育」を近年の学級経営が果たすべき使命と見ていた。こうした学級経営は、主として領域「特別活動」において追求されるものとなる。

下村自身は「学級経営を機能と捉える立場に立ち、その役割は広い意味での条件整備にある」（傍点下村）と主張する。[26]すでに見たように下村は、教科の論理に基づくという前提のもとで「教科指導においても、学級担任教師の経営的配慮が必要とされるのは当然」と考えていた。この点で下村の論は、学級経営を独立した「領域」とする考えに対立する。しかし一方で、宮田のように学級経営を「教授の効果をあげる」「教授の方法をなめらかにする」ためのものと見るのではなく、「児童・生徒の学習の成立に重要な影響を及ぼす」ものと見なしている。視点を「教授」ではなく「学習」に向けることで、条件整備をより広く捉えようというわけである。

「広い意味で」整備すべき条件として下村は、人的条件・物的条件・運営的条件の三つを挙げる。人的条件は「グループ編成、係活動、リーダーとフォロワー、子どもの交友関係などの児童・生徒にかかわる問題」、物的条件は「教室の採光・通風・保湿、教室環境の工夫、座席の決め方などの学習環境にかかわる問題」、運営的条件は『学級のきまり、朝の会・終わりの会、休み時間・放課後、教育相談、学級通信、家庭との連携・協力、学級事務などの学級運営にかかわる問題」をそれぞれ指している。[27]

学級経営の論点と方法

以上の議論から、自身の学級経営観を見つめ直すための観点として、次の三つのポイントが挙げられる。第一に、学級経営は学校教育あるいは学級教育の「機能」なのか、それとも「領域」なのか。この点を言い換えれば、教科に固有の論理が敷かれるべき教師の教授活動・教科指導に、経営的発想をどれほど取り入れるのかという問いにもなる。第二に、学級経営を教科指導あるいは教科学習の条件整備の営みと見なす場合、整備すべき「条件」の内実をどう規定し、教科の教授・学習と両立させていくのか。第三に、教科指導と相対的に独自な役割を学級経営に担わせようとするならば、（児童生徒の自治的活動の位置づけを含めて）どのようにその独自の役割を規定し、教育課程のなかで実現を図っていくのか。これら第二・第三の論点は同時に、学級経営として行う「生活指導」をどう捉えるのかという問題にもつながるものである。

学級経営の概念規定の仕方により、実践における学級経営の方法が異なるとの指摘もある。白松賢は、「条件整備」としての学級経営を「狭義の学級経営」、人間関係づくりや集団づくりをも含めた学級経営を「広義の学級経営」と呼んで、両者の内実とそこから導かれる実践的方途について検討している。[28] 白松のいう「狭義の学級経営」は「学級における学習のための秩序をつくること（条件整備）をねらいとした学級経営」であり、とりわけ教科担任制のもとでの「教科の授業でも学級経営は可能」「教師の仕事の中心は教科の授業である」という考え方に基づくものである。[29] この「狭義の学級経営」では、児童生徒を学習指導のためにコントロールし、教科の授業を行う教室に秩序をもたらすことに主眼が置かれることになる。ただし、教室に秩序をもたらそうとするあまり、学級での規律を強制し、教師と児童生徒との関係を「管理＝服従」の関係に陥らせてしまうこともありえる。

この「狭義の学級経営」は宮田と同じく「条件整備」としての学級経営であるが、整備される「条件」については、両者の間で一致しているわけではない。宮田の場合、評点の記録と報告、カリキュラムの計画やスケジュールの策定、さまざまな教授様式の選択と管理などが「教授活動の管理」として挙げられていたのに対し、白松の描く「狭義の学級経営」は「教室（学校）における学習や生活をルーティーン化（きまりごとの習慣化）することや教室（学校）における学習や活動（作業）の手順の見える化」に注目するものである(30)。

「狭義の学級経営」が教師によるコントロールと秩序形成を指すのに対し、「広義の学級経営」は、「狭義の学級経営に、児童生徒の自律的・自治的活動による学級づくり（児童生徒と教師による協働的な学級づくり）を包含したもの」とされる(31)。白松はその根拠を教育課程における特別活動の役割（詳しくは次章で検討）に求めており、この点において、かつての宮坂と細谷の学級経営概念を「広義の学級経営」としてまとめて捉えている。その方法は、特別活動や、偶発的な出来事をきっかけに児童生徒の関係や行動が好ましくなるよう働きかけるといった手立てを通じて、児童生徒が自主的・自治的に行えることを増やしていくというものとなる。

白松は「狭義の学級経営」に基づく「計画的領域」、「広義の学級経営」に基づく「偶発的領域」に、児童生徒一人ひとりがそれぞれの人権や人格を尊重するよう指導する「必然的領域」を、「学級経営の三領域」として描き出す。そのうえで、各領域の占める割合の変化でもって、年間にわたる学級経営実践の進め方を提起している(32)。そこには、「広義の学級経営」に（限定的であるにしても）宮坂の学級経営概念、「狭義の学級経営」に宮田の学級経営概念、そして学級経営に独自の訓育的役割を果たさせようとする点で細谷の学級経営概念の名残りがうかがえるように、かつての三者の学級経営論がそれぞれ統合されていると見ることもできよう。

学級経営と学級教育

しかしそうした総花的な学級経営観のもとでは、本項冒頭で挙げた論点がほとんど自覚されにくい。たとえば宮坂に対して下村が向けたような批判は免れないし、教科に固有の論理と学級経営との関係が曖昧なままになるおそれがある。このことは結果的に、かつて教科指導と生活指導との関係が問われた際に指摘された、教科内容の「歪み」をも不問に付すことになりかねない。また、学級経営を教師が学級担任として行うほとんどすべての活動を指すものとして捉えることで、「経営」と「教育」の間にあるはずの差異がきわめて曖昧なものとなり、ひいては「学級経営」という概念の存在基盤が崩れてしまう可能性もある。

そもそも学級経営という言葉が用いられるようになったのは、それが存在していなかった頃の教育や教授の欠点を補うためである。先に触れたように宮田は、教師の職務の中心である「教授活動」の失敗と反省を通じて「経営活動」の必要性が認識されるようになったという歴史を挙げている。

国内で言えば、明治後期に澤正が、校長が行う「学校経営」と対比する形で「学級経営」を史上初めて打ち出した。澤は、主著『学級経営』（弘道館、一九一二年）において、「学校教育の基礎は学級の経営にあり[33]」、「各学級担任者は決して『教育』など、漠然たる意識を以てせず、常に学級経営といふところに目的をおき日々これが実現に力めなければならない[34]」、「学級経営は学校教育の基礎経営であって、その内容は殆ど教育の内容すべてを対象とする[35]」と述べて、教師が主体的に行う学級経営が、学校教育の基礎として、ほとんど全体にわたって行われるものであると主張した（学級経営が「殆ど教育の内容すべてを対象とする」ものであるとしても、必ずしも教育のほとんどすべてであるとされているわけではない点には注意したい）。

これらの歴史を踏まえれば、学級経営を、教師が学級担任として行うあらゆる活動として、すなわち学級教育の総体として捉えることは必ずしも妥当ではない。それは、指導や教授とは一定区別される独自の使命を持ち、学校経営と同様、教育目的を達成するために計画的・組織的に人的・物的体制を整えていくものとして把握されるべきものであろう。

むろんたとえば、学力水準を一定以上に高めたり、学級集団を発展させたりすることが、のちの実践を効果的に進めるための基礎を築く累積的な営みであると考えれば、あらゆる学級教育は学級経営であると言えるかもしれない。それゆえにこそ、基本的には、学級経営を宮田や下村の言うように教育活動全体にわたって働く機能概念として規定するのが妥当である。「基本的には」としたのは、現行の教育課程の構造において、特別活動とそれ以外の領域ではそのあり方が変わってくるためである。

小括

さて、ここで得られた論点に照らし、第Ⅰ部の残りの章に橋渡しを行いたい。まず、次章の「小川―宮坂論争」では、生活指導が「機能」なのか「領域」なのかを主に問うた小川―宮坂論争を手がかりとして、本章で提示した学級経営の位置づけ方、および教育課程における「特別活動」の位置づけと学級経営論上の意義に関する検討を伴う。その次に扱う「学習集団」「習熟度別学級編成」「個性化」といった諸概念は、学級経営の主体や、教科指導における学級経営のあり方を考える題材となる。ここに「生活集団」の問題を考え合わせるとき、教授のための条件整備に解消されない学級経営概念の可能性を検討することにもなる。こうした問題を軸にして、自身の学級経営観の位置を見極め、そのあり方を省察していくことができるものと期待される。

第二章　学級経営と教育課程

一　機能概念と領域概念をめぐる論争

小川―宮坂論争の背景と発端

前章では、教育課程における学級経営の位置づけに関して、学級経営を機能として規定しようとする立場（宮田丈夫ら）と、領域として規定しようとする立場（細谷俊夫ら）とを挙げた。その延長で、基本的には機能概念として規定するのが妥当であろうと述べたわけであるが、しかし現実的には、特別活動のように学級経営を中心に行う領域も存在している。また、学級経営が機能であるとして、それを教科指導のなかで作用させようとしたときに、教科の中心的な目的の達成が疎外されないか、すなわち学級経営としては十分成功している一方で教科の学力形成が不十分に終わるというような事態が招かれないかという危惧もある。

こうした点は、かつて小川太郎と宮坂哲文との間で繰り広げられた論争（以下、小川―宮坂論争）の論点に通じるところが大きい。そこで本章では、かつて〈生活指導は機能か領域か〉という論点をめぐって繰り広げられた小川―宮坂論争を手掛かりに、〈学級経営は機能か領域か〉という問題や、学級経営と特別活動の関係について考えてみたい。

小川―宮坂論争の背景のひとつには、「道徳の時間」特設をめぐる動向がある。一九五八年告示の学習指導要領では、それまで学校教育のあらゆる機会において指導されるものであった道徳教育が、「道徳の時間」において補充・深化されるものとされた。こうして道徳性（モラル）の形成を中心的に担う道徳教育の領域が成立したのに対し、生活指導を通じて民主社会におけるモラル形成を図ろうとしていた論者たちは、概して特設道徳を批判する立場から、教育課程における生活指導のあり方を自ら問い直すことになった。小川と宮坂の論の違いはこの点にも関わっている。

実践面では、『山びこ学校』（一九五一年）に代表される生活綴方実践の再興が当時見られた。生活綴方実践は、一人ひとりのリアルな生活現実を出し合い、集団でそれを読み合い、話し合うことを通して、子どもたちが意識や行動を変革させていく営みを中心とする。そのうちとくに小西健二郎の『学級革命』（一九五五年）などを、宮坂は生活指導（仲間づくり、学級づくり）につながるものとして評価し、生活綴方的生活指導とも呼ばれる自らの生活指導論を確立していた。また一方では、生活綴方が持つ人間形成上の意義を強く認識し、教科指導においてその方法を応用しようとする「生活綴方的教育方法」の実践も見られるようになった。ここで、生活指導的な色彩が強く評価されている生活綴方を教科指導においても応用するという発想がなされたことにより、「教科における生活指導」や「教科の中の生活指導」というキーワードのもとで、教科指導と生活指導との関係が議論されることにもなった。

「生活綴方的教育方法」に関心を抱いていた小川らの手による、「教科の中の生活指導」についての記述が、小川―宮坂論争の直接のきっかけとなっている。その記述は、小川ら名古屋大学研究グループによる論考「子どもの実践と認識をどう指導するか（下）――国民のための教育科学再論（三）[1]」においてなされた。小川らは、当時さかんに議論されていた「教科の中の生活指導」というキーワードが、教育の構造にもたらす「混乱」を挙げ、教育過程が必然的に併有する「教育の二側面」すなわち「人格の教育」と「認識と技能の教育」が、教科指導および生活指導にどう表れるかを検討した。

「教科の中の生活指導」という発想は、小川らによれば、「真実の人間をつくる教育という目的のもとに、教科において、両者を結合しようと考えるようになった」ことで生まれた[2]。教科指導は「認識と技能の教育」を重視するものであるが、戦後新教育が教科の系統性を軽視する方向に動いたこと、教科指導が受験に翻弄されたことを受けて、教科指導においても（教科の系統性を確立したうえで）「人格の教育」の側面をいかに進めるべきかという問題が議論されるようになったというわけである。

しかし「教科の中の生活指導」は、次の理由で「かえって教育の構造の正しい認識に混乱を生んでいるように思われる」と小川らは言う。

> 「生活指導」ということばは、もともと、「教科指導」に対して言われていることばで、その時間的・場所的な領域をもっているいわば領域概念である。それを教科という領域の中にももちこんで、教科における真実の人間形成を図かろうとすると、生活指導という領域に独特な方法が教科指導の領域にもち込まれるということになる。たとえば、生活指導でグループの協力を強調するので教科指導でもグループの教え合いの方法が全面的に用いられたり、生活綴り方をどの教科でもいつでも用いることが、教科における人間形成だと考えられたりしかねない。それでは教科が乱れることになる。また、そういう方法が用いがたいとなると、教科の中の生活指導はどうしてよいかわからないということになる[3]。〔傍点小川ら〕

この引用文のポイントは次の三つにまとめられる。(1)小川らは生活指導を「領域」として明確に規定している。(2)「領域」たる生活指導は、「もともと」は教科指導と対置されるべき概念である。(3)二つの「領域」にはそれぞれ「領域に独特な方法」が存在し、一方の「方法」を他方に適用しようとすると適用先の領域が「乱れる」ことになる。

こうした小川らの生活指導＝「領域」論に対してはっきりと批判を突き付けたのが宮坂であった。宮坂は、小川らの論考のおよそ半年後に、同じく『教育』誌で「生活指導と道徳教育」(4)を発表した。この論考において宮坂は生活指導を次のように「ひとまず」定義づける。すなわち、「教師が子どもたちと親密な人間関係を結び、一人一人の子どもたちが現にいとなんでいるものの見かた、考えかた、感じかたならびにそれらに支えられた行動のしかたを理解し、そのような理解をその子どもたち自身ならびにかれら相互間のものにも押しひろげることによって、豊かな人間理解に基く集団をきずきあげ、その活動への積極的参加のなかで、一人一人の生きかたをより価値の高いものに引き上げていく教育的なはたらき」である。(5)宮坂にとって生活指導とは、「集団をきずきあげ」ること＝「学級づくり」と不可分であり、またそれは「一人一人の生きかた」をよりよくしていくことを目的としていた。

ここで宮坂は生活指導を機能として捉えている。この定義に続けて宮坂は、小川らを名指しして「かなり重大な誤り」と批判している。

それ〔生活指導〕は当然教科と教科外を問わず、いずれの領域においても、およそ教師と子どもが接触するかぎりのすべての場において行われうる教育上のいとなみにほかならない。そしてこのような生活指導というしごとは、教科を子どもの身につけさせていく側から要求される学校教育のしごととしての学習指導と相対応するものであり、教材研究がそこで要求される学習指導のしごとと、児童研究がそこで要求される生活指導のしごとが、一人の子どもをめぐって統合的に進められるときに、はじめて学校教育はことばのもっとも正しい意味での教育にまでたかまるということができよう。念のためにいえば、学習指導という機能もまた教科と教科外の両面にわたって行われうるし、また行われなければならない性質のものである。ただ二つの領域の特性に応じて発現のしかたがちがうにすぎない[6]。

ここから読み取れる宮坂の生活指導＝「機能」論の要点は次の四点にまとめられる。(1)生活指導は学校教育の「機能ないし作用」である。(2)生活指導は学習指導に対置される。(3)「領域」とは「教科」と「教科外」を指し、「機能」たる生活指導・学習指導はその両者にわたって行われ、学校教育が「ことばのもっとも正しい意味での教育」に高まるために統一されるべきである。(4)学習指導が教材研究を、生活指導は児童研究を必要とする。

小川らに対する直接の言及は「生活指導と道徳教育」においてであるが、これと同じ頃に発表された「学校教育における生活指導の役割とホームルーム[7]」のなかで、宮坂はこの四点について次のとおりより判然と述べている。

教科指導の対立概念は正しくは教科外指導であり、生活指導の対立概念は学習指導（狭義）とみるのが正しいであろう。教科（指導）は教科外（指導）とともにむしろ領域概念であり、これにたいして生活指導は学習指導（狭義）とともに機能概念としてとらえられるべきものであろう。〔…〕両機能が統合的にあらわれるときはじめて正しい意味の学習指導、つまり人格形成としての広義の学習指導が成立つと考えられる[8]。

宮坂の言った「ことばのもっとも正しい意味での教育」は、いま引用した文のなかにある「人格形成としての広義の学習指導」と言い換えてよいであろう。「狭義の学習指導」機能が教科のなかで発動して次第に教科外へと射程を広げていくとともに、生活指導機能が教科外で発動して次第に教科の学習をより実践的なものへと高めていくことで、両者は統一され、「広義の学習指導」を実現することになる。したがって、宮坂にとって生活指導は二つの「領域」にまたがって発動する「機能」にほかならなかった。

なお、宮坂の言う「領域」は、小川らのそれとは異なる。「このばあいの教科外の領域というのは組織活動としての教科外活動というよりも、教科の時間をこえた教師と生徒、生徒相互の自由な人間的な接触場面を基本的には意味すべきものと考える」とあるように(9)、宮坂が「領域」として挙げる「教科外」は、「教科の時間をこえ」て、学校教育のすべてを包含する可能性を伏在させていた。この「領域」概念は、「時間的・場所的な領域」を有するという小川らの「領域」概念とはいずれ異なるものへと進んでいくことになる。

以上から、小川らの論と宮坂の論は、学校教育の構造に対する認識に関し、次の点で対立していると要約できる。つまり、小川らは生活指導を「領域」として捉え、教科指導に対置しており、両者とも「人格の教育」と「認識・技能の教育」の二側面を持つものとしている。これに対し宮坂は、生活指導を「機能」として捉え、学習指導に対置しており、両者ともに「教科」と「教科外」の二領域にわたって発動するものとしている。

相互批判から意見の一致へ

宮坂の生活指導＝「機能」論に小川が反論したのは、一九五八年の歴史教育者協議会大会における小川の「教育における教科の意義」と題する講演である。この講演内容は『歴史地理教育』一九五八年一一月号に掲載され、その後「教育における教科の位置――歴史教育をめぐって」という題で『国民教育と教師』（国土社、一九五九年）

に収められた。続く宮坂の反批判が、この『国民教育と教師』にまで言及していたことを考慮して、ここでは「教育における教科の位置」をテキストとして小川の主張を参照しておこう。

　小川は、宮坂のように教育の機能を「教材を伝える学習指導」と「個々の子どもの生活の問題の解決をたすける生活指導」とに分け、教科・教科外がともに両機能を含むと捉えるならば、教科指導と教科外指導の違いは「学習指導と生活指導のいずれが先に発想されるかの差にすぎな」くなると述べたうえで〔傍点小川〕、次のように『経験カリキュラム』を帰結すると批判する。

> 教科と教科外との本質的な差、したがって教科の固有な任務がなくなってしまいはしないであろうか。そしてその論理的な帰結としては、教科、教科外の別のない経験カリキュラムを理想とする、ということになりはしないであろうか。〔…〕たとえば、社会科における歴史の教育を、学習指導と生活指導の二つの機能の統一としよう。それは二つの部分ではなく、二つの機能であるのだから、歴史教育の一歩一歩にその両機能が働いていなければならない。そうすると、歴史教育はつねに生活指導の機能を、したがって問題の解決をたすけるという機能をもたなければならない。過去の現象、歴史の法則についての一定の認識を与える仕事を、そのような個人の問題の解決という生活指導との統一において行なわねばならない。その結果は、歴史認識を不当に現在の個人の問題と結びつけることになり、法則を認識させる歴史の教育ではなく、鑑としての歴史の教育に陥りはしないだろうか。[10]〔傍点小川〕

　生活指導を「機能」と見ると、固有の任務と論理を持っているはずの各教科のあり方が歪められることになってしまうという。「時間的・場所的な領域」および「独特な方法」を有する「領域」として生活指導を捉え、かつそれがいたずらに他方の教科指導に結びつけられることを警戒する小川にとって、宮坂の生活指導＝「機能」論は首肯できるものではなかった。

これに対し宮坂は「残念なことに小川氏は生活指導を領域概念として規定するのは誤りだとする本論での批判にほとんどまったく答えておられない」と述べる。これは宮坂が『生活指導と道徳教育』（明治図書、一九五九年）に収めた先ほどの論考「生活指導と道徳教育」に、「付記」として足された「小川太郎氏の反論にこたえる」という一文のなかでの言葉である。[11] さらに、「不思議に思うことは、小川氏が右の文章のなかで、生活指導の意味を小川氏ご自身の考えにしたがって勝手に限定して論を展開しておられるということである。〔…〕著者は教科における生活指導機能を、教材をつねに個人の問題解決に役立たせることだけとは考えてもいないし、書いてもいない」として、小川が宮坂の論を恣意的に歪めて理解している点を論難する。宮坂も先の歴史教育の例や「経験カリキュラム」を良しとせず、両領域の「特性」を意識する必要があると考えている。[12] すでに触れたように、宮坂の生活指導概念と、それに対する小川の解釈とは必ずしも一致しない。先に挙げた宮坂による生活指導の「ひとまず」の定義に比べ、小川の批判において言及された生活指導概念はかなり限定的である。

かくして両者の差異が明らかになったが、しかし宮坂はこの「付記」の最後の部分で小川と歩調を合わせようとする。宮坂いわく、「教育領域と教育作用のとらえかたの基本」に関しては、「小川氏と著者の間には大差はない」し「ほとんど同じだといってもよい」。[13] 宮坂の言う教科外領域は、小川も教科外と呼んでおり、小川の「領域」としての生活指導とほとんど同義でもある。宮坂が「機能」として挙げる「学習指導」「生活指導」も、小川の「認識と技能の教育」「人格の教育」にそれぞれ相当するという。

小川はと言えば、『教育と陶冶の理論』（明治図書、一九六三年）において、「教育作用の二側面としてあげた学力の教育と人格の教育ということも、宮坂氏が学習指導と生活指導という二つの機能としてあらわしておられるものに当る」と述べる[14]（傍点小川）。つまり小川も、教育作用の面で宮坂と根本的に異なる構造的把握をしているわけではないと認めている。加えて小川は、「教科を通しての生活指導」が、「教科の教育を不当に生活化したり、それが不可能とみると、教科指導を生活指導と無関係に考えたりする誤り」を生む傾向にあると述べる[15]。論争当初から小川が述べ続けている教科指導の「乱れ」がここでも言及される。注意すべきは、小川がそうした「乱れ」を指摘するにとどまらず、「教科指導を生活指導と無関係に考え」ることもまた「誤り」としている点である。小川は、「〔「教科を通しての生活指導」という考え方で〕教科指導の生活化、主体化が行なわれた例はすでに少なくない」、「教材の生活化や個性化を大切にしなければならない」と述べているように、「教科を通しての生活指導」に積極的な価値を見いだしている[16]。そうして「学力と人格とを正しく統一した人間を形成する教科指導」を実現させていくことが課題とされる[17]。

両者の論争は、以上のように未解決の課題を残しながらも、双方の考えが根本的に食い違ったものではないという認識をもって、事実上の終結を迎えた。あわせて、各領域の特性を踏まえた学力形成的側面と人格形成的側面の統一という共通の課題が両者の間で確認された。学級経営を機能として捉える際にも、何よりも教科指導の固有のあり方を基盤として、各教科の特性に応じた経営機能の発現の仕方を追究する必要があると言えよう。

しかしながら、小川―宮坂論争に関する論考には、その顚末のあり方を批判し、当事者である小川と宮坂の認識以上の意味を見いだそうとするものがある。つまり、両者の間には、単に生活指導の概念規定以上の問題があるというわけである。次節ではそうした論考を取り上げ、本章のテーマである学級経営と教育課程の関係を考察するための視点を検討する。

二　小川―宮坂論争の発展的検討

大橋精夫による二元論批判

小川と宮坂の論争を一面的であるとし、その不十分さを指摘したのが、小川の共同研究者でもあった大橋精夫である。「統一的な人間像（教育目標）」が設定されることによって「学習指導と生活指導とは、教科と教科外とに領域的に区別されながらも、相互に機能的に統一される可能性をもつ」（傍点大橋）という一文からうかがえるように[18]、大橋が重要視していたのは、機能であれ領域であれ、生活指導を学習指導（教科指導）とどう統一するかという問題であった。事実、大橋は「生活指導を『領域』としてみとめることは、名大グループの主張するように、それに固有な方法を教科指導のうちに不当にもちこんで、方法論上の混乱をひきおこさないために、必要である。これに対して、生活指導を『機能』としてみとめることは、宮坂氏の強調するように、それを教科外の領域のみに限定しないために、必要である」と述べて、機能と領域の双方で捉える必要性を主張する[19]。

小川と宮坂はともに、機能（あるいは側面）と領域による「二元論」的な構造把握に陥り、またそれに終始してしまっている。一応宮坂は広義の学習指導をもって両機能を一元的にまとめあげるという方向性を打ち出してはいたが、しかし大橋はそうした方策を肯定しない。その理由は次のとおりである。

> 統一はけっして区別の解消、あるいは同一視であってはならないのである。このことが見のがされると、教科指導の方法と生活指導の方法とのゆるし難い混同がおこなわれるようになる。もしそのようにして生活指導に固有な方法が無批判的に――というのは、陶冶の論理を犯して――教科指導のなかにもちこまれるなら

ば、子どもの学習は混乱し、教授はその目的を達成することができなくなる[20]。

つまり、教科指導と生活指導との区別を解消しえない前提としたうえで、両者の「統一」を追求していくことが重要であるというわけである。この意味で、両者の区別を解消する仕方で広義の学習指導への一元的把握を志向した宮坂と、「学力と人格とを正しく統一した人間」の形成として機能的な統一を志向しながらも領域に対してはなお区別に終始していた小川は、大橋にしてみればともに一面的な論点しか提示していなかったことになる。

藤田昌士による教育的教授の観点の提起

同様に藤田昌士は、「この概念が領域概念であり、あるいは機能概念であることを自明のこととする小川、宮坂の理解は、それぞれ一面性を免れないといえよう」と述べる[21]。藤田によれば、この論争で注目しなければならないのは両者がそれぞれの側から「現代的な教育的教授の確立という課題が提出されていること」である[22]。小川の側からは、教科内容の真実性、教科内容の現実性、教科内容の系統性、教授法、教室における人間関係、教室における規律といった点から「教科における人格の教育」についての「一般的・包括的な問題提起」が行われていた。一方で宮坂にあってはより焦点化された仕方で、客観的な教科内容の学習と、子ども自身による個人的・主体的な問題とが結びつき、その問題状況を変革していくこととして「教科における生活指導」が論じられたと藤田は整理する。

そのうえで藤田は、宮坂の論が「焦点化されているだけに、無原則的に一般化されることによって、教科指導の経験主義的・態度主義的な歪曲を招く危険をもはらむものであった」とする[23]。これは宮坂の生活指導＝「機能」論が教科指導と教科外指導との差異を曖昧にすることで経験カリキュラムにつながるとして、小川も批判していた点である。宮坂自身は否定していたが、しかしここに潜んでいた「宮坂自身もいう個人的・主体的な生き方を高め、深めていくための基礎に培う『系統的知識の役割』」という問題をこそ深めなければならなかったという。[24] これは小川らの「教科内容の現実性」と重なる。この点をめぐってこそ両者の論は展開し、教育実践の進展を見ていくべきであったというわけである。

竹内常一による原理的・歴史的検討

竹内常一は、『生活指導の理論』（明治図書、一九六九年）において、教育実践史において小川・宮坂の生活指導論がそれぞれ生活訓練論・自由教育論の系譜に位置づけられることをもとに、「この論争にはどう考えてみても相当な意見の対立があったことを否定するわけにはいかない」と主張する。[25] 竹内はそれを三つの点に整理している。

第一の相違点は教育概念に関わるものである。竹内は小川が教育を教授と訓練という二つの作用からなるものとして捉えており、教科指導と生活指導を教育の本質に関わる仕方で領域的に区分したとする。[26] 一方、宮坂は教育を広義の学習指導に一元化して捉えており、生活指導も狭義の学習指導も「人格形成としての、学習指導の側面であって、宮坂のいうような独立した教育機能ではない」ため、そこでなされる教科領域／教科外領域の区分も「学習指導内の便宜的な区分」でしかない。[27]

第二の相違点は「教科をとおしての生活指導」に関するもので、宮坂の機能論が「鑑としての歴史の教育」を生んでしまうと小川が批判した点にあたる。「生きかた」の指導としての生活指導と機能的に一元化されることは結局、宮坂自身が「誤っていると考える」と弁明していようと、そのような指導に行き着いてしまうというわけである。

第三の相違点は生活指導観に関わるものである。竹内は小川の生活指導観を「訓練論的生活指導」、宮坂のものを「学習法的生活指導」として区別する。学習法的生活指導とは、竹内によれば「問題解決学習の内面化、心情化、道徳化されたもの」であり、「主体的主観的現実を学習材として生きかたの学習を指導していくもの」であって、「訓練の方法でなく学習指導の方法によってとらえられている」[28]。両者は同じく人格形成を目的としつつも、本質的に異なる生活指導観を持っていたということになる。しかしその差異が十分に認識されなかったために、結果として両者は自らの論をあまり修正することがないまま歩み寄ってしまったという[29]。

現状、学級経営が教育課程上どう位置づけられるかを考えるとき、学習指導要領において総則と特別活動のみが学級経営に言及していることを踏まえ、学級経営のための特別活動の位置づけ、とりわけ特別活動と各教科の関係を検討することになる。その際、ここまでの論点に基づけば、特別活動のなかで学級経営が占める領域、教科指導に照らした特別活動の目的・内容の独自性を明らかにする必要がある。次節ではこの点を検討する。

三　領域「特別活動」と学級経営

特別活動の目標と内容

特別活動は、児童生徒の学校生活のうち、各教科や道徳、総合的な学習の時間、外国語活動といった領域に該当しない活動の多くを含む領域である。ただし、いわゆる朝の会や帰りの会、給食、休憩の時間は、学習指導要領が標準時数を定める領域としての特別活動には含まれない。

二〇一七・二〇一八年改訂学習指導要領では、集団活動の意義とそこで求められる行動の仕方の習得、自他の関係に関わる課題解決・意思決定の力量の形成、生活・人間関係の形成・向上と自己実現を図る態度の涵養が目指されている。その内容領域は「各活動」と「学校行事」に分けられる。うち「各活動」は「学級活動」（高等学校は「ホームルーム活動」）、「児童会活動」（中学校・高等学校は「生徒会活動」）、「クラブ活動」（小学校のみ）から成り立っている。

「学級活動」は、学級・学校生活をよりよくするために、一連の課題解決活動に取り組むことと、学級での話し合いを生かして自己の課題の解決・意思決定を図ることである。具体的には、「学級や学校における生活づくりへの参画」「日常の生活や学習への適応と自己の成長及び健康安全」「一人一人のキャリア形成と自己実現」からなる。「学校」とあるのは主に、学校生活の向上に向けた提案や取り組みを学級として考えることを指す。

これに対し「児童会活動」「生徒会活動」は、異年齢の児童生徒同士、すなわち全校児童あるいは全校生徒で協力しあって取り組むことが求められるものである。活動内容としては、児童会・生徒会の組織づくりと活動の計画や運営、ならびに学校行事への協力の二点が共通して設定されているほか、小学校では「異年齢集団による交流」が、中学校・高等学校では「ボランティア活動などの社会参画」が含まれる。

同じく異年齢児童同士（四年生以上）で取り組む小学校段階の「クラブ活動」は、「共通の興味・関心を追求する集団活動」に関わる。同じく集団活動の計画・運営を行うほか、協力してその興味・関心を追求することと、活動成果を全校児童・地域住民に向けて発表することとが含まれる。

「各活動」が協働的な課題解決を図るものであったのに対し、「学校行事」では、同じく学級内外での協力を前提としつつ、さまざまな形での体験活動を中心として、所属感・連帯感・公共の精神の涵養が図られる。学校行事そのものは自発的・自治的な活動とは見なされないが、「学校行事への協力」をその一環とする児童会活動・生徒会活動との相乗効果が期待される。

特別活動と学級経営

二〇一七年改訂小学校学習指導要領では、特別活動の「指導計画の作成と内容の取扱い」において学級経営の語が用いられている。すなわち、「学級活動における児童の自発的、自治的な活動を中心として、各活動と学校行事を相互に関連付けながら、個々の児童についての理解を深め、教師と児童、児童相互の信頼関係を育み、学級経営の充実を図ること」という箇所である。なお、これに続けて「いじめの未然防止等を含めた生徒指導との関連を図る」ことが「特に」求められており、授業の円滑な実施のための経営的方策というよりもむしろその前提として、教室における人間関係を維持向上させることが、学級経営の重要な使命と見なされていると言える。

同年改訂の小学校学習指導要領解説・特別活動編からはそのことがより明確にうかがえる。同書は学級経営を、「一般的に、その担任教師が学校の教育目標や学級の実態を踏まえて作成した学級経営の目標・方針に即して、必要な諸条件の整備を行い運営・展開されるもの」と定義する[30]。教科に限らない「学校の教育目標」の達成と、「学級の実態」を把握してよりよい学級づくりを図るための営みとして、学級経営が捉えられている。

「学級活動」とりわけ「学級や学校における生活づくりへの参画」は、そのまま学級経営の場と見なせる。また、学習適応や自己の成長、興味・関心の追求、キャリア形成が個性を尊重する児童生徒理解につながり、所属感や連帯感を高めることがその学校の目標達成につながると見れば、すべてが学級経営のための活動であるとも読める。同解説では、特別活動は「学級活動における自発的、自治的な活動を中心として、学級経営の充実に資するもの[31]」、「特別活動を要として計画され、特別活動の目標に示された資質・能力を育成することにより、さらなる深化が図られる」もの[32]とされている。特別活動がまさに学級経営の「要」になる。

学級経営は機能概念か領域概念か

では現在、学級経営は領域概念として捉えられていると見なしてよいのであろうか。確かに、特別活動が学級経営を志向していることをもって、学級経営概念に特別活動を包摂してしまうのであれば、学級経営は領域概念であると言えるかもしれない。小川―宮坂論争において、領域として成立するために固有の指導方法が必要であることを確認した。また教育課程論としても、領域には「他領域に解消されることのない、その領域に特徴的な指導と学習の質を抽出することができること」「その領域に固有な指導計画（教育目標・内容、教材、指導過程と学習形態、教育評価）を立てることができること」「学校の全体的な教育計画において、一連のまとまった学習時間数を要求することができること」がその成立に必要とされている[33]。ここまでの仮定をすべてそのまま採用できるならば、特別活動の目標・内容を学級経営の概念規定と見なすことによって、学級経営を領域概念として捉えることは不可能ではない。

しかし、学級経営が特別活動と同一視され、機能概念ではなく領域概念として捉えられるのであれば、特別活動は各教科等の基盤を築く、従属的な領域でなければならないことになるが、これは必ずしも正しくない。特別活動には、各教科等の授業を円滑に進めるための条件整備に解消されない、小川の言葉を借りれば認識・技能の教育にあたる側面も含まれているためである。それは特に「学校行事」において顕著である。

では学級経営は宮田の言っていたように「潤滑油」すなわち機能概念であると断定してよいかと言えば、これも必ずしも正しくない。これは特別活動以外の領域にとっては当てはまるが、特別活動では、学級経営は側面というよりも内容そのもの、厳密に言えばそれらの内容を通して「充実」が図られるべき目標概念となっているからである。少なくともそれは、特別活動を円滑に進めるための機能概念としては規定されにくい。

したがって次のように捉えるのが妥当であろう。学級経営は、特別活動にとっては目標概念のひとつに位置づけられる。しかしそれは、学校の全体的な教育目標の達成に至る中途に位置づけられる目標概念であって、それを達成することによって学校の教育目標の達成が促されるほか、各教科等の目標を達成するための教育的教授の基盤を築き上げるという点からすれば、特別活動以外の領域にとっては機能概念となる。学級経営は条件整備のための機能概念としての側面を持つが、その「条件」は各教科等における「主体的・対話的で深い学び」の実現のための条件にとどまらない。それはより広く、教育課程編成主体としての学校において設定される教育目標を達成するための「条件」として捉えられる必要がある。

学級経営は、小川の訓練論的生活指導のような側面を持つ領域概念でありつつも、特別活動以外の領域の目標達成にとっての基盤を築く機能概念的側面を担っている。この点で、生活指導とは事情が異なる。生活指導は、機能であれ領域であれ、また学習法的生活指導であれ訓練論的生活指導であれ、教科指導（学習指導）と対置され、さらにそれとの統一が図られるものであったためである。

むしろ学級経営は、大橋による小川―宮坂論争批判が示唆していたように、機能か領域かという二元論的把握では捉えきれない概念であると言ってよいであろう。またそのような特質があるからこそ、学級経営を各教科等と統一することができる。むろんその際、各教科等に固有の論理が歪められない形での学級経営機能の発揮の形が追求される必要がある。

小括

本章では、生活指導の概念規定に関わる小川―宮坂論争を取り上げて、学級経営が領域であるか機能であるかという問題について考えるための視点を得た。そのうえで、学習指導要領を中心に、学級経営の「要」としての特別活動の目標・内容・方法を検討することによって、それぞれの領域にわたって学級経営概念の現れ方が異なるという見方を提示した。

学習指導要領では、各教科等における学級経営の機能が明示的に描かれているわけではないし、そもそも学級経営概念に触れるようになったこと自体二〇〇八年・二〇〇九年改訂学習指導要領以来と歴史が浅いため、十分に概念規定がなされているわけではない。各教科等の教育的教授の実現に資することを目的とするならば、学習集団として学級経営を行うことになる。一方で、特別活動がそうであるように、どの児童生徒も排斥されず、個性を尊重され、それを発揮できる自治的集団をつくるのであれば、生活集団として学級を経営していくことになる。学級が学習集団と生活集団を兼ねる場合、この二つの学級経営はいかに統一されるのであろうか。次章ではまず、学習集団としての学級経営のあり方を探ることとする。

第三章　学習集団としての学級経営

一　学習集団という用語

学習指導要領における「学習集団」

二〇一七年改訂学習指導要領解説・特別活動編において、学級経営は学級を「よりよい生活集団や学習集団」へと高めることを目的として行われるものとして規定されている。ところで、「生活集団」や「学習集団」とは何であろうか。同解説の他のところでは、「学校生活や学習の基盤としての集団づくり」という表現が見られる。つまり文科省の概念規定によれば、「生活集団」は「学校生活」の、「学習集団」は「学習」のための集団として位置づけられており、「集団づくり」によってそれらを「向上」させることが「基盤」であるというわけである。

同解説の総則編には、「学習内容の習熟の程度に応じた指導については、〔…〕学級内で学習集団を編成する場合と学級の枠を超えて学習集団を編成する場合が考えられる」という記述も見られる。この記述を読む限り、「学習集団」は必ずしもその規模を学級と同じくするものというわけではなく、学級をより細分化して編成することも、複数の学級にわたって編成することも可能であるということになる。

また、ここでの「学習集団」は、積極的な価値を持つものというよりも、単に編成という操作だけで成立するものとして扱われている。つまり、「学習集団」という概念それ自体に積極的な価値は込められておらず、どのような質であれ、編成されれば「学習集団」になるということである。

しかしながらこれだけでは、「よりよい学習集団」がどのようなものであるのかは判然としない。この点を考えるにあたって示唆的なのが、一九七〇年代頃から本格的に追究されてきた学習集団論である。学習集団論においては、自治的集団づくりとしての学級集団づくりと学習集団の関係や、学習集団の成立根拠などをめぐって論争が繰り広げられてきた。

学習集団は目標概念か既にある実体か

学習集団の概念規定に関しては、大きく二つの立場が見られた。ひとつは広島大学の吉本均に代表される、目標概念として学習集団を捉える立場である。吉本が編者を務めた『教授学重要用語三〇〇の基礎知識』（明治図書、一九八一年）では、「学習集団」は「学級はそのまま学習集団ではない。また学習集団は班学習・小集団学習という学習の形態を意味しない。学習集団とは、みんなでわかりあう授業の創造を目指す教育実践の目標概念である」と規定されている。(1) この概念規定に従えば、学習集団は一定の積極的な価値を有する目標概念であるため、単に学習のために編成されただけの集団は、学習集団になどなりえない。

このような吉本の立場に批判を加えたのが、全国生活指導研究協議会（全生研）の大西忠治である。大西は、吉本の過去の著書『現代授業集団の構造』（明治図書、一九六九年）における「学習集団」の語法を検討することによって、吉本が「論理的な飛躍」を経てそのような目標概念としての学習集団規定を行うに至ったと主張する。吉本は『現代授業集団の構造』において次のように「学習集団づくり」の必要性を主張していた。(2) すなわち、教授＝学習過程であるべき授業において、学習主体として立ち現れなければならない子どもたちは、教授作用の客体すなわち「お客さん」に成り下がっていることが多く、したがって子どもたちを学習主体としていくこと、すなわち「学習集団を導きだす」ことが求められるという。

大西はこの規定を吉本の学習集団＝「目標」論の根源と見て分析する。大西によれば、授業を「教授＝学習過程」として等号を用いて規定するのであれば、教授過程と学習過程は、ひとつの統一的な過程を教師と子どものどちらから捉えるかという側面の問題にすぎなくなる。このため教授があって学習がないということは起こりえず、したがって「教授主体だけがあって学習主体がないということはすでにあり得ない(3)」。もちろん真の意味での『学習主体』とはなりえていないというように「価値的な意味」での問題はあるかもしれないが、それは大西によれば「ちょうど、『お客さん』の存在をゆるすような日常的な『授業』や『教授』が、りっぱな『授業』でも、りっぱな『教授主体』でもないというのと同じことである(4)」。

つまり、存在論的に言えば子どもたちが教授過程にとっての「客体」であるのは当然のことであり、もともと統一的に捉えられている主体―客体関係を「主体と主体との相互対決の過程」として切り離し、さらに「対決」という価値概念を込めている点に、ある種の恣意的な操作が見られるということである。加えて大西は、吉本がここで「客体」を価値概念である「お客さん」に置き換えることによって、「二重の飛躍」を行っていることになると述べる(5)。このことをもって大西は、目標概念としての学習集団規定を「まったく根拠のない主観的な思いつきだったのではなかろうか」とまで言ってのけてしまう(6)。

子どもたちが、望ましい意味での学習主体として教授＝学習過程たる授業に参加できるよう保障するための教授学的・方法的に学習集団概念を規定しようとする吉本の議論に対し、大西はその初期の規定の「論理的な飛躍」を突くことでもって「主観的な思いつき」と結論づけ、学習集団概念から目標論的レトリックを切り捨てようとした。大西の議論は、学習集団に目標論的性格を付与することの是非ではなく、目標論的性格を付与するに至った立論過程の精密さに関わるものであって、追求すべき望ましい学習集団の姿や、学習集団の質を高めることの必要性までは批判していない。ただし、このことでもって大西は学習集団を「客観的、社会的な実在としての概念にすぎない」ものとして結論づけている。(7)

大西は、吉本を中心とする広島大学グループと違い、「学習集団づくり」という言い方をせず、後述するように学習集団の成立根拠すなわち教科の学習を学習集団で進めるための論理的基盤を固めることで、学習集団に対する指導の管理の方法論を探っていく。ここは、ちょうど前章の小川―宮坂論争に見られたような論点、すなわち学習集団の問題と自治的集団づくりの問題とを分けて考えなければ、「教科学習を生活指導（道徳教育）的にし、生活指導を教科的にしてしまって、両者を区別し、その教科内容と方法をあきらかにすることができにくく、弱くして」しまうことに対する危惧が含まれている。(8)したがって、学習集団は学級集団づくりなどの生活指導的問題とは独自に追究しなければならなかった。

二　学習集団の指導過程

「学習集団づくり」の方法

学習集団を目標概念として捉える立場では、学級を学習集団に育てることが目指されるのに対し、すでにある実体を表すとして捉える立場では、学習集団を成立させ、指導・管理することに主眼が置かれることになる。高田清によれば、そこでの論点は次のように整理される。(9)すなわち、(1)自治的集団では、児童生徒の集団の指導が教師の指導を乗り越えていくが、学習集団では乗り越えるか否か。(2)授業における自治は限定された「部分自治」か、またその「部分自治」を積極的に捉えるかどうか。(3)自治的集団づくりの方法を学習集団の指導に積極的に「もちこむ」べきか否か。(4)学習集団は生活集団を基礎として学習の間だけ組織される集団か、同一年齢の学習者が同一教室で同一内容をともに学習する「学級教授組織」をその原則とするか。(5)教育内容が学習集団を要請するか、教授・学習行為が学習集団を喚起するか。(6)学習集団は目標概念か、「存在しているもの」か。(7)授業のなかでの教師の指導性は「伝達におけるヘゲモニー」すなわち教科内容の伝達過程において握る主導権を根拠とするのか、それとも「教授主体と学習主体との知的対決」として捉えるべきか。

学級を学習集団につくり変えることを重視する吉本らは、学習集団づくりに自治的集団づくりの指導論を積極的に適用しようとしていた。また吉本は、学級集団に自主連帯の学習規律を確立すること、集団思考を組織化することという二つの筋道を統一することで学習集団の指導を構想した。前者では媒介としての班が、後者では綿密な教材解釈に裏づけられた教師の発問・指導案づくりによる学習内容の方向づけが重視される。参加している／していない、答えがわかる／まだわからない、答えが違う／同じという三つの「分裂」を関わり合わせることで学習集団がつくられていく。この過程は「対立・分化から共感・統一へ」と定式化されている。

のちにこの方法は、「『応答し合う関係』の質的発展とその指導」として次のように具体化された[10]。第一に、対面する関係の指導として、教師と子どもたちが対面して話す・聴くという事態を、子どもたち同士の間につくり出す。第二はうなずき合う（首をかしげる）関係の指導であり、話す・聴く関係においてそのやりとりの内容に関わる応答関係をつくり上げるものである。第三は「わからない」を出すことの指導で、「わからない」子どもが、「わからない」というメッセージを他の子ども（リーダーなど）に出してもらう状態から、自らが出せるようにしていくことをいう。第四に発問（説明・指示）による対立・分化とその指導として、先述のように集団思考を展開させる。第五は、「接続詞でかかわり合う」関係である。ここでいう「接続詞」とは「そのわけは」「もっとくわしくいうと」などであり、これらによって個々の考えや意見を結びつける形で問答や討論を組織していく。討論や話し合いとしての一斉学習をいかに高め、全員がそれに主体的に参加できる関係をいかに発展させるかに重点が置かれていたと言える。

学習集団の成立根拠とその指導

一方で、学習集団をすでに存在する実体として捉える大西らは、当面やむをえず自治的集団づくりの方法を持ち込むにしても、いずれは学習集団の指導と管理に独自の方法を編み出し、それに拠らねばならないという立場をとるものであった。この立場は、教科内容研究に目を向けることによって学習集団の成立と指導・管理の方法の独自性を追求するものであった。

大西は学習集団についての最初の著書のなかで「『学習のための集団』こそは、各教科の科学的性格に支えられて、おそらく、各個別の教科のそれぞれの独自性に応じたスタイルと機能とを持つようなものとして成立してくるのではないか」と述べており[11]、当初より教科内容を根拠に学習集団論を展開しようとしていた。しかし当初大西は同時に、集団づくりが十分になされていない学級について、教科内容から導き出される学習集団以前の問題としていた。そのため当面は「学級つくりを授業の中に持ち込んでいるような状態」のなかで[12]、授業における「班・核・討議つくり」が実践上の課題となっていた。つまり大西は当初、学級集団づくりの手法を授業に応用したり、学習そのものの集団性を解明したりすることで、学習集団の指導論を確立していこうとしていた。

そのような各教科に根拠を置かない学習集団指導の方法、いわば通教科的な指導方法として、第一に授業開きにおける児童生徒との合意形成が挙げられる。これは、子どもに対してまず「『学習』とは何か、『授業』とは何か、『教科』とは何か」を問いかけ、教師と子どもの役割・関係・使命について合意をつくり出すことである[13]。

具体的な合意の内容は次のとおりである。すなわち、(1)人類は生産労働によって発展してきた。学習とは本来、次の世代に労働の仕方を教えるものである。それは個人のためであると同時に人類の生存・発展のためのものである。(2)だから、学習は、単に個人のためのものだけであるのではなく、全員が助け合い、全員が身につけなくてはならない集団的なものである。(3)教師は教える者であり、子どもたちはわからないことを教わりにきている。だからわからせるのが先生の責任であり、わからなければ「わからない」とはっきり言うことが、子どもたちの義務である。[14] 大西は、授業開きから初めの一か月を丸々費やして子どもたちに徹底的にこのような合意を形成した。

第二に、授業スタイルの訓練が挙げられる。これは、一斉授業から班での話し合い、討論へといった授業形態の切り替えをすばやく行える学習集団にするために、授業開きから教師の授業スタイルを子どもたちに訓練させ、身につけさせておくことをいう。

第三に、「はなしあい」の指導である。「はなしあい」の形態は、問答から順に「子どもたちのもの」となっていく必要がある。[15] まず「一斉問答」から始め、「個人問答」や「班内でのはなしあい」も取り入れていく。そこから個人問答の際に他の子どもが割り込んできて「からみ問答」を展開したり、それが混乱に陥らないようにするための形式とルールに基づいて班対抗で競争・討論を繰り広げたりするという方向で、質の高い学習集団を形成していこうとする。とくに、まず班内で意見を出し合ってからそれを集約し、班の意見として提出するという「討論の二重方式」を大西は重視した。

第四は「教育的挑発」である。討論や班活動において、子どもたちに積極的に発言させようとする際、大西は、挑発的な仕方での班指名などによって、発言しない者にも発言させなければ自分たちの班は損をするといった意識を全体に持たせることで、班競争を激化させる。その際、意見を持たない子どもに無理やり発言させるのは逆効果であるということで、班で話し合いをさせる際、他の班員の意見のなかで一番賛成できるものを自分の意見としてもいいと教え込んでおく。そこから、自分なりの変換や訂正を通じて、やがて自分の意見をつくり出せるようになるというわけである。

これらは通教科的な指導の視点であったが、大西は教科内容の科学的性格を確立させ、それを学習集団成立の根拠に置くことを求めていた。これは単に教科によって班長となるべき子どもが違うというような問題にとどまるものではなく、「生徒たちの今日の『授業』のなかに『学習集団』の形成の必然性を保障する『教科』があるか？」というように、教科の組織体系そのものを問い直すものでもあった。(16)

そこで大西は、一九八六年に科学的「読み」の授業研究会（以下、「読み研」）を発足させて教科内容の研究を進め、その成果である「読み研」方式と結びつけ、教科内容に即した学習集団の指導論を追究していった。「読み研」方式では、範読や音読に続いて難読・新出語を明らかにする「表層の読み」から、「深層の読み」へと展開していく。「深層の読み」は、文章の典型構造（起承転結など）をモデルとして題材の構造を分析する「構造読み」と、それをもとに読むべき箇所を特定し詳しく読み取っていく「形象読み」（詩歌では「技法読み」）と「主題読み」という三段階からなる。

「読み研」方式には、教科内容研究によって必然的に導かれた学習集団指導の形としての討論が組み込まれている。たとえば「構造読み」は、読みの力を身につけるために、「読み研」の国語科研究が確立したものである。ここで子どもたちは、起承転結などの文章の典型構造を「ものさし」として用いることで容易に議論できる。これはあくまで典型であり、例外的な構造を持つ文章に出合うこともありうる。その際普通、子どもたちの案は複数出されるため、「討論・論争の授業は必然的に招かれる」とされる。(17)またそれを通して、子どもたちは自らの読みを確かめ、他の読みに照らし、戦わせながら、正当性を主張していくことが求められる。このように、大西の学習集団論にあっては、一斉学習の真価が学習の集団的性格と教科内容によって引き出され、相互批判的な討論においてグループ学習・個別学習との有機的な連関が図られたのであった。

三　学習集団と個性化・個別化

習熟度別の学習集団編成

ところで大西は、教科内容を成立根拠として学習集団を捉えるなかで、将来的には「『クラブ・部を原型とした』『いわゆる生活集団』を集団的には基礎として、そこから、英語のための数学のための、同一教科課程修得能力をもったものを、その同一の発達段階を基礎にした同一年令の生徒をぬき出してきて組織し、しかもその学習が行なわれている間だけ、集団として存在しても、学習が終わればまた、基礎集団としての『クラブ・部』のような、『いわゆる生活集団』へ帰っていくような」集団となっていくであろうという見通しを抱いていた[18]。つまり、純然たる〈学習のための集団〉を形成することによって、学習集団としての学級を解体するというアイデアである。この大西の構想は、「クラブ、部を原型にし、しかも『学級』のように全校の生徒をその集団の内部に組織し得たような、いわゆる『生活集団』が成立し得るようになったとき」という前提のもとでなされたものである[19]。

しかしこのような学習集団を成立させようとするとき、たとえば実情として、習熟度別編成のように強引に「純然たる」学習集団を確立させることもできてしまう。大西によれば一九八九年改訂学習指導要領の解説において、「習熟度別学習集団」という言い方がなされたという[20]。これに対し大西は、「『学級』とは違った集団として編成され、『学級集団』とは関係のない集団として、学習のためだけに編成される集団という意味をもつ。つまりそこでは、いわゆる『生活指導』＝『学級つくり』は行われないということになる。〔…〕こういう『学習集団』の概念は、私の主張するものと同じである」と認めている。[21] しかし大西は同時に、「習熟度」は学習に集団で取り組む本質的な理由にはなりにくいとして、「習熟度」を学習集団成立の根拠とすることを疑問視し、先の引用の直後で「習熟度別学習集団」というあり方に賛成するわけではないと記している。

本章冒頭で取り上げたように、現在の学習指導要領においては習熟度別学級編成の文脈で学習集団という語が用いられている。学習集団としての学級経営を追求していくとき、この習熟度別学級編成あるいは習熟度別指導の位置づけおよび意義・課題を検討する必要があろう。

習熟度別指導のアイデアは、早くはたとえば一九七八年の高等学校学習指導要領において「各教科・科目の指導に当たっては、生徒の学習内容の習熟の程度などに応じて弾力的な学級の編成を工夫するなど適切な配慮をすること」という文言で現れていた。これが初等中等教育で出揃うのは、二〇〇三年の小学校学習指導要領一部改正においてである（一部改正に向かう動きのなかで、たとえば二〇〇一年の「レインボープラン」や二〇〇二年の「学びのすすめ」アピールにおいて、少人数授業に並ぶ形で触れられてはいた）。

二〇〇三年版小学校学習指導要領総則では、「指導計画の作成等に当たって配慮すべき事項」において「個に応じた指導」の「工夫改善」の方策例が列挙されるなかに、「学習内容の習熟の程度に応じた指導、児童の興味・関心等に応じた課題学習、補充的な学習や発展的な学習などの学習活動を取り入れた指導」が追加された。こうした背景から、習熟度別指導は「個に応じた指導」を実現するための方策のひとつであって、個性に着目した学級経営のひとつの形として考えられていると言ってよい。

しかし、ここでいう「個性」は、「習熟度」なる量的基準に照らして判断されるものにすぎず、学習適性や長所・短所、興味・関心といった、個人内評価を要求する質的な視点に立ったものではない。このことは、習熟度別指導がとりわけ子どもの学習意欲に対して持つ否定的効果に表れる。たとえば佐藤学は、アメリカの実証的研究を紹介しつつ、習熟度別指導は、中位層・下位層に位置する子どもたちの学力水準に寄与することはないうえに、とりわけ下位層の子どもたちは仲間関係から孤立し、学習態度も積極的になることはなく、基礎的で態度に関わる学びの機会しか与えられないことによって、結果的に学力格差をも広げてしまう結果となるとまとめている[22]。

習熟度別指導が効果的に機能するための条件については、たとえば「異質性を減らすことが特に重要となる教科（読むこと、算数）に限定し、一日の大半は集団内異質なクラスにいさせること」や、「子どもの配置を頻繁に再評価し、柔軟に再配置すること」などが必要であると明らかにされている[23]。逆に言えば、生活集団としての学級やホームルームにいる時間が少なかったり、編成された習熟度別学級の成員が長期間にわたって固定されていたりすれば、習熟度に応じた学習集団としての学級経営はうまく機能しないということになる。

また加藤幸次は、習熟度別指導を阻む要因を、「世間体」と「メンツ」に求めている[24]。「世間体」としては、「子どもはみな同じペースで発達・成長するものである」というある種の「平等主義」が社会に根づいていることによるという。「メンツ」としては、子どもたちが「違っている」「異質である」ことを恐れたり、自分が劣っていることを認めたくなかったり、逆に優れた点があることを隠したかったりするという問題が指摘されている。

以上から、量的基準に基づく「個人差」を「個性」と見なすことによって「個に応じた指導」を実現しようとする習熟度別指導および習熟度別学級編成は、個性概念の一面性や、学力に与える否定的影響、子どもの側からの拒絶などといった問題を抱えうるものであると考えられる。それは学習集団としての学級経営のあり方のひとつではあるが、大西や吉本が目指していたような、協働的な学習集団の姿を実現する営みにはなりにくい。

指導の個別化・学習の個性化

学習集団としての学級経営のあり方に関わって、個性という視点から、「指導の個別化」および「学習の個性化」についても検討しておこう。これらはもともと加藤ら個性化教育連盟や、彼らが関わっていた愛知県東浦町立緒川小学校において提唱されたアイデアである。最近では、「令和の日本型学校教育」のあり方を示すなかで援用され、再び注目を集めている。

「指導の個別化」と「学習の個性化」は、Society 5.0に向けた学校教育を構想する中央教育審議会の「『令和の日本型学校教育』の構築を目指して～全ての子供たちの可能性を引き出す、個別最適な学びと、協働的な学びの実現～（答申）」（二〇二一年一月二六日）において、「個別最適な学び」を構成する概念として用いられている。(25)「指導の個別化」は、「全ての子供」に「基礎的・基本的な知識・技能等」から、「思考力・判断力・表現力等」「自ら学習を調整しながら粘り強く学習に取り組む態度等」にまで及ぶ。ＩＣＴの活用などによって教師が「効果的な指導を実現すること」と、「指導方法・教材や学習時間等の柔軟な提供・設定を行うこと」とが「指導の個別化」を構成する。(26)一方「学習の個性化」は、子どものキャリア形成の方向性や興味・関心に応じ、課題設定、情報の収集、整理・分析、まとめ・表現などにわたって、教師が学習活動等を提供することにより、子ども自身が学習が最適となるよう調整することを指す。その際、「個別最適な学び」が「孤立した学び」に陥らないよう、その成果を「協働的な学び」に生かし、さらにそこでの成果を「個別最適な学び」に「還元する」などして「一体的に充実」させることで、「『主体的・対話的で深い学び』の実現に向けた授業改善につなげていくこと」が必要とされている。(27)

「指導の個別化」と「学習の個性化」はどのような実践として実現するのであろうか。たとえば緒川小は、「指導の個別化」が「基礎的学力の定着をめざす指導」に、「学習の個性化」が「子どもの特性を伸ばす指導」にそれぞれ関わる概念としたうえで、「はげみ学習」「集団学習」「週間プログラムによる学習」「総合的学習」「オープン・タイム」「集団活動」という六つの「学習プログラム」を実践してきた(28)。「はげみ学習」は、全校体制で基礎的な知識・技能の定着を図るものである。そのなかで子どもたちは、学年にとらわれず、個々のペースで学習を進めていく。「集団学習」は、マスタリー・ラーニング、一斉学習、集団討議の形式をとる。「週間プログラムによる学習」では、学習計画を子どもたちが立案して個別に学習を進める。複数教科を並行して進めるため、得意教科を短時間で済ませて苦手教科に時間をかけることも可能である。ここまでが各教科の範疇にあったのに対し、学年で大テーマを決めて合科的な学習を進める「総合学習」、学習テーマ自体も自由に設定できる「オープン・タイム」、自分たちで協力してつくり出す学級活動や行事である「集団活動」になるにつれ、教科の色合いが薄くなっていく。

学級経営に関連して注目すべきは「はげみ学習」であろう。学年の枠にとらわれず、全校児童が自らの進度に応じて基礎・基本に関わる学習を進めることができる形式は、いわゆる「無学年制」の代表例として取り上げられることが多い。ここでは、学習集団としての学級が解体され、学校全体がある意味で学習集団となっていると言える。

「個別化」「個性化」を図るための教科の学習を子どもの個々のペースで進めることを絶対視すれば、往々にして集団での学びが切り落とされてしまうきらいがある。自然発生的に子どもたちが協働するということはあっても、そうした協働を意識的に実践に生かすという発想は生まれにくい。この点に関し、緒川小では「集団とのかかわりの中で個が他から触発され高められる過程」を生かすために「集団学習」を位置づけた(29)。

「個性」を集団と切り離す形で生かすことの問題は、これまでにも指摘されてきている。たとえば久田敏彦は、一九九〇年代以降の新学力観のもとでの教育について、「入口において所与の『関心・意欲・態度』の有無・程度によって子どもを選別し、プロセスにおいて多様な問題解決や体験を子どもの『よさ』としてすべて認め支援し、成果において学んだ内容は多様であってよいとする授業が要請され」てきたとする。[30]「個性」を「尊重」し、それに教育実践における相当な重みを与えたことで、学習の成否すらも「個性」として捉える向きが現れた。これが選抜や競争と絡むと、成否の責任は、自分の「関心・意欲・態度」や、「個性」である学習成果に、すなわち自分自身に求められることになる。こうして、自己選択・自己責任型の「多元的な競争主義」が生じてしまったという。

そうであるからこそ、答申は「個別最適な学び」に「協働的な学び」を要求せざるをえなかったことになる。こうした事態を考慮したとき、「個性」を生かす学習集団としての学級経営はどうあるべきであろうか。

そもそも「個性」概念は集団を前提とする。個人のある側面が「個性」的であると見てよいかどうかは、集団の他の成員やその平均的なあり方に照らしてこそ明らかになる。そうであれば当然、「個性」を生かす学級経営は、「個別化」として個々を切り離す仕方でなく、集団で一体となって取り組む学習を基本とすることになる。ただその場合も、子どもの意見や考えを他者の考えや意見と結びつけたり関わらせたりせずに通してしまうのでは、自己責任に基づく競争につながりうる。学習集団論が示唆してきたように、学習集団としての問答や討論の実践を通して、その質を練り上げ、得られた成果をさらに自分で引き取ることによって、「個性」を磨き上げていけるような授業を中核とした学級経営のあり方が求められている。

小括

学習集団としての学級経営は、吉本と大西との間の論争を踏まえれば、学習のために組織された（あるいは、現実的にそうならざるをえない）実体としての集団を、主として教科指導の授業においてよりよいものにしていくことを問題とする。この問題領域においては、それぞれの教科等に独自な仕方で、全員の主体的な参加を保障し、個性を尊重しつつそれを磨き上げていく実践が追求されてきた。

では、教科指導以外の部分における集団づくりはどう考えられるであろうか。次章では、生活集団としての学級経営の問題を、教科指導・学習指導と対置されてきた生活指導の視点から考えてみよう。

第四章　生活集団としての学級経営

一　生活集団という用語

生活集団としての学級

二〇一七年改訂学習指導要領の解説では「学級がよりよい生活集団や学習集団へと向上する」ことにおいて学級経営が求められている。そしてこの「生活集団」が、「学校生活」のための集団として捉えられていることもすでに確認した。小学校教育においては、少なくとも現在は学級担任制を敷いている以上、習熟度別学級編成のような一部のケースを除いては、学級は学習集団でもあり、生活集団でもある。中学校の場合は、教科担任制が敷かれているとはいえ実質的には同一の学級が学習集団と生活集団の両方を兼ねていることが多いように思われる。高等学校の場合、進路や選択科目等によるコース分けが行われるなどして、学習集団はより柔軟に編制されて、生活集団たるホームルームとはしばしば別個のものとなる。

こうした事情について、竹内常一は「級」と「組」という概念で整理している(1)。竹内によれば、明治初期、学級はもともと一定の課程のもとで同じ進度にある「級」あるいは「学びの級」として成立したが、明治中期以降はとりわけ単級学校において「家族国家と国民教化の基礎組織」と見なされ、年齢主義による「組」あるいは「子どもの組」としての学級が成立したのであり、「級」としてのあり方はそこに埋めこまれてきた。ここで、「級」は学習集団としての、「組」は生活集団としての学級のあり方に当たる。竹内は、「組」のなかで習熟度別グループなどが編成されることは、「組」を解体し、「級」としての学級のあり方を前面に押し出す動きであると見る。

また竹内によれば、一般に「学級崩壊」というときに破壊されるのは、学級の「組」としての側面であって、「級」ではないという。学級が二つの側面をあわせ持つものであるならば、現実として、「学級崩壊」は学習集団としてのあり方をも危うくするであろうが、竹内の論は、学習集団というよりもむしろ生活集団としての学級のあり方を確かなものとする必要性を示唆していると言える。

生活集団は側面か役割か

生活集団の概念規定について、たとえば春田正治は、「学級集団は学習集団と生活集団という側面とをもっている」と述べる[2]。学級は学習集団であると同時に生活集団でもあるという把握である。こうなると、学習集団としての学級経営と生活集団としての学級経営は、成員が同じであるため必然的に、相互に関連しあって進められることになる。しかしそれらは、「まったく自主的で自治的な生活集団における集団化と、教師の責任指導の下に文化遺産の学習に立ち向かう学習集団とは、〔それぞれで〕あきらかに独自性をもっている」ために、同一の実践であってはならないとされる。

春田の規定に対して大西忠治は、生活集団と学習集団は学級が必然的に持つ「側面」というよりも、それが「便宜的」に持っている「役割」ではないかと考えた[3]。「便宜的」な「役割」として捉えれば、それぞれの「役割」を中心的に果たす集団を組織することも可能となる。こう規定することで大西は、前章（第三節）で引用したとおり「生徒をぬき出してきて組織」する学習集団の姿を構想する。しかしここで想起したいのは、「いわゆる生活集団」を「集団的には基礎」と見なして、学習集団から生徒たちが「帰っていく」先として描いていた点である。つまり、学級を解体して学習集団の役割を分離させたとしても、生活集団は生徒たちが学校で過ごす生活の基礎単位として、欠かすことのできない位置づけを与えられていた。それを大西が学級でなく「クラブ・部を原型とした」ものと想定していた点には注意が必要であろう。

では、生活集団が学校生活に不可欠な基盤であったとして、生活集団としての学級経営といった場合、どのような点がポイントとなるのであろうか。この点を考えるには、学習集団の場合と同様、望ましい生活集団のあり方を検討する必要がある。そのために次節では、学習集団の指導と相対的に独自なものとして捉えられてきた学級集団づくりの歩みに示唆を求めよう。それは、子どもたちが制度的に所属させられる「学級」を、民主的・自治的な集団につくり変えていく営みであり、多くの面で、生活集団をよりよいものへと高めていくという志向性を持っていたと言えるからである。

二　学級をよりよい生活集団とする試み

生活綴方と仲間づくり

戦後日本において、学校生活の基盤である生活集団として学級をつくり変えようとした最初のものは、『山びこ学校』などに見られる生活綴方の実践であった。『山びこ学校』からは、戦後の混乱のなかで、自分たちを取り巻く家庭や地域社会の貧困や、それを引き起こしている社会の構造的問題に対して、子どもたちが助け合いながら立ち向かっていく姿がうかがえる。家庭でも地域社会でもない「学級」が、貧しい子どもたちの生活を変革するための基盤となり、彼らの生活の拠り所としての役割を果たしていたのである。

このように、生活綴方の実践は、学級を子どもたちのかけがえのない居場所としていく点で、学級経営としての意義を期待されることがある。たとえばそれは、生活綴方の営みによって「子どもが著者として尊重され、書いた文章が丁寧に読まれる中で、学校に居場所を取り戻」すことができるのではないかという指摘に端的に言い表される。[4] 生活綴方では、書かれた作品を教師あるいは他の子どもたちが大切に「読む」ことによって、著者である子どもがかけがえのない「個」として認められる、すなわち居場所を得られるというわけである。生活綴方による学級経営の意義はここにあると言える。

こうした生活綴方的な学級づくりのあり方に注目して、宮坂哲文は仲間づくりの指導過程を次の三段階で描き出した。すなわち、⑴学級のなかに、何でも言える情緒的許容の雰囲気をつくること、⑵生活を綴る営みをとおして一人ひとりの子どもの真実を発現させること、⑶一人の問題をみなの問題にすることによる仲間意識の確立である。[5] このうち⑵は明らかに生活綴方を取り入れたものであり、中核的な役割を与えられていた。この三つの段階を順にたどることで、子どもたちの生活集団は仲間意識に満たされるようになるものとされたのであった。

しかしこの三段階論は、集団主義的教育の立場から批判を受けることになる。大西は、「情緒的に解放するということと集団づくりをはじめるということは、段階的なものではなく、それは質的にちがう概念ではないか」と述べ、「個人がまず情緒的に解放された上で自発的につくられるというようなものではなくて、個人が情緒的にも解放されるためにこそ、それを利用していくという班」でもって学級集団づくりに挑むことを強調した。[6] つまり、宮坂が第一段階に据える「情緒的許容の雰囲気」は、むしろ集団づくりの帰結として考えられるべきものであり、そのために「班」を通して民主的な集団のあり方を学ぶことが求められるというわけである。

「班・核・討議づくり」

こうしたことをもとに、大西ら全国生活指導研究協議会は、一九六三年刊行の『学級集団づくり入門』および一九七一年刊行の『学級集団づくり入門　第二版』において「班・核・討議づくり」と称される学級集団づくりの方法を確立する。その基本的な目的は、集団の「ちから」を自覚させ、核を中心としてそれを行使する仕方を身につけさせることでもって、学級集団を民主的な自治的集団として発展させることであった。

大西は集団が備える要素を次のようにまとめている。すなわち、「(1)目的がある。目的に向かっての一致した集団行動がつねに問題になる。(2)集団成員間に矛盾がある。だからたえず討議とその結果の相互規制が行なわれる。(3)リーダーがある。そこには常に命令と服従が行なわれる」[7]。「班・核・討議づくり」は、この三つの要素に沿ってそれぞれ導き出された指導論である。それは、班を通して集団というものを認識させながら集団的行動を導き出していく「班づくり」、リーダーを中心として子どもたちに集団的行動をさせることによって、「指導」という営みの本質を教えていこうとする「核づくり」、そして学級全体での討議を通して、いわゆる集団の「ちから」を子どもたちに自覚させていこうとする「討議づくり」からなる。

こうした手立てによって、学級集団は、「自己指導、自主管理のちから」を育み、「学級集団を支配するちから（集団の主導権）」を自らのものとしていく[8]。このヘゲモニーの所在によって、学級集団の発展段階は三つに区分される。すなわち、班のまとまりが教師すなわち外的な力によって支えられているような「よりあい的班の段階」から、リーダーが「核」となって自主的に班を組織する「前期的班の段階」へ、さらに集団討議の厳しさと質の高さが「核」に権威を与え、それが班の団結、行動、意識の高さを支える「後期的班の段階」へと発展するという道筋である。こうした過程を経て、生活集団がより組織的な、自己指導力と自己管理力を持った統一的な集団として発展していくことが期待された。

「班・核・討議づくり」以降の全生研による集団づくりの指導方法論は、「班」「核」「討議」の三つの視点を基本として描かれていく。ただし、のちに「後期的班の段階」の実現が困難であることをもって「前期的班の段階」を細分化し、その中途段階を現実的な目標に据えたり、一九八〇年代に社会の変化（地域子ども集団の消滅など）と学校の荒れを受けて「好きな者どうしの班」の価値を積極的に認めていく「ゆるやかな集団づくり」が提唱されたりと、時期によって少しずつ変更が加えられていった。この点を次に詳しく見てみよう。

「生活と学習の共同化」の志向

そうした展開の決定的なものは、一九九〇年代に始まる全生研の生活指導論の再編であった。一九八〇年代までの学級集団づくりでは、「民主集中制」による組織的な民主的集団を育て上げることが目指されていた。[9] またその時点では、「子どもの社会生活における最も基本的な集団は、普通は家庭と学校と遊び仲間の三つである」[10]、「学級集団づくりは、〔…〕他学級へ、全校生徒集団へ、さらに家庭や地域諸集団へとその活動領域を広げていく」[11]と記されるように、地域の遊び集団とも言うべき集団の存在が前提とされていた。

これが一九九〇年代になると一変する。社会・経済が変化して能力主義・管理主義教育が跋扈するや、学校は権威的・競争的な性格を帯びるようになり、「地域においてはもちろんのこと、学校においてさえも、子どもの遊び集団が消滅しはじめた」とされる。[12] こうしたなかで学級集団づくりは、「民主集中制」による民主的集団の組織ではなく、「生活と学習の民主的な共同化」に向かうことが求められるようになった。[13]

ではこのとき集団はどう規定されることとなったか。『新版学級集団づくり入門　小学校』には、「集団には統一的な目的があり、その目的の実現のための統一的な行動がある」「集団には指導と被指導の関係がある」「集団には、かならず集団と個人との関係がある」という三つの要素が挙げられている。[14] ここからそれぞれ、「討議づくり」（討議の確立）、「リーダー（核）づくり」（リーダーの指導）、「班づくり」（班の編成とその指導）という学級集団づくりの三つの側面が導き出される。先に取り上げた『学級集団づくり入門　第二版』とは異なり、「班づくり」が集団と個人の「関係」を基礎として導出されている点が特徴的である。目指す集団像について、「緊密に組織された硬い集団に代えて、ゆるやかに組織された柔らかな集団を、異質なものを排除する、ふところの狭い集団に代えて、異質なものが共存できるような、ふところの広い集団を」と記されていることからもうかがえるように[15]、組織論的な統一体としてではなく、関係論的な共同体として集団が考えられるようになった。

その指導方法の特徴は、「班づくり」において顕著である。それまでの学級集団づくりでは、まず質の高低にかかわらず班をつくり、それを通して子どもたちに集団の何たるかを教えていく方策がとられていた。これに対し『新版学級集団づくり入門』は、「子どもたちの私的な交わりやグループをつくりだし、それを基盤に班をつくると同時に、班を介して私的なグループを発展させていくことを重視」することを「班づくりの新しい展開」とする[16]。学年による多少の差はあれ、具体的な遊び・文化活動を基盤としたグループや「好きな者同士の班」すなわち「私的な交わりやグループ」によって「共同」を発展させていくというアプローチである。

このような「班づくり」は、同時に、「班のなかに親密な交わりと協同の関係を発展させて、班が一人ひとりの子どもにとって安心して生活できる居場所となるようにしていかねばならない」とされる[17]。権威的・競争的な性格を帯びた学校において、子どもたちはある種の居づらさ・生きづらさを吐露できない仕方で抱えているかもしれない。そのなかで組織的統一体としての学級集団づくりを行っていくと、そうした内面の問題が「民主集中制」の制度のもとに覆い隠されたままとなってしまい、学校生活の基盤であるはずの生活集団は、名目上の制度的な集団以上のものにはなりえない。そこで、一人ひとりの要求や願いにていねいに寄り添うことから始め、その子の「身心を開く」ことによって、「生活と学習の共同化」に発展させていくことが求められるようになったというわけである。「班づくり」にあたって子どもの「身心を開く」ことを求めるという点には、かつての戦後初期の生活綴方的・仲間づくり的な色彩がうかがえる。

生活指導のケア的転回

続く『子ども集団づくり入門』（明治図書、二〇〇五年）でも、同様に「生活と学習の共同化」が重視されている。「子ども集団づくり」という呼称を採用したことについて同書は、それを「生活と学習を自治的にきり拓いていこうとする力を子ども集団のなかに育てることをめざす」ものと規定して、「これまで〈学級集団づくり〉と呼ばれてきた指導方法体系を、さらに、学級・学校の内外に多様な共同のネットワークを創造していく、という視角から発展的に継承する」と述べる[18]。「共同」「関係」という集団観を「共同のネットワーク」としていっそう推し進めようというわけである。

子ども集団づくりの側面は「班活動を含む多様な共同の展開とそのネットワーキング」「多様な共同を担うリーダーシップ―フォロアーシップの創造」「対話・討論・討議、学び」の三つで、それぞれ従前の「班づくり」「核づくり」「討議づくり」に対応している。なお、「学び」は、「自他の生活現実を共同で読みひらいていくような学び」あるいは「他者としての友だちが生きている生活現実と出会いなおすための学び」を指すものであり[19]、授業での「学び」に解消されない概念として用いられている。

従来の「学級集団づくり」との違いとして、「教師の指導性や集団の発展像も、定型のモデルがあるのではなく、共同化の取り組みの具体的展開に応じて多様かつ個性的なものとなる」と明言されている点が挙げられる[20]。この点に対しては、「集団の発展段階と集団づくりのすじみちを否定すると、かえって個々の教育技術は位置づけが不明確になり、ばらばらになる危険性がある」し、それらが規定されないのでは三つの側面や手立てに根拠が与えられないという批判が向けられている[21]。個々の子どもの生活現実の多様性を理由に、共同化の道筋を規定せずにおくべきかどうかという論点である。

こうした集団づくり論の展開は、宮坂の生活指導論に対する再評価の過程と見られる[22]。宮坂の「仲間づくり」「学級づくり」を批判する形で打ち立てられた「学級集団づくり」の名称を改めた点、広い意味の「学び」で集団づくりを進めようとしている点、集団づくりのモデルを打ち立てず、「経験カリキュラム」的な立場をとる点などによる。

より最近では、自己選択・自己責任型の「多元的競争」（前章を参照）が激化する教育界にあって、生活指導の「ケア的転回」が主張され、集団づくりの見直しが進められている。竹内によれば、「傷つきやすい一人ひとりの子どもを当人の個別的・具体的な生活文脈に即して配慮することから始」め、「それをとおして子どもたちのなかにケアと相互依存の関係性を編み直し、脆弱で不安定な存在である子どもを排除するのではなくて、共生することができる社会的な関係性をつくる」というアプローチに関心が持たれている[23]。そのなかでは、排除・孤立化の窮地に立たされた子どもにケアの視線を向けつつ、ケアする者―される者という非対称的関係を編み直していくことが求められる。

以上のような「学級集団づくり」の歩みは、生活集団としての学級経営の考え方に関してひとつの重要な問題提起を行うものである。それは、生活集団としての学級経営は、学校内外の社会・生活における子どもたちの実態に目を向け、彼らの生活現実に寄り添う営みをその基盤に据えなければならないということである。子どもたちを取り巻く学校内外の病理現象は、明示的であろうとなかろうと、彼らの心身に大小さまざまな影響を刻み込んでいる。彼らの実態や要求をていねいに読みひらくことをもって初めて、集団づくりや学級経営の方法・プロセスが妥当であるかどうかを判断することが可能になる。

したがって、学級経営の問題はもはや、単に学校生活の基盤あるいは拠点として学級を組織していく方法や、教科指導を効果的に進めるための条件整備についての議論にとどまらない。生活集団としての学級経営は、名前を持った個々の子どもたちの生活現実や、彼らが暗に発するメッセージを読み解き、「ここにいてもいい」と思えるようにする居場所づくりの営みであり、生存権保障の実践として捉えられる。

保健室登校や校長室登校といった実態が示唆するように、子どもたちにとっては、学級はそのまま生活集団と呼べるものですらないかもしれない。彼らにとっては、むしろたとえば習熟度別・関心別の学習集団が、実質的な意味で生活集団になるという事態も考えられる。それが第一義的には学習集団である以上、そこでの学級経営は教科指導・学習指導の論理に従うのが基本であるにしても、より柔軟な形で生活集団のあり方を講じていく必要が生じる可能性は大いに考えられる。

三　学級経営の可能性と展望

学習集団と生活集団の相互関係と学級経営のあり方

学習集団と生活集団は、大西の言うように本来「便宜的」なものであったとしても、現実的に多くの場合、同一の学級が持つ二つの役割ないし側面となっている。制度的には学習集団と生活集団はしばしば同じになるため、両者の学級経営にも重なる部分が生じてくる。第Ⅰ部の総括として、学習集団と生活集団の関係および学級経営の方向性を検討しておこう。

学習集団としての学級経営は、主として教科指導の授業において、それぞれの教科に独自な仕方で集団をよりよいものにしていくことを問題としていた。一方で、生活集団としての学級経営の問題関心は、学校生活の基盤として組織されている集団を、学校生活における広い意味での学びの活動においてよりよいものにしていくことにある。具体的には、学校生活の基盤としての生活集団を生存権が保障される居場所としたうえで、共同と自治の関係を築き上げていくアプローチが追求されることになる。

ひとつの学級が学習集団と生活集団のいずれでもあるならば、これらの学級経営は相補的に進展していくものであろう。生活集団としての学級経営は学習参加の前提条件を築き、共同化の実践に狭い意味での学習をも取り入れることにつながる。学習集団としての学級経営は、教科の文脈においてであれ、「わかる」ことで主体性を回復し、自らの個性が認められ、自分が自分としてその場にいてよいという意識を抱ける社会的関係を構築することにもなる。学習集団と生活集団が別個になる場合も、それぞれの集団での経験が、他方の集団での共同的な構えを形成すると考えられる。

この点は、学習指導要領が描く特別活動と「主体的・対話的で深い学び」の往還関係にも関わる。「主体的・対話的で深い学び」の実現には学級経営が重要であり、そうした学びの成果がまた学級の風土をよりよいものにし、さらによりよい学びを促進していくという往還関係である。この往還関係を根拠に、それぞれの学級経営を明確に区別せず、一元的に捉えようとする向きもある。近年で言えば、赤坂真二は、「学びの場の質的向上には、当然、生活の場の質的向上が含まれる」とし、「学級経営は、教育内容をもっていて、それがその他の教科指導や教育活動と往還的につながり合って、年間を通して営まれるもの」であって[24]、「教科指導（授業）は、学級経営とセットになって機能するもの」であると述べる[25]。学級経営を単なる機能概念にとどめず、一定の内容を持つ領域的な概念として、さまざまな教育活動と併せて実施していくというわけである。

しかしここまで述べてきたことを踏まえると、生活集団としての質を高めるための学級経営のアプローチを教科指導において行うことは、必ずしも全面的に容認されるものではない。そのことは、小川の生活指導＝「領域」論や、大西の学習集団論をはじめ、多くの議論において、教科指導そのものあるいはそれぞれの教科が持つ固有の使命や論理が重視されてきたことからも示唆される。教科指導がもはや学級づくり的なアプローチなしでは成立しえないにしても、個々の子どもに寄り添うことを前提としつつ、教科指導の本来の目的を妨げることのない、各教科等に固有な学級経営のあり方を探究すること、すなわち生存権と学習権をともに保障するような仕方での学級経営を追求していくことが課題である。

多岐にわたる学級経営のハウツーも[26]、学習集団・生活集団としての学級経営に関わる論点に照らされて初めて意味をなすと言うべきであろう。断片的に並べ立てられた経営の「技術」は、それが脱文脈的に適用される限りは、教科の論理や個々の子どもの生活現実を軽視することにつながりかねないためである。

学級経営の文化——歴史的視点

最後に、ここまで光を当てられなかった問題領域とその展望を述べておきたい。学級経営概念はすでに宮田丈夫らが規定したような、「教授の効果をあげるための条件整備」にとどまるものではない。それは結果的に教科指導の条件整備を行うことになるとしても、生活集団としての学級経営の問題が示唆するように、固有の使命をそこに限定するものではありえない。

しかし、「条件整備」としての学級経営論には、以降の学習集団論や生活集団論が継承しきれていない議論も存在する。それは、宮田が「条件整備」に含まれる内容として挙げた「学級の環境経営」「学級の学習風土」「児童活動と学級経営」「学級教師の諸関係」のうち、「学級の環境経営」に当たるもの、すなわち物的環境という側面での学級経営である。

学級経営の対象となる物的環境としては、採光や空調だけでなく、側面掲示や学級文庫といった学級の文化的な共有財産、黒板やＩＣＴ機器などに代表される教具も挙げられよう。それらは、教室を快適で充実した学習環境として彩るのに加え教具として教授・学習の実践に生かされることで、学習集団・生活集団の基盤と実質を築き、よりよい集団にしていく学級経営を可能にする。

それればかりではない。たとえば側面掲示や学級文庫は、学習集団での学びや生活集団での生活の歩みが込められた人工物（アーティファクト）として、学びと生活をより豊かにしてくれる。また、「学級の歴史づくり」の実践が示唆するように、学級の歴史を形に残すことはそれ自体教材づくりにもなるし、集団としてのアイデンティティを高めることになりうる。このように、物的環境という視点は、学級経営の文化―歴史的な観点をも提起する。加えてそれには、人工物の配置やインタラクションのあり方を問う生態学的視点も関わってくるであろう。こうした問題をも射程に入れることで、学級経営論はより実質的なものとなる可能性がある。学びや生活にＩＣＴが不可欠になりつつある現状ではなおさら、人的環境としての集団に加え、物的環境をも自分たちのものとし、生かしていくことにつながる学級経営のあり方を追究していくことが求められる。

Column 1

履修主義（年齢主義）と修得主義（課程主義）

履修主義と修得主義とは、何をもって当該の教育課程を履修したと判断するかという、履修原理に関わる概念です。履修原理と連動しますが、進級や卒業の要件に関わる進級原理について議論する際には、年齢主義と課程主義という概念が用いられます。

履修主義や年齢主義は、所定の教育課程を一定年限の間履修することを求めはしますが、履修の結果や成果は厳格には求められません。他方、修得主義や課程主義は、所定の課程を履修するだけでなく、目標に関して一定の成果を上げることが求められ、原級留置（留年）もありえます。

年齢主義は、学級など、共同体としての学校で生活し学ぶことを通した社会性・人格の形成等に着目するものであり、児童労働から子どもを保護した工場法を契機とするイギリスの義務教育制度に起源を持つとされます。そして、同じ年齢集団でという縛りがあるだけで、目標・内容の縛りがゆるいので、子どものニーズや自発性に沿って目標やカリキュラムに柔軟性を持たせる余地があり、もともとは経験主義の教育と親和性がありました。

他方、課程主義は、知識・技能の確かな習得を重視するものであり、国家にとって有為な人材の育成や国民形成を目的としたドイツの義務教育制度に起源を持つとされます。そして、目標・内容の違いによって集団も編成され、構造化・系統化されたカリキュラムを必要とするために、もともとは系統主義の教育と親和性がありました。

日本の義務教育制度の草創期、明治初年の一八七〇年代から一八八〇年代までは、就学率も低く、就学者の年齢も知識の獲得具合もさまざまでした。そして、学校で教えられる内容も、読み書き計算など最低限のもので、産業化や国民国家形成の要請、すなわち、近代化を担う人材養成が目的として強く意識されていました。そのような状況のなかで、学校は、そろばんや習字や水泳などの習い事のように、試験を受けて昇級、昇段していく「等級制」であって、進級における徹底した課程主義がとられており、学級という集団も成立していませんでした。

その後、義務教育制度が確立され大衆化していくにつれて、義務教育制度は等級制から現在のような学年学級制に移行していきます。一八九一年一一月に「学級編成等ニ関スル規則」が出されるなど、教育勅語の発布される一八九〇年前後にそれは成立していきました。就学率の上昇とともに多くの子どもたちが学校に包摂されるようになり、進級レベルごとの授業（等級）、一人の教員が同一の教室で異なる等級の子どもたちに授業を行う複式授業（合級）を経て、「学級」という「組」を組織して授業するという形が成立し始めます。そして、それが学年制と結びついて、日本では二〇世紀初頭には、同一年齢（学年）の子どもたち（同級生）が一緒に学ぶ現在のような学年別学級が一般化するようになりました（「学級」の誕生）。

学年学級制の成立は、学校の機能の拡大とパラレルに展開しました。教育が大衆化し学校制度が整えられるなかで、カリキュラムの内容も拡張・体系化され、とくに、日本においては、国家主義的な徳育重視の教育政策の展開が、等級制から学級制への転換を後押ししました。また、等級制による課程主義から学年学級制による年齢主義への移行は、等級制、およびそれと不可分の進級試験への批判も背景にありました。

子ども中心や経験主義や個性尊重の立場に立つさまざまな教育を生み出した大正新教育期には、もともと国家主義的教化や教育の効率化の手段として導入された学級を、子どもの生存権と学習権を保障する装置として、協働自治の社会関係づくりを学んだりする、教育的な人間形成の場として生かしていく発想も生まれました。

しかし、義務教育制度が確立してくると、同じ年齢集団で、同じ内容を一斉に学んでいくという形態が多くの国で常態化し、教育水準もある程度均等に実現されてくることで、学校システムの画一性や硬直性に対して、教育を個性化・自由化していこうという主張がなされるようになりました。その結果、近年、とくに日本において、課程主義や修得主義は、学校の知識習得機能を効率化・スリム化し、その分、学校内外で体験的な学びを実現することに時間を割いたり、個性尊重の名の下に学級の枠を柔軟化したりする文脈で強調されるようになっています。

II　現代の学級経営を捉える視点

第五章　新たな社会に生きる子どもたちと学級

子どもたちの育つ環境は時代とともに変化し続けている。それに呼応するように学級経営の課題も日々新たに生まれている。変化する社会のなかでの学校や学級のあり方を考えるとき、自明視されてきた学級や子どもの「普通」をあらためて問い直して、多様性に目を開くことが求められる。また、そこで見えてきた複雑な課題に対処するためには、一つの学級のなかだけに閉じるのではなく、学級を取り巻く家庭、地域、社会とも連携しながら問題解決を進めていくことが大切である。このようなことを踏まえて本章では、学級経営に関わる重要な現代的テーマのなかから、とくに子どもの多様性の尊重、学内外での連携、家庭・地域との関わり、そして社会の変化とそれがもたらす新たな課題をどう捉えるかといった点について考えていきたい。

一　多様性を受けとめる学級経営——インクルーシブな学級に向けて

本節では、まず最初に学校現場での多様性尊重の流れがどのようなキーワードや考え方のもとに進められているのかを紹介する。そのうえで、とくに大きな教育的ニーズを有する存在として、障害のある子どもたちと病気の子どもたちを取り上げて、実態と支援を考える。

1　多様性と教育

現代の社会において、多様性尊重のスローガンとなっている言葉がダイバーシティ（diversity）である。主に雇用や経済の分野において、組織内のダイバーシティを高めること、すなわち性別や国籍などの多様性を高め、そのそれぞれが能力を発揮できる機会を提供することは、単一性の高い組織よりも高い成果につながると期待されている。(1) ダイバーシティ概念の特徴は、違いを不利や弱さと捉えるのではなく強みと捉えるところや、そのような違いを持った人々によって構成される集団に、同質性の高い集団にはない新たな可能性を見いだしている点にあると言える。

一方、学校現場においても多様性尊重の重要さは誰もが認めるところであろう。「一人ひとりの子どもの個性を尊重し、多様性を受け入れ、互いに尊重し合うという『ダイバーシティ教育』の理念が学校現場に受け入れられ、承認されていくこと(2)」は、すべての子どもたちを包摂するような学校・学級において欠かせないものであることが指摘されている。

2　インクルーシブな学級をめざして

ところで、ダイバーシティ教育という新たなスローガンの登場を待つまでもなく、多様性を受けとめる学校・学級経営は、これまでも実践上で意識され模索されてきた。誰もが排除されない学級のあり方を指す理念はさまざまに提案されてきたが、その一つの到達点がインクルージョン（inclusion）である。インクルージョンは日本語では包摂や包含と訳出されており、「インクルーシブ教育」や「インクルーシブな社会」というような使われ方もしている。

インクルーシブ教育とは

『特別支援教育大事典』を参照すると、「インクルージョンの意味は、多義であり、使用する人により差異がある。一般的には、通常教育と障害児教育の二分立を前提して両者の接近や統合を推進しようとするのがメインストリーミングやインテグレーションであるのにたいして、インクルージョンは通常教育と障害児教育を統一した一つのものとして学校システムを構想し、そのシステムのなかで『特別な教育的ニーズ』をもつ障害児などに対応すべきであるという主張であると理解できる(3)」のような説明が見られる(4)。すなわち、インクルーシブ教育とは、従来通りの通常教育に従来通りの障害児教育を合流させるといったような単純なものではなく、多様な子どもの存在を前提として、その誰もが排除されることのないような教育なのである。

インクルーシブ教育概念の普及と日本での受容

インクルーシブ教育思想の端緒とされるのは、イギリスで一九七八年に採択されたウォーノック報告（Warnock Report）であるが、その後、インクルーシブ教育という言葉が世界的に認知されるようになったきっかけは、ユネスコのサラマンカ会議である。一九九四年に開催されたサラマンカ会議では、さまざまな教育的ニーズを持つ子どもたちのすべてを受け入れるような学校教育が求められた。そこで想定されている「すべて」の子どもたちの内実は非常に幅広く、「障害児や英才児、ストリート・チルドレンや労働している子どもたち、人里離れた地域の子どもたちや遊牧民の子どもたち、言語的・民族的・文化的マイノリティーの子どもたち、他の恵まれていないもしくは辺境で生活している子どもたち(5)」が例示されている。このように、障害以外の困難も含めて教育的ニーズを捉える視点は、多様性を受けとめることを目指す今日の学級観から見ても、先見性があったと言えよう。

さらに、インクルーシブ教育は二〇〇六年の「障害者の権利に関する条約（障害者権利条約）」採択により、各国で実効性のある法整備を伴って導入されていくこととなった。障害者権利条約は第二四条が教育に関する条項であるが、その第二項では「障害者が障害を理由として教育制度一般（general education system）から排除されないこと及び障害のある児童が障害を理由として無償のかつ義務的な初等教育から又は中等教育から排除されないこと」、そして「障害者が、他の者と平等に、自己の生活する地域社会において、包容され、質が高く、かつ、無償の初等教育の機会及び中等教育の機会を与えられること（Persons with disabilities can access an inclusive, quality and free primary education and secondary education on an equal basis with others in the communities in which they live）」（下線は引用者）と述べられている。[6] ここで目指されている、同じ地域で暮らす他の子どもたちと同様に、質の高い初等中等教育を享受する権利の保障とは、現代の日本においては、どのような教育の仕組みによって実現されようとしているのだろうか。

日本では、中央教育審議会初等中等教育分科会に設けられた「特別支援教育の在り方に関する特別委員会」（以下、特特委員会）が二〇一二年に「共生社会の形成に向けたインクルーシブ教育システム構築のための特別支援教育の推進（報告）」をまとめ、インクルーシブ教育を目指すべき方向性として打ち出した。この報告では、障害者権利条約第二四条に言及しながら「インクルーシブな教育システム」の実現を訴え、「特別支援教育は、これまでの特殊教育の対象の障害だけでなく、知的な遅れの無い発達障害も含めて、特別な支援を必要とする幼児児童生徒が在籍する全ての学校において実施されるものである」と述べている。また、「インクルーシブ教育システムにおいては、同じ場で共に学ぶことを追求するとともに、個別の教育的ニーズのある幼児児童生徒に対して、自立と社会参加を見据えて、その時点で教育的ニーズに最も的確にこたえる指導を提供できる、多様で柔軟な仕組みを整備することが重要である。小・中学校における通常の学級、通級による指導、特別支援学級、特別支援学校といった、連続性のある『多様な学びの場』を用意しておくことが必要である」とも述べられた。ここからは、日本で想定されるインクルーシブ教育の姿とは、幅広い障害を視野に入れた支援をすべての学校で実施する一方で、必ずしもすべての障害児が通常の学校の通常の学級に在籍するとは限らず、本人のニーズに応じて「連続性のある『多様な学びの場』」から選択するというものであることがわかる。ここからは、後述するように複数の学びの場を行き来して学ぶ子どもも想定され、学級経営上の配慮が求められる。

合理的配慮

右で述べたようなインクルーシブ教育の仕組みを運用するにあたって、重要なキーワードの一つが合理的配慮(reasonable accommodation)である。障害者権利条約においては、合理的配慮とは「障害者が他の者との平等を基礎としてすべての人権及び基本的自由を享有し、又は行使することを確保するための必要かつ適当な変更及び調整であって、特定の場合において必要とされるものであり、かつ、均衡を失した又は過度の負担を課さないもの」のことであると規定された。日本においても先述の二〇一二年の特特委員会の報告書内で、合理的配慮を「障害のある子どもが、他の子どもと平等に『教育を受ける権利』を享有・行使することを確保するために、学校の設置者及び学校が必要かつ適当な変更・調整を行うことであり、障害のある子どもに対し、その状況に応じて、学校教育を受ける場合に個別に必要とされるもの」と規定している。これらの規定からは、障害者の権利を真に尊重するためには、差別を否定して社会参加の促進を行うだけではなく、その参加を実質化するための付加的な支援や配慮が求められるということがわかる。多様なニーズやハンデを抱える人々が共に生きる社会における平等とは、単に同じ条件で門戸を開くというだけでは達成されないということである。

以上、さまざまなニーズを持つ子どもを包含するような学校・学級経営につながる理念として、インクルーシブ教育概念を取り上げた。インクルーシブ教育は主に障害児教育の分野で言われていることではあった。しかしながら、多様性の包摂のためには通常の教育こそ変わらねばならないという姿勢、また、多様な子どもたちに十分な教育経験を保障するうえでは、とくに大きな困難をかかえる子どもたちに対して特別な配慮を提供するべきであるという視点は、障害のある子どもにとどまらない、多様性を受けとめる学級経営のための普遍的な柱と言えるだろう。続いて、学級での活動への参加に特に大きな困難を抱える子どもたちの実態を見てみたい。

3　特別な教育的ニーズを持つ子どもたちの実態

学級での活動への参加に大きな困難を抱える子どもたちのなかには、障害のある子ども、病気の子ども、外国にルーツを持つ子ども、経済的な困難を抱える子ども、性的マイノリティの子どもなど、さまざまな子どもたちがいる。紙幅の関係から、ここではとくに障害のある子どもと病気の子どもを取り上げて具体的に考えてみたい。

障害のある子どもたち

二〇一二年に文部科学省が示した「通常の学級に在籍する発達障害の可能性のある特別な教育的支援を必要とする児童生徒に関する調査」のなかでは、通常の学級において、学習面や行動面で何らかの困難を経験している子どもが六・五%、すなわち四〇人学級に二〜三人の割合で在籍するという数値が示され、人々に驚きを与えた。(7)

ここに発達障害以外の障害のある子どもたちも加わると考えると、通常の学級には障害のある子どもたちが少なからず在籍していることがわかる。また、グレーゾーンの子ども、すなわち障害と明確に診断される域には入らないが、大きな困難を抱えているような子どももいる。(8) それでは、障害のある子どもたちは学級での生活において、どこに困難を感じ、どのような支援を必要としているのだろうか。以下では、学習と生活の両面に影響するような学級経営上の要配慮点として、コミュニケーションの支援と周囲との関係づくりについて考えてみたい。

障害のある子どもたちが学級での活動に十分に参加できるようにするために、まず考えなければならないのが「コミュニケーションの支援」や「情報保障」である。学級での学び、遊び、話し合いなどの諸活動は、文字や音声言語によるやり取りのうえに成り立っている。そのため、文字での発信や受信に困難のある子ども（例：視覚障害児、読み書きに困難がある学習障害児）や、音声言語のやり取りに困難のある子ども（例：聴覚障害児、自閉スペクトラム症児）、言語の理解に遅れや偏りのある子ども（例：知的障害児、自閉スペクトラム症児）は、活動への参加に問題を抱えてしまう。(9) このような子どもたちがほかの子どもたちと平等に参加できる学級にするためには、ＩＣＴ機器を活用して個々の受け取りやすい形態での情報受信を実現すること（例：拡大、読み上げ、音声の文字化や文字の音声化など）や、話し合いのルールづくり（例：発言は一人ずつ、クラス全体に口元の見える位置で行う。全員が確実に理解できるように、全体議論の前に班のなかで情報の共有や確認を行う）などが求められるだろう。

次に、障害のある子どもたちの学級での活動においては「子ども同士の関係のあり方」も問われなければならない。学級が大勢で過ごす場である以上、教師や支援者が障害のある子どもにいかに寄り添って支援できるかを考えるだけでは十分とは言えない。もしも障害のある子どもが「つねに大人につきっきりで支援してもらわなければならない子」とばかり級友の目に映り、「お世話をする対象」として関わる関係性が固定してしまったとしたら、それは本当に良い学級のあり方と言えるだろうか。また、周囲の子どもたちが「障害のある子どものせいで自分は十分に先生から手をかけてもらえない」と感じてしまったとしたら、それは本当に良い支援ができていたと言えるだろうか[10]。

「支援の不要な障害のない子どもたち」と「支援を要する障害のある子どもたち」というように二分されてしまうのではなく、障害のない子どもも困っているときは安心して支援を要請でき、一方で障害のある子どもも好きなことや得意なことで力を発揮して周囲から一目置かれるような環境であってこそ、お互いを認め合える学級集団となる。そのためには、学級活動の時間に障害のある子どもの得意な遊びをみんなで一緒に楽しんだり、授業や行事のなかで班リーダー役を障害のある子どもも経験できるように保障するなどの取り組みが有効である[11]。また、ティームティーチングやグループ学習なども活用しながら、障害のある子ども以外も援助を要請しやすいような教育内容や教育方法の工夫が大切である。

病気の子どもたち

障害のある子どもたちと同様に、学級生活上で特別な配慮や支援を必要としているのがさまざまな病気やけがを経験している子どもたちである。病気の子どもたちが経験している困難として、学校の活動への参加が制限されることや、入院や自宅療養などで長期的に学校を離れざるをえないことがある。活動への参加の制限は、その活動から得られるはずの学びを得ることができず、また不参加を理由に評価が下がるというような問題につながる。これらは進路にも影響を与えることになるだろう[12]。

病気やけがによって学校を離れる子どもたちへの教育保障の制度としては、院内学級や訪問教育がある。ただし、これらの制度を利用するためには、基本的に病弱児を対象とした特別支援学校や特別支援学級への転校手続きを行う必要がある。そのため、とくに高校生の利用には課題があった。なぜなら、院内学級に通って教育を継続するために転校手続きを取った場合、義務教育期間とは異なり無条件では元の学校に復籍できない場合が半数以上を占めていたためである。[13] このため、回復後の教育に影響が出てしまうという問題や、反対に元の在籍校に籍を残すことを優先した結果として療養中に教育空白が生じてしまうという問題があった。これに対して、群馬県では転籍先の特別支援学校教員が原籍校に出向いて、復籍の確約をあらかじめ取るといった踏み込んだ支援がなされている。[14]

一方、ＩＣＴを活用した遠隔授業によって教育保障を行う試みも進んでいる。単位数の上限が緩和されたり、病室側に在籍校の教員を配置せずとも同時双方向型の遠隔授業の履修を認めるなど、入院中の高校生が利用しやすいような制度改正も進みつつある。これを実質化するためには、今後は、教室での授業や学級活動を、遠隔受講者にとっても参加しやすいものとしていくような教育方法が求められる。

以上は、病気やけがによって学級から切り離されてしまう子どもに対して、主に学習面における支援を行う方法である。ただし、学級経営という視点から考えたとき、実はこれだけでは対応が不十分である。入院や長期欠席が子どもたちにもたらす不安は、学習に関するものだけではない。たとえば部活の練習や学校行事に参加できないことは、周囲から取り残されてしまったような気持ちをもたらす。また、進路に向けた努力や情報収集が制限されてしまうことによって、将来に対する強い不安を持つ子どももいる。さらに学級での人間関係から切り離されてしまうことによって、退院後に復学する際に大きな心理的負担を感じる場合もある。[15] つまり、学習等の経験を保障することに加えて、学級での出来事や人間関係から切り離されてしまうことを防ぐことも求められるのである。

病気療養中も居場所となる集団を失わないためには、何らかの形（級友との手紙のやりとり、オンライン授業への参加等）によって元の所属学級とのつながりを保障することが考えられる。たとえばＩＣＴを利用した遠隔授業は、学習保障だけでなく孤独や不安の軽減効果もあると言われている。その際、始業式など授業外の行事場面も含めて、学校生活すべてがわかるような配信が望ましいとも言われる。[16] ただし、逆説的ではあるが、元の学級や級友の変わらぬ姿と接することが、療養中の自分への焦りや落ち込みにつながるという面も一方ではある。[17] 教師や周囲の大人たちは、この点を踏まえて本人の気持ちを受けとめるとともに、院内学級やピアサポートグループなど、病気の辛さを共有・共感できる別の居場所とつながれるような支援もまた必要になってくるだろう。実際のところ、多くの入院児は、友達と話したり遊んだりする場として院内学級を希求していることが指摘されている。[18]

4　開かれた学級とインクルーシブな集団づくり

ここまで、学級が多様性を包摂するものへと変わる必要があること、そして、そこに含まれる多様な子どもたちのなかには、学級での活動への参加に際して特別な支援や配慮を要する子どもたちがいることを述べた。以上に加えて、インクルーシブな学級経営を考えるうえで留意すべきなのが、複数の学級を行き来しながら学ぶ子どもたちの存在である。たとえば特別支援教育制度の一環である「通級による指導」では、年間三五時間〜二八〇時間（障害種によっては下限が年間一〇時間）の範囲で、所属する通常の学級を離れて特別な場で指導や支援を受けることが認められている（平成五年文部省告示第七号）。また、外国にルーツを持つ子どもなど日本語指導の必要な子どもについては、日本語指導教室や国際教室などでの取り出し指導が認められている。[19] 一方で、特別支援学級に在籍する子どもたちが、特定の授業や行事の際に、通常の学級での活動に加わることもある（交流及び共同学習）。

以上のように学級を行き来しながら学ぶ子どものなかには、移動先の学級に入る際に強い緊張を示したり、移動を嫌がるような「行きしぶり」の姿を見せたりする子どもたちがいる[20]。このような姿からは、個々の学級が安心できる居場所として充実するだけでは、すべての子どもにとって学びやすい学校が実現されたとは言えないことに気づかせられる。学級としての強固な一体感を形成することが、そこへの出入りの心理的障壁を高めるようであれば、一部の子どもを排除する学級となってしまっていると言わざるをえない。現代の学級には、内の充実とともに外へと開かれることも求められていると言えよう。

以上、本節では現代的課題に応える学級経営の入り口として、まず多様性というキーワードのもとに検討を進めてきた。その結果として、次の三点が重要な点として見えてきた。

一点目として、学級は、子どもたちの多様性を受けとめるものに生まれ変わらなければならないということ、それは単にすべての子どもに門戸を開くということではなく、全員が十分な学びを得られるように学級の側が文化や指導を見直す必要があるということである。二点目として、とくに大きな教育的ニーズを持つ子どもたちへの気づきと対応が求められる。多様性を受けとめるということは、ときに、一部の子どもたちに対して通常の指導の変更や追加の支援といった合理的配慮を行う必要もあるということである。このような支援を提供する際には、同時に周囲児への理解やケアにも目を向けることが求められる。最後に三点目として重要なのが、複数の学級を行き来しつつ学ぶ子どもたちの存在に目を向けることである。移動にともなう精神的負担や、学級への帰属感の希薄化といった問題を防ぐためにも、学級をより開かれたものとしていくことが必要である。

二　学級経営のために連携／協働する教師

続いて、子どもたちの多様性を受けとめる学級を実現するために重要なキーワードとして、「連携」に注目したい。個々の学級の学級経営が上手くいくかどうかは、その学級と担任教師だけの問題ではない。学校内外での連携が取れているかどうか、また、子どもたちの家庭と学校との意思疎通が上手くいっているかどうかといった点も、学級経営を支える要素として重要である。

1　教師たちの連携

学級・学校内での連携

学級内での教育活動に主に携わるのは担任教師と各教科の担当教師である。とくに小学校の場合は、これまで一部教科を除いて担任教師がすべて指導し、生活集団と学習集団がほぼ一致していたため、学級経営のあり方は担任の方針に負うところが大きかった。しかしながら、教育内容の多様化や特別な教育的ニーズを持つ子どもたちへの注目の高まりのなかで、学級の教育活動を担う人は多様化してきている。たとえば、総合的な学習の時間での専門家や地域住民の授業参加、障害のある子どもや外国にルーツを持つ子どものための支援員制度など、教員以外の人材も教室での活動に参加しうる。さらに、小学校においても教科担任制の導入が進められている。[21]

一方、学級内での指導を担任以外の多様な存在が直接担うという形のほかにも、学級経営を複数の人間が支えるような組織や仕組みがある。校務分掌による各部での活動や課題別の校内委員会などである。指導困難児や医療的ケアを要する子ども、日本語指導を要する子どもといった事例については、校内委員会のもとで養護教諭や管理職を交えたケース会議を行うことで、指導の手がかりを得ることができ、また学校ぐるみでの対応を構想することができる。[22]

学校間での連携

さらに、学校を超えた連携の形もある。学校間連携の代表的な例としては、異なる校種間の連携がある。たとえば二〇〇五年の中央教育審議会答申「新しい時代の義務教育を創造する」、その後の「学校段階間の連携・接続等に関する作業部会」による義務教育学校制度創設の検討、そして二〇一五年の法改正によって義務教育学校の設置が正式に認められた。このような流れのなかで、近隣の小学校と中学校で連携・協働の模索が進んできた(23)。具体的には、小学校と中学校での交流行事や、小学校高学年の児童が一部教科を中学校の校舎で教科専門の教員から学んだり、中学校の部活動に体験的に参加してみたりといった活動が進められている。また学年の区切りを六―三から五―四や四―三―二に変えるというようなカリキュラムレベルでの変更もある(24)。小中連携は、子どもたちにとっては中学校教員から専門性の高い授業を受けることで学びが深まることや、中学校の雰囲気や文化になれることで中一ギャップを緩和することなどが効果として期待される。同時に教師にとっても、合同行事の企画やカリキュラムのすり合わせを行うことは、互いの文化の違いから刺激を受けたり子どもの発達について理解を深めたりすることが期待できる。

2　保護者の思いを受けとめる

学級経営において教師間の連携や学校間連携と同じくらい重要なのが、保護者たちとの連携である。しかしながら、保護者と学校との間では、ときに意見の相違や利害関係の対立が生まれることもある。とくに一九九〇年代後半頃からは、保護者から学校への要望が苛烈なものになっていることが問題視され、モンスターペアレントという言葉がマスコミをにぎわせた。この語が人々に想起させるのは、わが子かわいさから度を越した理不尽な要求を突きつける保護者像である。しかしながら、要望を出す保護者を一方的に悪と決めつけるような命名は、保護者と学校とのコミュニケーションを一層困難にしてしまうものだという問題が指摘されている。[25]

では、学校と保護者とはどのように向き合っていけばよいのだろうか。たとえば学校と保護者のコミュニケーションのあり方を研究する小野田は、保護者対応の基本として、⑴謙虚な姿勢、⑵気持ちの受け止め、⑶正確な事実把握、⑷合理的な説明、⑸組織的な対応、⑹目標の確認を挙げる。また、保護者に向き合う姿勢として、⑴保護者を「モンスター」と呼ぶのはやめる、⑵怒りの源を見極める、⑶まず話そう、まず語ろうの三点を重視する。[26]これら諸点を通して言えることは、保護者の訴える事実を正確に把握して問題解決的思考を働かせるだけではなく、そのような訴えをする背景にある保護者の状況や思いを掬い上げることが、真に納得し合えるコミュニケーションに求められているということであろう。加えて、ＰＴＡその他の場を生かして保護者同士がつながれることが、学校と保護者とのより良い関係づくりにプラスに働くという。[27]

3　学校と家庭との関係づくり

学校と保護者の間で対立が生じた際の対応が非常に大切である一方、より日常的に学校と家庭が良好な関係を築くための努力も欠かせない。本節では、日本の学校で見られる、学校と保護者をつなぐための具体的な方法について見ていきたい。

家庭訪問

教師が子どもたちの育つ家庭について知り、保護者と情報交換を行うことのできる機会の一つが家庭訪問である。家庭訪問は毎年繰り返される形式的な業務に過ぎないように見えるが、教師たちは、その機会をより効果的に牛かすために工夫を行ってきた。家庭訪問に関する理論的研究はあまり多くはないが、実践報告はかなり以前より散見される。

以下、戦後新教育期に発刊された『カリキュラム』誌上に発表された報告例が、やや古いものではあるが家庭訪問の意義を端的に描出しているため紹介したい。取り上げるのは農村部の小学校教師の書いた「農村小学校のガイダンスとしての家庭訪問」という記事である。(28) ここでは、ＰＴＡや学校行事に参加する保護者が一部に限られがちであるのに対して、全保護者とじっくり話し合える場としての家庭訪問への期待とその顚末が示されている。

記事の筆者の学級では、いくら指導しても歯磨きや挨拶の習慣がつかないという問題や、かなり勉強が得意で素行の良い子どもであっても家庭学習の課題を全くやってこないといった問題を抱えていた。これに対して、家庭訪問での保護者との会話からは「子供の躾は学校でやってもらうですね。百姓の家では忙しかったり、子供が多かったりしていちいちめんどうは見られませんし」のように、学校が家庭に求める躾が実践困難であることが判明した。また、学校で身につけさせようとしている挨拶のスタイルや文言が、家庭の旧来の習慣や文化にそぐわず、違和感をおぼえるという訴えも出された。さらに、保護者自身が受けた戦前の旧字体や算術の教育内容と戦後のカリキュラムが異なるために、宿題を見てやれないという嘆きや、農作業や子守に追われて子どもの宿題の世話まで手が回らず、「宿題もけっこうだが、百姓の暇な時期以外はやめてほしいくらいだ」というような切実な意見も聞かれたという。

この記事の事例からは、家庭訪問が、教師と個々の家庭との情報交換にとどまらず、学級の教育目標や文化と子どもたちの暮らす地域や家庭のそれとのずれや齟齬を可視化し、指導の見直しや家庭への働きかけを構想する土台として機能していることがわかる。これは現代の学校においても欠かせない視点と言えるだろう。

連絡ノート

個々の子どもの状況に応じて家庭と情報をやり取りするには、連絡ノートも有効である。連絡ノートは、必要なときに随時やり取りすることが可能であり、保護者側からも学校側からも発信が可能である。また担任以外の教員も加わって、教室を移動しながら学ぶ子どもたちの指導を円滑に行う手助けとすることもできる。

たとえば、通常の学級に所属しながら他校通級を受ける子どもの実践事例では、保護者、学級担任、通級指導教室の担当者、特別支援学級担当者が、連絡ノートを通して情報共有を行っている。(29)

6月4日（火）

朝の時間、落ち着きがなくちょっかいを出したりしかられたりでしたが、体育あたりではやる気も出てきて、新記録が出ると、なおさら状態はよくなりました。やはりどこかで満足する場面があるということが、その次にも良く作用するようです。（相談学級・カワグチ）

＊家でも心一つで良くも悪くもなります。「のる」までの時間は、他のお子さんの倍くらいはかかるのではないでしょうか。夜眠る時には「今日もよくできたね」という話にもっていっています。（カイダ）

〔…〕

6月17日（月）

週末は、穏やかに父の日会等をしてすごしました。国語の勉強の時は「できない！」とパニックをおこしましたが……。石のおみやげはとても励みになるので玄関に並べております。ありがとうございます。（カ

イダ）
＊きょうは自分から朝会へ出てきました。勉強もがんばりました。（オオワク）

ここでは、通常の学級と通級指導教室（資料内では相談学級と呼称）とのそれぞれでの様子が共有され、また、保護者によって家庭での様子が報告されている。学級担任と通級指導教室担当者が互いの指導を知ることは、指導に連続性を持たせたり、注意すべき点を知って適切な支援につなげたりといった効果が期待できる。一方、家庭での様子の報告は、学校での指導が子どもにどのように受けとめられたのかを教員たちが客観的に知る機会にもなる。

授業参観

年に数回の授業参観は、保護者が学級の様子を直接知ることのできる貴重な機会である。授業参観のなかには、単なる授業公開にとどまらず、保護者と教員との相互理解を深めるような場として再構築する取り組みも見られる[30]。たとえば、小学校における保護者参加型の授業参観である。ここでの保護者参加とは、講師役や教師の補助者としての参加ではない。このような大人側の一員としてではなく、子どもたちのなかに混じって共に学習者として参加することが求められている。

子ども目線での授業への参加は、保護者に「自分の子どもだけではなく、他の子どもたちと話しながら」活動できること、「子ども同士の会話や関係性なども、より近くで見ることができ」ることといった意義を感じさせ、また、子どもの学習内容を深く知ることで家庭での会話にも取り入れるようになったという結果をもたらしている。一方で、参加した保護者がおおむね「楽しかった」という肯定的な感想を寄せる半面、そもそも多忙により参加できない保護者もいたという課題が見いだされている[31]。ここからは、授業参観の可能性として、わが子の様子だけではなく学習内容や学級内の子ども同士の関係をも理解できる契機となることが示される。一方の課題として、その可能性が学校行事に参加する余裕のある一部の保護者のみに閉じられてしまわないために、実施する曜日や時間帯の工夫が求められるということがわかる。

学校教育への保護者の協力と課題

さて、保護者と学校との日常的なつながりには、右に挙げたような相互の情報共有以外に、保護者組織による学校運営への協力がある。ただし、そこには課題も見られる。たとえば代表的な保護者組織であるＰＴＡでは、多忙さ、業務内容の意義への疑問、人間関係の負担など様々な理由から、積極的に引き受けることを躊躇する保護者が出ているという[32]。また、このようなＰＴＡへの消極性の原因は、保護者自身の価値観やライフスタイルの変化だけではなく、政策や社会の風潮を受けて保護者の責任を強調する傾向が強まったことにもあると指摘されている[33]。

以上、本節では現代的課題に応える学級経営を支えるものとして、連携というキーワードから検討を進めてきた。その結果として、次の三点が重要な点として浮かんできた。

一点目は、異なる立場や校種の専門性を学級経営に受け入れて生かすということである。第一節において子ども側の視点から学級を開くことの重要性を挙げたが、教師にとってもまた、学級を開くことは学級経営の助けとなる。二点目は、保護者の置かれた状況を良く知ることである。学級の教育方針が独りよがりなものとならないためにも、また、保護者との相互理解と協力のためにも、保護者の置かれた状況を知ること、それを否定せずに受け止めることは欠かせないであろう。これはＰＴＡなど保護者集団の学校協力を時代に合ったものへと組み直していくためにも欠かせない視点である。三点目は、保護者が学校を知る回路を多様に開いておくことである。連絡ノートや授業参観など、わが子のことと学級全体のこととの双方を知ることができるような場を設けることは、信頼関係の礎となるだろう。

三　学級経営と地域

ここまで学校内での連携や、近隣校や保護者との協働を生かした学級経営について述べてきた。次に、さらに視野を広げて地域と学校との関係が学級経営に与える影響を考えてみたい。

1　地域と学校のつながり――地域とつながる仕組みづくり

二〇一五年に中央教育審議会答申「新しい時代の教育と地域創生の実現に向けた学校と地域の連携・協働の在り方と今後の推進方策について」が出され、学校運営協議会を設けてコミュニティ・スクールを推進していく方針が示された。この答申によると、学校運営協議会には「学校を応援し、地域の実情を踏まえた特色ある学校づくりを進めていく役割」が求められるという。さらに二〇一七年には改正された「地方教育行政の組織及び運営に関する法律」が施行され、コミュニティ・スクールが制度的に裏付けられた。コミュニティ・スクールの仕組みは図5－1のように説明される。

図5－1に示されるように、コミュニティ・スクールでは、保護者代表や地域住民からなる学校運営協議会が、学校運営の基本方針の承認権や教職員の任命に関する意見表明権など、学校運営を左右する大きな権限を持つ。

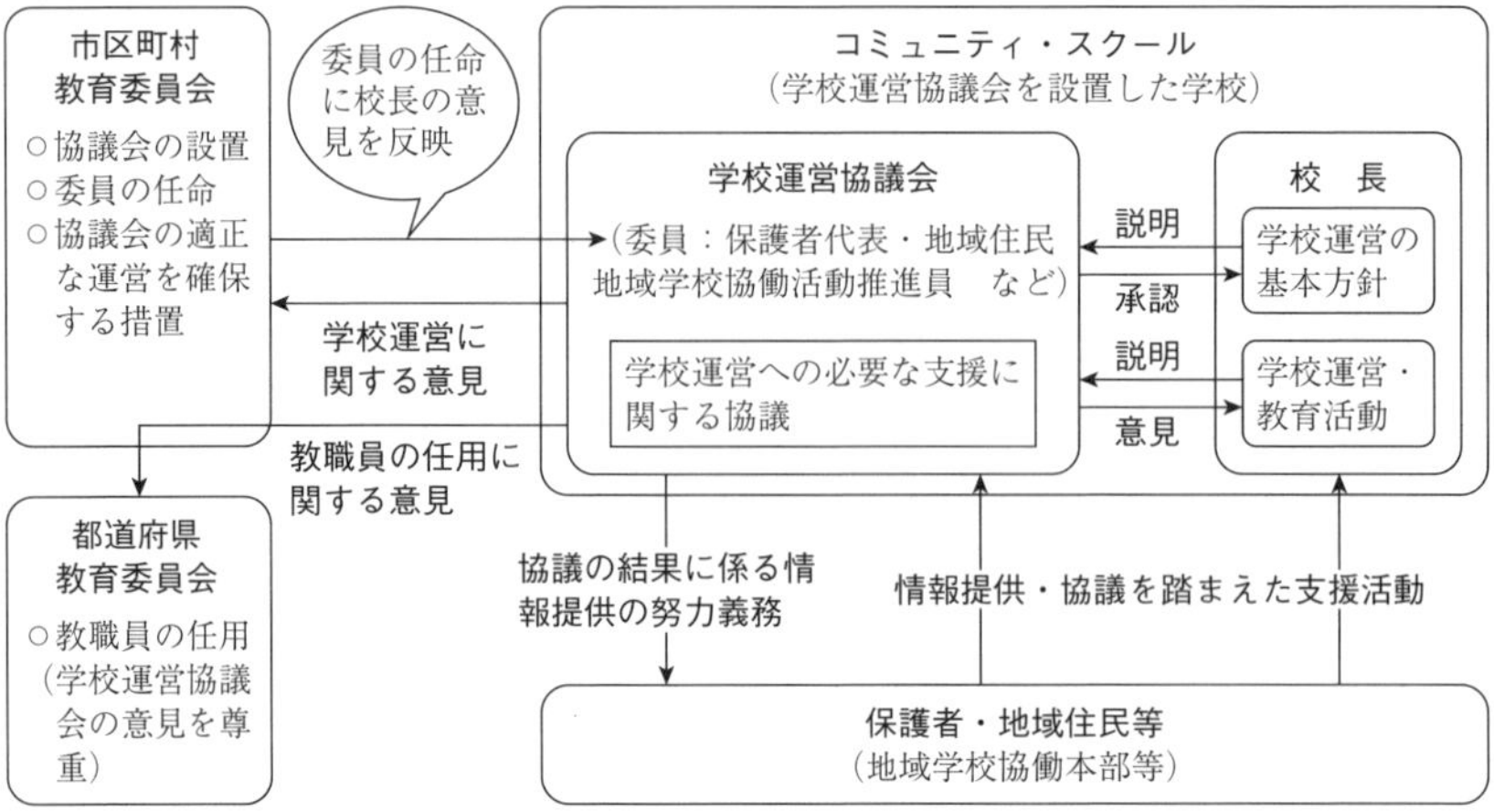

図５－１　コミュニティ・スクールの仕組み

出所：文部科学省「学校と地域でつくる学びの未来」https://manabi-mirai.mext.go.jp/torikumi/chiiki-gakko/cs.html（2022年４月14日閲覧）をもとに一部改変。

一方、学校運営協議会には、地域や保護者に向けて協議の結果を公開する努力義務も課せられている。これを受けて、保護者や地域が学校運営へと協力することが期待されている。このような学校運営協議会の権限と義務からは、学校運営協議会が学校運営に地域の意見を反映させるという役割だけでなく、会のメンバー以外の地域住民全体にも学校を開くための一助となる役割を期待されていることが見て取れる。

2　地域の抱える課題と学校

地域は学級の教育活動を支える豊饒なリソースを秘めているが、同時に、子どもたちの生活や教育に影響するような課題を抱えていることもある。ここでは地域と学校をめぐる現代的課題を、学校選択制、地域コミュニティの人間関係と学級内人間関係、そして地域の課題に真正面から取り組む学習という三つの角度から考えてみたい。

学校選択制

一九八〇年代以降の政府による教育分野での規制緩和の流

れのなかで、義務教育段階から保護者に学校選択の機会を与える学校選択制が各地で取り組まれるようになってきた。理念と実態とのずれから二〇〇〇年代後半以降は廃止や見直しを行う自治体も増えたが、現在でも積極的に推進する自治体もある[34]。学校選択制の具体的な制度はさまざまだが、一般的なものとしては居住する市町村内の特定の地区の範囲内で数校程度の希望校を選択し、抽選等によって決定されるというようなやり方がある。学校選択制のもとでは、子どもが自分の個性に合った学校を選ぶことができ、また学校側でも学習指導や部活動などで特色ある学校づくりが促進されると期待されている。しかしながら、実際のところは、このような期待とは異なる角度から保護者が選択を行っていることも指摘されている[35]。

保護者は学校を選択する際に、学習指導の質の高さや課外活動の充実といった学校内部の特色とならんで、通学路の安全性や周辺地域の治安など、学校の外側の環境を少なからず意識しているという。一方で、学校選択制のもとでは、確実に希望の学校へと入学する手段として、評判の良い学校のある区に就学前児を持つ家族が転居するという行動も見られている[36]。これはつまり、学校選択制は学校教育そのものだけではなく、その周辺地域が生徒や保護者の「評価」にさらされる状況をもたらしていると言える。ここからは、学校への評価が地域の若年人口の増減に影響し、反対に地域の治安への評価が学校への入学希望者の増減に影響するというように、学校と地域が間接的にではあるが互いに無視できない影響を与え合う事態が危惧される。

このように学校と地域が抜き差しならない状況に置かれることもあるなかで、学校としては何ができるのだろうか。学級での教育実践においては、地域の実態をどのように受けとめ、また地域に対してどのように働きかけていくべきなのだろうか。以下、具体的に見ていきたい。

地域コミュニティの人間関係と子どもたち

学校選択制が主に保護者の立場での地域の課題と学校教育との関係性を表しているとすると、一方の子どもの立場においては、地域の人間関係やパワーバランスが学級内での立ち位置や人間関係に影響を与えてしまうという問題が見られる。たとえば、外国からの新規移住者にとっては、地域のニューカマーコミュニティで古参の住民と良好なつながりを持つことが必須である。そのため、これを脅かすと考えられる子ども同士のトラブルが起こったときに、子どもの気持ちや子ども同士の人間関係の修復よりも、事態を丸く収めることを保護者が優先してしまうことがあるという[37]。このような地域のパワーバランスは、学級内での子ども同士の関係を見るだけでは看破しづらく、教師による学級経営に困難をもたらすことが懸念される。

このような事例は、本質において、ニューカマーコミュニティに限らない地域と学級内人間関係の課題を示唆していると考えられる。すなわち、子どもたちの保護者にとって、その暮らす地域内の濃密な人間関係に巻き込まれることが生計維持に必須であるとき、子どもの権利擁護を必ずしも最優先に主張できない苦境に立たされるということである。ここからは、学級経営において、個々の家庭の特質、そしてそれらの包括的集合体としての地域のあり方に加えて、家庭同士や家庭と地域コミュニティとの危うい関係性をも視野に入れる必要性がわかる。

課題を見つめることで深まる学び

地域の抱える問題は学級経営にとって負の要素となるばかりではない。むしろ、そのような地域の「しんどさ」と積極的に向き合って考えることにより、子ども同士の理解が深まったり人間関係に良い変化が生まれることもある。

たとえば、かつて京都市にあった弥栄中学校では、生徒たちの中に荒れた態度や問題行動を示す者がいることが学校全体の課題となっており、その背景には、家庭の困難や地域の抱えるしんどさがあると考えられていた。そこで、このような地域の矛盾を真正面から取り上げた人権劇を生徒たちが演じる試みが行われた[38]。人権劇に参加することは、学級の仲間が抱える辛さや葛藤を知り、共感しあえる関係性を生み出した。さらに、劇を見た保護者が自身の生きづらさを見つめ、子どもの思いに気づくきっかけにもなったという。

また、大阪市の西成高等学校では、総合的な学習の時間や家庭科などを通して反貧困学習という学習活動に取り組んできた[39]。西成高校では、家庭の経済的理由から進路が制限されたり、高校の学費を自らがアルバイトで稼がなければならなかったりといった、経済的困難の直面する生徒たちの姿がある。また、高校生ゆえの無知や立場の弱さにつけこまれ、労働法が遵守されないような働かされ方をしてしまうといった問題もある。そこで反貧困学習では、ホームレス、ハウジングプア、単親世帯の貧困、労災、派遣切りといった、生きることや働くことの根幹にあるようなテーマを学習する。学習の中では自分自身の経験をふりかえる場面を取り入れ、身近な問題と結びつけながら理解を深めていく。学習を通して、生徒たちは地域や自身の家庭が経済的な困難を抱えてしまう要因について考え、そこから抜け出すための、また将来的に経済的な苦境に陥る事態を防ぐための知識や力を身につけていく。

以上、本節では現代的課題に応える学級経営が向き合うべきものとして、地域というキーワードから検討を進めてきた。その結果として、次の二点が重要な点として浮かんできた。

一点目は、地域住民が学校教育を知り、そして意見を述べられるような公的な仕組みである。保護者以外の地域住民は、学級通信や授業参観のような学校との直接的なつながりを持つ機会が乏しい。そのため、学校のなかで行われていることを正しく知り、地域の事情や各々の経験、専門性を学校教育に生かしていってもらうためには、そのための仕組みがまず土台として求められるということである。二点目は、地域を学校教育にとってのリソース源としてのみ理解するのは一面的であり、地域の孕む矛盾や課題もまた直視していく必要があるということである。ここには、子どもたち自身が地域の課題と向き合うことによって、自らの生き方を考え、また、地域をより良くするための関わり方を模索するような、学級内での学習や諸活動も含まれる。

四　現代社会の変化と学級経営の課題

学校教育は、それを取り巻く社会の状況から影響を受け、また、そこに影響を与えながら営まれている。本章冒頭にも述べたとおり、各時代の社会が抱える問題は学校内での子ども同士の関係や子ども集団の性格と無関係ではないのである。本章の最後では、現代の社会が抱える問題と、それを踏まえた学級経営がどのようなものであるべきなのかを考えてみたい。

1　現代の社会が抱える問題と学校——格差と子どもたち

現代の社会を描くキーワードの一つが「格差」であることは、もはや否定しようのない事実であろう。格差には、地域格差や性別による格差などさまざまなものがあるが、なかでも経済格差に注目して、それに対して学級運営上の工夫でどのように対応が行われているのかを以下では見てみたい。

経済的困難を抱える家庭の子どもたちは、学級のなかでもさまざまにシグナルを発している。[40]たとえば、何日も同じ服を着ている、季節に合わない薄着をしている、長期休暇の前後で異常に体重に変化がある、午前中からお腹を空かせていたり眠たそうにしている、必要な学用品を「忘れた」と言い張ってずっと持ってこないなどの姿である。このような状態だと、学習活動に集中して参加することは難しい。また身だしなみを整えられないことや学用品を揃えられないことは、周囲のからかいやいじめの引き金となってしまう恐れもある。一方で、高校生くらいになると、学費のために アルバイトを余儀なくされるという者も出てくる[41]。アルバイトによって時間や体力を奪われることは、部活動ができない、学校外での学習時間が確保できないといった問題をもたらす。

以上のような姿を見せる子どもたちに対して、学校は直接的な金銭援助を行うことはできないが、教育活動に工夫を凝らすことで対応が試みられている。たとえば、卒業生に制服や学用品を寄付してもらって、購入する余裕のない後輩たちに無償で提供することで、生徒の経済的な負担の軽減を図っている場合がある。また、校外学習の経路を工夫して交通費を抑えるなど、教育活動の内容面での調整によって、少しでも経費の発生を抑えるといった地道な取り組みも見られる[42]。

2　社会の変容と学校教育

デジタル社会と子どもの学び

コンピュータや情報通信技術の目覚ましい発展と普及は、学校で学ぶべき内容や育成すべき能力に変革を迫っている。たとえば平成二九・三〇年改訂学習指導要領のもとでは、高等学校で共通必修科目として「情報Ⅰ」が設けられる一方で、小学校段階からプログラミング的思考の育成が求められている。このような社会のデジタル化や情報化のもとでは、技術を活用して従来の学び方をより良いものにするとともに、技術の正の側面と負の側面の両方を冷静に理解して主体的に使いこなす力が求められるだろう。

まず、新たな技術を生かした学び方の革新について見てみたい。文部科学省が二〇一九年に打ち出したＧＩＧ

Ａスクール構想では「一人一台端末と、高速大容量の通信ネットワークを一体的に整備することで、特別な支援を必要とする子供を含め、多様な子供たちを誰一人取り残すことなく、公正に個別最適化され、資質・能力が一層確実に育成できる教育環境を実現する」こと、そして「これまでの我が国の教育実践と最先端のＩＣＴのベストミックスを図ることにより、教師・児童生徒の力を最大限に引き出す」ことが目指されている[43]。通信可能な端末を一人一台持つ環境は、個々の興味関心や学び方のペースに沿った学習や学び合いを可能にする。たとえば社会科で一つの歴史的事象について説明するという課題に取り組む場合を考えてみよう。各自が自身の興味のあるキーワードを用いてインターネット上での情報収集を行うことで、それぞれに異なる角度から様々な情報を入手することができる。持ち運びのできる端末である場合は、学校図書館に行き、インターネット上で得た情報と図書から得た情報とを比較することも可能であろう。収集した情報をまとめる際にも、端末を用いることで画像の提示や図・グラフなどの作成が容易になるため、視覚的なインパクトを持って情報を示すことができたり、文章で表現することが苦手な子どもも取り組みやすくなったりという利点が考えられる。さらに、個々の端末上で作成された資料は、教師の操作する電子黒板上に集約したり、子ども同士の端末間でやり取りしたりと簡単に共有することができるため、学び合いを進めるうえでも役立つ。加えて、第一節でも少し述べたように、ＩＣＴ機器の普及は、特別な教育的ニーズを持つ子どもの学びにくさを解消することにも役立つことが期待できる。

ただし、以上のような技術の利用による学び方改革と同様に重要なのが、技術の利点と問題点の双方を知ることである。子どもたちが通信端末を利用することは、大量の情報にアクセス可能になるということであり、また、情報の発信者にもなり得るということである。それは情報を批判的に読み解く力や、不用意な発信によって他者の人権を傷つけないための情報モラルが求められるということでもある。

デジタル化時代においては、従来のメディア・リテラシー教育の蓄積を生かしながら、情報の受信も発信も適切に行えるような力の育成が求められている。たとえば文部科学省は「情報活用能力」の重要性を打ち出している。これは「知識及び技能」「思考力、判断力、表現力等」「学びに向かう力、人間性等」の三つの柱に整理されているが、そのいずれにも情報モラル・セキュリティに関する内容が含まれている(44)。また総務省はＩＣＴメディアリテラシーを提唱し、学齢期の子どもだけでなく全世代での育成を目指している(45)。

グローバル化社会

さて、情報の行き来が広範囲に及ぶことを現代社会の特徴として取り上げたが、今日、世界中を縦横無尽に移動するのは情報だけではない。人や物もまた、国を超えて移動し、一つの国のなかで共に暮らす人々が多様化して、文化や社会のあり方に変化が起こっている。このようなグローバル化社会では、学校の文化や様式に対する問い直しが求められる。

私たちが暗黙のうちに「学校・学級とはこういうものだ」「級友との望ましい人間関係のあり方はこうだ」と想定している中身は、実は日本に特有のものであり、他の文化圏で育った人間には違和感を与えている場合がある。たとえば制度やルールでいうと、学校では定められた制服を必ず着用すること、それも季節によって衣替えすること（例：夏期は半袖）といったような身だしなみのルールが、宗教による肌の露出の可否と抵触して困っている子どもたちがいる(46)。授業のスタイルでいうと、一コマの最初から最後までひとつながりのストーリーのように起承転結をもって構成されており、その途中での退室や離席は許可しないといった国ばかりではない(47)。また、一つの教室内で提供されるカリキュラムは単一であり、学習支援を受けることはあっても基本的に同じものを全員一緒に学ぶといった点は、必ずしも該当しない国もある(48)。さらに人間関係でいうと、授業や学級会などの話し合いの場面において、形式上は誰のどんな発言も排除しないというタテマエであっても、実際には一人が長く発言したり続けて何度も発言すると「目立ちたがりだ」「自己中心的だ」と白眼視されてしまうといった点があり、帰国児童生徒や外国から来た子どもたちを戸惑わせている(49)。

もちろん、以上のような日本の学級の特徴は、すべてが廃止されるべき悪しき習慣というわけではない。単一の教育内容を練り上げられた展開に沿ってテンポよく学ぶことや、離席や離室を厳しく統制することは、子どもたちの集中力を保ち、理解を促進するために効果的であるから取り入れられた方法であろう。また、発言者や発言量の偏りを防ぐことは、教師によって学習集団を活性化するための戦略として行われることもある。問題なのは、この種の暗黙の文化ややり方が無批判かつ一方的に押し付けられ、他の文化圏から来た子どもたちの学びや学級適応を阻害することである。また、逆に日本の学級の暗黙の文化を当然視しすぎた子どもたちが、社会に出て他の文化と出会ったときに上手くなじめなかったりするようであれば、それも問題と言える。学級のルールや文化を可視化して、「なぜ」と問える雰囲気があること、そして、合意のもとに組み替えていけることが大切であろう。

3　安心して過ごせる学級を目指して

本章でここまで述べてきたように、現代社会の変化を背景に学級経営にはさまざまな新たな課題が生まれ、それに対する工夫や対応も見られる。しかしながら、教師たちがどれほど試行錯誤しながら学級経営に努めていても、時として、学級が子どもたちにとって安心できる場所ではなくなるような危機的状況に陥ってしまうこともある。ここでは、このような問題の具体例として、学級崩壊といじめについて考え、さらには不登校についても考えてみたい。

学級崩壊

学級経営上の最も大きな課題の一つが学級崩壊だろう。子安によると、学級崩壊とは一般的に「教師の指導が恒常的に成立しない状態」[50]とみなされているが、立場によって定義の詳細や原因の捉え方が異なっているという。このような違いは、望ましい対応として何を提起するのかの違いにつながっている。すなわち、子ども個人や保護者の責任からくる社会性欠如や規範意識の低さを学級崩壊の原因と見る立場からは、「心の教育」やカウンセリングによって子どもたちの管理・統制を強める方向性が提起される。一方、社会の矛盾や人工的で競争的な社会システムを原因と見るならば、大人社会の側の変化が要求されることになる。さらに、保護者の未熟さを原因と見る場合には、従来の家族観や社会観に沿った規範の再生を目指すような方向性と、個々の家庭に子育て責任を閉じずに、より広範な子育てネットワークをつくろうとする方向性の二つが見られる[51]。

ところで、学級崩壊という用語が盛んに用いられ始めるのは一九九〇年代後半頃からであるが、その内実は一九八〇年代の校内暴力時代の問題行動とはいくつかの点で違いがあるとも指摘される。中学校教員としての経験をふまえて尾木が整理するところによると、一九八〇年代以前の荒れは、その特徴として、(1)非行を引き起こす子は見た目にもわかりやすくかつ組織立っていたこと、(2)非行はステップダウン式で悪化していたこと、(3)暴力等の問題行動を行う理由が本人なりに一応はっきりしていたことの三点がある[52]。そのため、指導の必要な生徒が明確であり、また、その生徒の状況から次にどのような非行に進むかを予測しながら的確な指導を行うことが可能であったという。

これと対比すると、一九九〇年代以降の学級崩壊は、一部の「不良少年／少女」による暴言・暴力等ではなく、校内・教室内にいるごく普通の子どもたちがその引き金となっている点に特徴があるという。また校内暴力は中学校が中心であったのに対して、学級崩壊は小学校低学年のような幼い段階でも生じうる[53]。

　このように、旧来の荒れとは異なり、原因や実像の特定しづらい現代の学級崩壊に対して、学級としてできることは何だろうか。学級での実践は、社会矛盾や家庭での養育に対して直接的に介入することは難しい。ただし、そのようなさまざまな背景を抱える子どもたちにとって、安心感を持って相互理解し合えるような居場所となることは可能である。たとえば仲間づくりや学級集団づくりといった、生活指導の分野で取り組まれてきた実践から学べるものは大きい[54]。また、学級で安心感を持って過ごすためには、学級というものを「わかる」ことの保障も大切であろう。就学直後に学級での学び方に慣れることを意図したスタート・カリキュラムや、すべての子どもにとってわかりやすい教室環境を目指したユニバーサル・デザインの発想などは、学級での疎外感の増大や自己肯定感の低下を防ぎ、適応感を向上させるうえで参考になると考えられる。

いじめ

　学級崩壊とならんで子どもたちの学級での学びや生活を脅かす大きな問題がいじめである。森田は、いじめを「いじめられる側が苦痛をあたえられたという被害感情をいだく行為の集合と、いじめる側が意識的であれ、集合的であれ、相手に苦痛をあたえる行為の集合との和集合」として捉えている[55]。すなわち、いじめ行為の中には、被害者と加害者がともにいじめと認識しているものもあれば認識にずれのあるものもある。このようないじめの構造を踏まえて森田は、「いじめとは、同一集団内の相互作用過程において優位にたつ一方が、意識的に、あるいは集合的に、他方にたいして精神的・身体的苦痛をあたえること」と定義している[56]。

　また、いじめは被害者と加害者の一対一の世界で起こっていることではなく、周囲の子どもたちを含んだ四層構造からなると説明される。図5－2において中心のすぐ外側にある被害・加害者層とは、一つのいじめ事件の

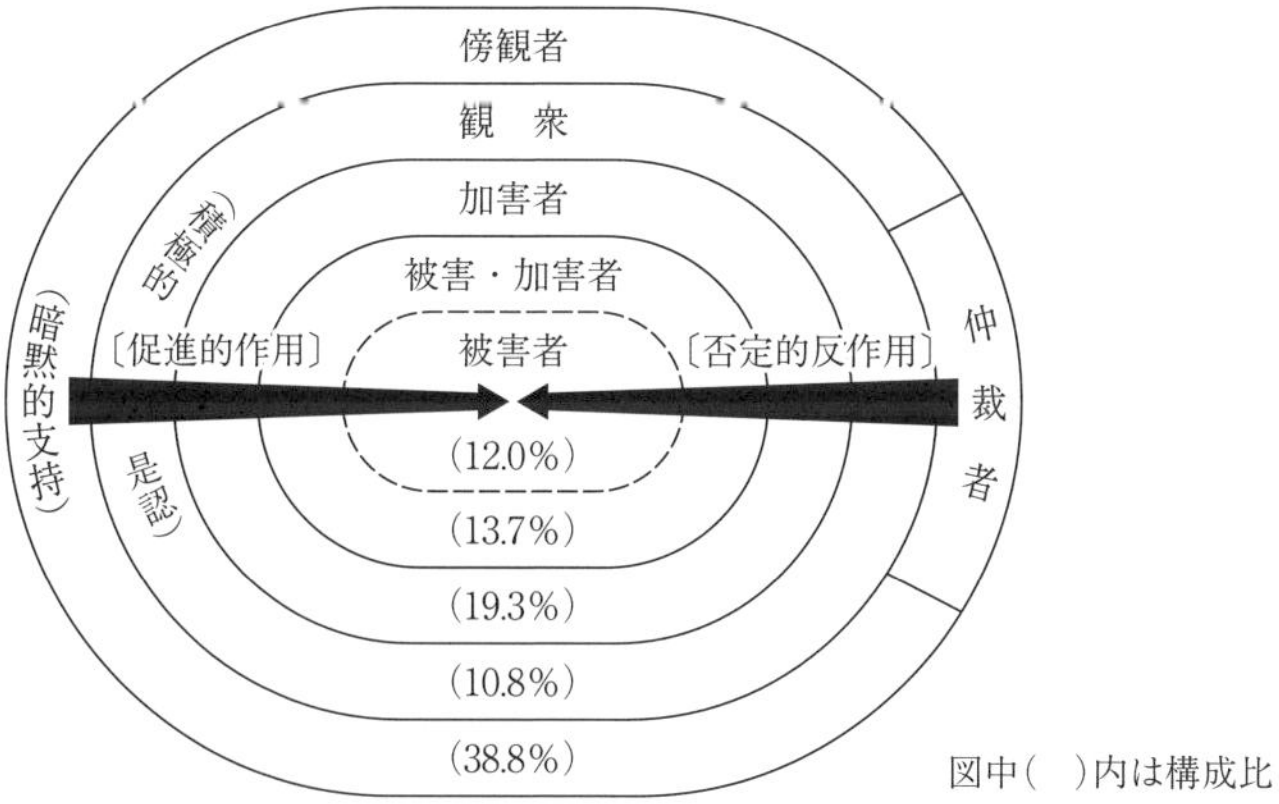

図５−２　いじめ集団の構造

出所：森田洋司･清永賢二『いじめ——教室の病い（改訂版）』金子書房、1994 年、51 頁。

なかで被害者と加害者の両方を経験している子どもであり、このような特徴は昔のいじめには見られない特徴だという。そして、この被害・加害者層および被害者層、加害者層を加えたパーセンテージが全体の約半分に迫るものであるところから、「いまのいじめは、昔のような度はずれたやんちゃ坊主による局部的な現象ではなく、学級の大部分を巻き込みつつ相互に傷つき、傷つけあう構造をもっている[57]」と指摘される。

いじめと学級集団の性質との関連性は、実証的に明らかにされてきてもいる。大西は中学生を対象としたアンケートを行い、学級、仲間、個人の三つのレベルから、いじめに否定的な集団規範に着目していじめのメカニズムを解明した[58]。その結果、いじめに否定的な集団規範が高い学級では所属生徒たちのいじめ加害傾向が低いこと、また、周囲の生徒たちがいじめを受け入れている程度の違いが、加害生徒がいじめを実行する際の判断材料になっていることが明らかになっている。加えて、信頼感と裏切られ不安が仲間内でのいじめ否定規範に間接的に影響することが見いだされた。他者への信頼感は学級享受感を高め、そのことがいじめに否定的な仲間規範につながるという。反対に他者に対する裏切られ不安の高さは、仲間集団の排他性を高め、そのことがいじめ制止仲間規範を低くしていたという。

一方で、教師のことをどのような存在として認識しているかが、いじめの加害傾向に影響したという[59]。教師のことを「親しみやすく受容的である」「自信と客観的な指導態度を備えている」「怒ると怖い」と認知している生徒は、自分がいじめを行ったときに感じるであろう罪悪感を高く見積もるという。一方で、教師のことを不適切に権力を行使していると認知している生徒は、いじめの加害傾向が高かったという。

以上のように、いじめという現象は集団的なものであり、そして教師のあり方も含めた学級集団全体の性格がいじめの実行や抑制に影響しうる。このことは、いじめの防止のために教師が一人ひとりの生徒に対して公平に接すること、そして学級全体でいじめを許さないという明確な方針を示すこと、一方で、起こってしまったいじめへの対処においては、中心的な加害者と被害者への介入やケアに加えて、同調者や周囲の傍観者にも働きかけを行うことが大切であるといったような、いじめへの対応の基本方針がいかに重要であるかを再認識させてくれる。

不登校

学級崩壊、いじめと学級内での深刻な問題をここまで見てきたが、最後に、そもそも学級に行きたくてもいけない、学級にいることが負担になって心身に症状が出てしまう、学校に行く気がどうしても起こらないといったような不登校の子どもについて考えてみたい。二〇一九年度の文部科学省の調査では小・中学校での不登校児童生徒数は約一八万人とされており、児童生徒数全体の二％近くを占めている[60]。また別の調査では、年間欠席数が三〇日未満だが不登校傾向にあるという生徒まで含めると、中学校段階では全体の約一〇％を占める三三万人にも上ることも指摘されている[61]。不登校は学校で得られたはずの経験を得られないことや、自宅に閉じこもりがちになって心身に負担となるなどのリスクを有している(62)。

不登校対応は学級外や学校外の支援を併用して行っていく必要がある。安心できる居場所としての保健室の活用や、背景要因によっては自閉症・情緒障害特別支援学級との連携などが有効であろう。また、学校を丸ごと不登校児に特化させた不登校特例校も二〇二一年時点で全国に一七校存在する。さらに後期中等教育段階においては、通信制高校や単位制高校といった通学の頻度やペースを自分で選べるような教育機関が重要な役割を果たす。これらの高校においては、中学校以前に不登校を経験した生徒たちに自尊心や学びの意味を取り戻させるため、教師の支援や生徒同士の人間関係づくりの支援等が行われている(63)。学校や学級に居づらさを感じた不登校の子どもたちに対して、学校でありながら安心して過ごせる環境をつくり出しているこのような実践は、通常の学校の学級文化や学級集団づくりにも参考になるところが大きい。

以上のような学校内での取り組みのほかに、学校以外での不登校児の居場所づくりもある。その一つが自治体による適応指導教室である。適応指導教室では、通常の学校と比べると幅広い教育内容を扱いながら緩やかなカリキュラムに沿って活動が進められる(64)。このような公教育のカリキュラムに縛られない自由な教育活動は、不登校児を対象とするフリースクールにも見られる(65)。文部科学省では、これら狭義の公教育の場以外での学習を在籍学校の出席日数として扱う方針を示しており、進路に不利益を及ぼさないで柔軟に教育の場を選べるようになっている。

学校外での支援の拡がりを踏まえると、不登校児童生徒への対応が登校イコール善といった一面的なものから変わりつつあることがわかる。ただし、だからといって学校側の関与が不要になったというわけでは、もちろんない。不登校児童生徒に関わる教員は、学校以外での学びを否定することなく認めながら、その一方で、居場所は変わってもその児童生徒のことを変わらず気にかけているということを伝えていく必要がある。

　以上、本節では現代社会の変化と学級経営の課題について、格差、デジタル化社会、問題行動、不登校などさまざまな切り口から考えてきた。そのいずれもが、現状に何らかの問題を見出し、学校現場に新たな取り組みを求めるものであったが、これは裏返すと、自明視されてきた学級文化を見直す好機でもあると捉えられる。変化を否定するのではなく、かといって無批判に新たなやり方を取り入れるのでもなく、当たり前と思い込んでいるやり方の背後にある理由を考え、保つべきことと変えるべきこととを見極めていくべきであろう。その際、特定の文化ややり方のもとで利益を得られる子どもと取り残されている子どもがいないか、変化が格差の拡大を招いていないかといった点にも注意する必要がある。

＊

　本章では、学級経営を行う上で視野に入れるべき現代的課題を概観してきた。個々のテーマはそれぞれ別の角度から、子どもの捉え方や学級・学校の役割の再考を促すものであり、それらを通して学級経営のあり方に変革を迫るものである。最後に、これら多様な課題全体に共通する点をいくつか整理して挙げておきたい。

　一つ目は、学級を開くということである。多様性を尊重し誰もが排除されないこと。学級を行き来して学ぶ子どもたちにとっても安心できること。多様な教員や保護者が協力できること。地域住民も関われるものであること。このような多様な要求に応えるためには、各学級が目指す方向性や現状を可視化し、共有することが求められる。

　二つ目は、学級の形態や機能の問い直しのなかで、学級というものの意義や不可欠の要素を今一度明らかにするということである。学級の現代的な課題のなかには、いじめのように集団だからこそ発生・増幅する問題もある。またデジタル化社会のなかで、物理的に同じ場所を共有していない者同士が共に学べる状況も生まれている。さらに、学校選択制や不登校の子どもたちの存在は、暮らす地域によって自動的に選ばれる学校・学級の集団を当然視せず離脱するという選択を表している。以上のような動向は、学級という集団の限界を表しているのだろうか？　同年齢の子どもたちが物理的に近しい距離で集団をつくって活動することの意味はどこにあるのか、多様な選択肢が生まれるなかで、必ず保障されるべき学級集団の本質は何なのかということを、各学校種の特徴も踏まえながら確認していく必要があるだろう。

Column 2

オランダのイエナプラン教育における基幹（ファミリー）グループ

イエナプラン教育は、ペーター・ペーターセン（P. Petersen, 1884-1952）が一九二〇年代にドイツのイエナ大学の附属学校で創始した教育です。ペーターセンは自らのコンセプトにおいて「共に生きることを学ぶ」こと、「子どもたちに多くの責任をもたせ」て子どもが自分自身や自らが属する集団を大切にすることを学べるよう多くの力を注いでいました[1]。ペーターセンが目指したのは、全ての人が「全体的人間として必要とされている」共同体であり、「男女両性、あらゆる身分や宗派、あらゆる才能の子どもたちを一緒に」学べるようにする学校でした[2]。こうした考え方はイエナプランスクールや、そこでの学級を意味する基幹グループの基盤となっています。

イエナプラン教育がオランダに紹介されたのは、一九五〇年代のことです。オランダのイエナプラン教育の全体像については、リヒテルズ直子『今こそ日本の学校に！　イエナプラン実践ガイドブック』（教育開発研究所、二〇一九年）をご参照ください。このコラムでは、オランダのイエナプランスクールにおける基幹（ファミリー）グループと呼ばれる異年齢学級について紹介します[3]。

イエナプランスクールでは、同一年齢の子どもからなる学級編成に対する批判意識から、三つの年齢の子どもからなるグループが推奨されています。これにより、子どもは年少・年中・年長という三つの立場を三年間で経験します。これはギルドの徒弟制における見習い・職人・親方にたとえることができるとされています。もちろんギルドのように厳格な組織化はされませんが、グループリーダーと呼ばれる教師は、年長の子どもたちに年少の子どもたちを助ける責任があることを強調することができます。子どもたちは、三つの立場を経験するなかで互いに助けられたり、助けたりすることを学び、社会性を身につけていくとともに、グループリーダーに依存するのではなく子どもたちが互いにより自立的に学習に取り組めるようになると考えられています。

また、三つの年齢の子どもたちがクラスにいることで、「みんな違う」ことが前提となりやすくなります。このことで、グループリーダーは必然的に個に目を向けざるを得なくなります。学習進度の比較はあまり意味をなさなくなり、子どもたちは、「できる子」「できない子」といったレッテルを貼られにくくなります。これは子どもたち同士でも同様です。「才能がある（Begaafde）」と言われるような子どもたちにとっても、基幹グループでは社会的なグループにとどまることができるため、知的なパフォーマンスに基づいて飛び級していくよりも、調和の取れた成長が可能になるといいます。

また、子どもたちは三年間同じ基幹グループにいるため、グループリーダーが子どもたちのことをよく知ることができ、継続的に子どもの発達を把握することができるようになります。また、子どもたちも、三年間同じグループにいるため、そのグループ固有の文化が育まれます。ただし、三分の一のメンバーは毎年入れ替わるため、新しい変化も生じます。こうした基幹グループは、家族のようであるとされ、英語圏では「ファミリー・グループ」と呼ばれています。日本語でもそのように訳されている場合もあります。

ただし、こうしたグループは放っておいてできるわけではありません。一方でグループを「作る」こともできないと言われています。できるのは、せいぜい「育てる」ことであるといいます。子どもはひとりでに社会性や人間性を身につけるわけではありません。年長の、しかも強い子どもが、年少の子を抑圧するようなことは家庭でも学校でも起こりえますが、グループリーダーはそれが起こらないようにしなくてはなりません。そのためには、学校で互いに共に生きるあり方について子どもたちに議論が開かれていること、またグループリーダーが共に生きるあり方の理想を持っていることが重要です。そうしたプロセスのなかで、グループが育ち、一人ひとりの子どもたちが育っていくと考えられています。

注

（1）フレーク・フェルトハウズ、ヒュバート・ウィンタース著、リヒテルズ直子訳『イエナプラン　共に生きることを学ぶ学校』ほんの木、二〇二〇年（原著初版は二〇一四年）。

（2）ペーター・ペーターセン著、三枝孝弘、山崎準二著訳『学校と授業の変革――小イエナ・プラン』明治図書、一九八四年（原著初版は一九二七年）。

（3）Ad W. Boes, *Jenaplan, historie en actualiteit*, Hoevelaken: L.P.C., 1990, pp.21-29; Kees Both, *Jenaplan 21*, Zutphen: NJPV, 2011, pp.90-93.

補論　GIGAスクール時代の学級経営

二〇二〇（令和二）年度という年は、我が国の学校にとって、さまざまな意味で画期となる一年であった。その原因が新型コロナウイルス感染症の猛威であったことは言うまでもない。前年度末から三か月にわたって長期臨時休校が続いたことと、学校が再開した後も制限や制約がきわめて多いなかで教育活動を実施せざるをえなかったことは、今後長きにわたって「伝説の一年」として語り継がれていくことになるであろう。

一方で令和二年度は、これまでの教育活動に課されてきた制限や制約を取り払う可能性の種が播かれた一年でもあった。前年度から計画自体は進められていた、いわゆるＧＩＧＡスクール構想の予算執行が大幅に前倒しされ、令和二年度内に「児童生徒に一人一台の情報端末整備」がおおむねすべての小・中学校で完了した。我が国の学校は、新型コロナウイルス感染症にともなう長期休校への措置と、その後も断続的に発生することが予想される学校や地域単位での臨時休校等への対応をきっかけに、教育活動へのＩＣＴ機器の活用に対する条件整備がかつてないほどの速度と規模で進行したのであった。

令和二年度に起こったこれら二つの事象は、学校の今後の教育活動に、とりわけ学級経営という営みに、どのような影響を与えるのだろうか。まずは、いわゆる「三密」を避けながら感染症対策を徹底した学級活動を今後も継続的に行っていくことや、子どもたちの「一人一台端末」を学級での教育活動や経営活動に活用していくことなどを思い浮かべるのではないだろうか。しかし、それらはあくまで表層での変化にすぎない。今後の学級経営は、令和二年度に学校が経験したことを契機として、そのあり方が根本から問われるかもしれないのである。

私たちの学校は、いままでのあり方を省みる必要がある。

コロナ禍によって学校や学級の平和や安寧がおびやかされたという声がある。学校はコロナ禍を克服し、できることならば以前の姿に戻ろうとしているようにも見える。本当にそうなのだろうか(1)。言うまでもなく、学校や学級という場所や機能は、子どもたちの健全育成に作用することも多い。その一方でいじめや暴力などによって、少なくない子どもたちが傷つき、苛まれることがある。学級という場所は、子どもたちにとって「心の居場所」となる可能性も秘めているが、他方「いじめの温床」にもなりかねないのである。

教育的な意味で、かかる「諸刃の剣」である学校や学級という制度を、私たちの社会はこれからも維持し続けるのか。それとも、別の制度に取って代えるべきなのか。

以上が本論の問題意識である。この視点から、従来の日本型学級経営を相対化しつつ、今後の学級経営のあり方を提起してゆきたい。

一　「令和の日本型学校教育」と学級経営

まず整理をしておこう。いま私たちが生きているのはどういう社会なのか。そして、その社会にふさわしい学校教育のあり方とはどういうものか。

平成の終わりごろから、Society 5.0という聞き慣れない言葉が、学校教育改革の文脈で踊るようになった。Society 5.0は内閣府による「第五期科学技術基本計画」（平成二八年一月閣議決定）で初めて提唱され、その後、文部科学省が公表する文書のなかでも、これからの学校教育のあり方を構想する際の社会像の基底に据えられるようになった。

Society 5.0とはどんな社会像か。内閣府は、「サイバー空間（仮想空間）とフィジカル空間（現実空間）を高度に融合させたシステムにより、経済発展と社会的課題の解決を両立する、人間中心の社会」(2)と定義している。

これまでの情報社会（Society 4.0）では知識や情報が共有されず、分野横断的な連携が不十分であるという問題がありました。人が行う能力に限界があるため、あふれる情報から必要な情報を見つけて分析する作業が負担であったり、年齢や障害などによる労働や行動範囲に制約がありました。また、少子高齢化や地方の過疎化などの課題に対して様々な制約があり、十分に対応することが困難でした。

Society 5.0で実現する社会は、ＩｏＴ（Internet of Things）で全ての人とモノがつながり、様々な知識や情報が共有され、今までにない新たな価値を生み出すことで、これらの課題や困難を克服します。また、人工知能（ＡＩ）により、必要な情報が必要な時に提供されるようになり、ロボットや自動走行車などの技術で、少子高齢化、地方の過疎化、貧富の格差などの課題が克服されます。社会の変革（イノベーション）を通じて、これまでの閉塞感を打破し、希望の持てる社会、世代を超えて互いに尊重し合える社会、一人一人が快適で活躍できる社会となります。(3)

ＩＣＴの普及に大幅に立ち遅れたといわれる学校という場所は、令和二年度のＧＩＧＡスクール構想の前倒しによってようやくSociety 4.0（情報社会）へのステージに上がったと言えるかもしれないが、社会全体はすでにもう一つ先のステージを志向しているようである。文部科学省による資料では、Society 5.0における学校の姿として、「一律一斉授業の学校」「同一学年集団での学習」「学校の教室での学習」の変革が掲げられている。(4) 教師の仕事がＡＩに取って代わられるなどという過激な未来予測は控えられているけれども、学校という場所と教育的機能とがこれまでと同一直線上にないかもしれないという想定が、これらの指摘からは透けて見える。

ここで描かれている社会像は、ある種のユートピア（理想社会）である。現実社会とのギャップも大きいため、こうした社会像を無批判に受け入れることには注意が必要だろう。ただ、少なくとも、いま学校で推進されているＧＩＧＡスクール構想の目的の一つが、国策レベルで見れば、こうしたSociety 5.0の到来に向けた下地づくり、あるいは、Society 5.0を実現に導く道筋づくりにあることは（その賛否はさておき）押さえておきたい。

話を学校のあり方に戻そう。ここで指摘されているような学校の変革は、いわゆる授業（教科学習）に限られるものではない。学級経営を通して創造される学びも、また然りであるはずである。

それでは、Society 5.0時代の学級経営とは、どのような姿が想定されているのだろうか。そのことを考えるために、二〇二一（令和三）年一月の中央教育審議会答申「『令和の日本型学校教育』の構築を目指して～全ての子供たちの可能性を引き出す、個別最適な学びと、協働的な学びの実現～」の内容を見ていくことにしよう。

本答申は、Society 5.0時代の到来により社会が劇的に変わりつつあることと、新型コロナウイルス感染症の感染拡大にともないよりいっそう先行きが不透明になったこととに鑑み、私たちの学校のあり方をどのように変革していけばいいかという論点について審議結果をまとめたものである。そのキーワードとして示されたのが「個別最適な学び」と「協働的な学び」という学びのあり方であるが、ここでは、とくに学級のあり方に焦点を絞り、答申の提言内容を見ることにする。

本答申は、令和二年度の学校再開に関わって、次のように述べている。

〔…〕臨時休業からの学校再開後には限られた時間の中で学校における学習活動を重点化する必要が生じたが、そのような中でもまず求められたのは、学級づくりの取組や、感染症対策を講じた上で学校行事を行うための工夫など、学校教育が児童生徒同士の学び合いの中で行われる特質を持つことを踏まえ教育活動を進めていくことであり、これらの活動を含め感染症対策を講じながら最大限子供たちの健やかな学びを保障できるよう、学校の授業における学習活動の重点化や次年度以降を見通した教育課程編成といった特例的な対応がとられた。[5]

臨時休校（休業）期間には、時差通学や学習プリントの戸別配達、ビデオ会議システムを活用したオンラインでの教育活動の試行など、「学びを止めない」ための試行錯誤が各学校で実施された。そこで共通に話題に上がったのが、学校がこれまで学級という単位で教育活動を行ってきた「当たり前」の重要性であった。

令和二年度は、多くの学校で四月の新学期の数日だけ子どもたちが通学し、その後、緊急事態宣言の発出および全国への拡大に際し、なし崩しに臨時休校に突入せざるをえない状況であった。学級担任は、いわゆる「黄金の三日間」や「黄金の七日間」などと言われる新年度の学級開きの取り組みを十全に行うことなく、場合によっては担当する子どもたちの名前や顔も曖昧なままで、一学期前半の学級経営を行っていくことを余儀なくされたわけである。

平日の授業時間中であるにもかかわらず子どもたちが教室に来ないという経験したことのない事態は、多くの学級担任に、これまでの教育活動の「前提」であった「学校での教育活動が児童生徒同士の学び合いのなかで行われるという特質」が欠如した状態に対する強い不安を味わわせた。保護者は臨時休校の長期化によって「子どもの勉強の遅れ」を不安視する声が多数であったようだが、[6] 実のところ小・中学校の教師たちは、学級経営を通して「教師と子どもたちの、また子どもたち同士の人間関係を築くことの遅れ」を不安と思うほうが強かったかもしれない。

学級という概念をもたない高等学校の教師たちが、学級に相当するホームルームでの生徒同士の人間関係構築よりも各教科の学習の遅れを懸念し、不完全ながら双方向オンライン授業を実施したり、自作の授業動画や資料を作成したりすることに力を割いたことに対し、[7]小・中学校の教師たちは、教材プリントをあえて各戸に配って回って子どもの様子を直接的、間接的に窺ったり、ビデオ会議システムを活用するにしても、教科の授業ではなく、朝の会や終わりの会をオンラインで実施したりしたことは、学級経営に関するそれぞれの教師たちの危機意識を投影しているとも言える。[8]

学校再開後は、制限や制約が多いものの、学級経営を実施することができるようになった。教師たちの安堵の気持ちは、今までのノーマルな学校の教育活動が部分的にでも戻ってきた状況に起因していると言えるだろう。しかし、とりあえず現状が戻ってきたから、それで万事解決というわけにはいかない。答申は、Society 5.0 社会の到来を見越して、次のように指摘する。

> 我が国の教師は子供たちの主体的な学びや学級やグループの中での協働的な学びを展開することによって自立した個人の育成に尽力してきた。その一方で我が国の経済発展を支えるために、「みんなと同じことができる」「言われたことを言われたとおりにできる」上質で均質な労働者の育成が高度経済成長期までの社会の要請として学校教育に求められてきた中で「正解知識の暗記」の比重が大きくなり「自ら課題を見つけそれを解決する力」を育成するため他者と協働し自ら考え抜く学びが十分なされていないのではないかという指摘もある。[9]

学級経営を通して子どもたち同士の人間関係をよくする目的は、はたして何だっただろうか。この問いは、昨今の主体的・対話的で深い学びと呼ばれる授業改善の視点に対する根源的な問いと通ずる部分がある。学級で仲間づくりを重視するのはどうしてか。授業でペアワークやグループワークなどの対話的な学びを多用するのはどうしてか。往々にして自己目的化しがちなこれらの取り組みに対して、答申は、「『自ら課題を見つけそれを解決する力』を育成するため」という目的を改めて位置づけようとしている。「友だち一〇〇人できるかな」を実現することが学級経営の目的ではなくて、あくまでも子ども一人ひとりの能力（しかも人間性や社会性に関わる高次な能力）を育むことを目的に据え直すのだとすれば、子どもたちが再び教室に戻ってきて、今まで通りの対面での学級経営に「復旧」した状況に甘んじていてはいけない。

続けて本答申は次のように指摘している。

小学校低・中学年においては、安心して学べる居場所としての学級集団の中で基礎的・基本的な知識及び技能を反復練習もしながら確実に定着させるとともに、知識及び技能の習得や活用の喜び、充実感を味わう活動を充実することが重要である。資質・能力を確実に習得させるためには、個々の児童の状態をより丁寧に把握し、個別的な対応を行う「指導の個別化」が重要である。(10)

「安心して学べる居場所としての学級集団」を土台として、子ども一人ひとりの学習状況をていねいに把握し、個別的な対応を行うことで、学習指導要領の謳う資質・能力を着実に育んでいく。この路線は、小学校低・中学年に限られたことでないだろう。

さらに、経験と勘と気合（教育現場の３Ｋ）に頼りがちであった現場での指導を見直して、教師が学級経営を含む教育活動を客観的な根拠（エビデンス）に基づいて遂行することについても[11]、答申では言及している。

学習履歴をはじめとした様々な教育データを蓄積・分析・利活用することにより、児童生徒自身の振り返りにつながる学習成果の可視化がなされるほか、教師に対しては個々の児童生徒の学習状況が情報集約されて提供され、これらのデータをもとにしたきめ細かい指導や学習評価が可能となる。また、一人一人の児童生徒の状況を多面的に確認し、学習指導、生徒指導、学級経営、学校運営など教育活動の各場面において、一人一人の力を最大限引き出すためのきめ細かい支援が可能となる[12]。

子どもの学習状況を示す教育データの蓄積・分析・利活用には、ＧＩＧＡスクール構想で環境整備が進められたＩＣＴ機器の活用が不可欠である。今後の学級経営では、各教師の経験と実践的知見に裏打ちされた子どもたちを見る目（教育的鑑識眼）だけではなく、各種の教育データを活用して、多面的・多層的に指導・支援にあたることが求められるようになる。ＥＢＰＭ（Evidence-based Policy Making）と呼ばれる取り組み手法が、学級経営の領域にも遠くない将来に有無を言わさず押し寄せてくることだろう。

以上の内容を改めてまとめると、Society 5.0 時代の到来に対応した学校教育のバージョンアップとして、本答申がとくに学級経営という領域に求めているると考えられることは、以下の四点に整理できる。

(1)「安心して学べる居場所としての学級集団」を構築すること。
(2) 学級集団での協働的な学び合いを通じて、子ども一人ひとりに求められる資質・能力を着実に育むこと。（協働的な学び）

(3)　そのためには、教師が子ども一人ひとりの学習状況をいっそうていねいに把握し、個別的な対応を行うこと。（個別最適な学び）

(4)　子どもの学習状況を把握する方法として、さまざまな教育データを利活用すること。

こうした指摘には、さまざまな論争点がある。たとえば、学級集団づくり（1）と学習集団づくり（2）（3）を切り離して考えている点や、教育の目標（知識・技能の習得や諸能力の育成など）と方法（個別学習、グループ学習など）とを短絡的に結びつけている点（2）（3）、あるいは、教育における「エビデンス」の扱いが粗雑である点など。こうした指摘についての批判的な議論は、本書第Ⅰ部の記述に委ねたい。

ただ、ここで述べたいことは、本答申の指摘が、あくまでも「子どもたちが学級教室に継続的に通っている」という前提条件のもとでなされているということである。しかしながら、コロナ禍の経験をくぐった私たちは、「子どもたちが学級教室に継続的に通っているとは限らない」という別の前提状況のもとで、さらに議論を進めていく必要があるのではないか。

「子どもたちが学級に通ってきてくれない」状況での学級経営。一見すると空虚な絵空事のようだが、実際は必ずしもそうでもない。たとえば、経済産業省が近年提唱している次世代教育プラットフォームである「未来の教室」実証事業では、小・中学校の段階から平日の午後は帰宅して個別学習を行う「個別学習計画」の案が提示されている。[13]また、パイロット的な特例校制度であるとはいえ、学校に通学せず、「個別指導計画」をもとに自宅での個別学習とオンラインでの学習支援を併用する中学校も全国に広がっている。[14]次世代の教育を担う教師は、こういった状況が広がっていくことも想定した「ニューノーマルな学級経営」のあり方についても、考えを持ち始められるようにしたい。

二　連続面と非連続面

　ここまで、令和二年度のコロナ禍を画期とし、それ以前をノーマル、それ以後をニューノーマルと、大雑把に区分してきた。前節で参照した「令和の日本型学校教育」は、（ある種のユートピア言説であることに注意を払う必要はあるが）ニューノーマルを志向する動きであることは間違いない。

　ところで、どのような時期区分でも同様であるが、ある画期をまたぐ二つの時期には、連続する局面と、連続しない（断絶した）局面とがある。学級経営を「何らかの規準で編成された子ども集団に対する教育的営みの総体」という意味で捉えれば、ノーマルとニューノーマルは連続するが、学級教室という場所に物理的に集まるかどうかという観点では、両者は（全面的にではないにせよ）断絶していると言える。

　本節では、こうした連続面・非連続面に着目したい。コロナ禍という画期によって学級経営という考え方は変化を余儀なくされるかもしれない。ただ、今までの考え方をすべて捨てて、ゼロベースで「ニューノーマルな学級経営」を編み出していくというわけでもない。日本の学校が培い、発展させてきた学級経営という教育的営みがニューノーマルの時代においても教育的機能を発揮していくためには、ノーマルの時代から何を引き継がなければならないのだろうか。

　まず、これまでノーマルの時代の学級経営で盛んに用いられてきた、対面での、ときには身体的な「濃厚接触」を含む各種の手法は、今後はきわめて限定的になるか、失われていくかもしれない。たとえば、子どもたち同士の人間関係を改善したり、信頼関係を構築したりするために提案され、定式化されてきたさまざまな学級でのレクレーション（学級レク）や学級あそびは、少なくとも当面の間は、大部分が「自粛」を求められるか、オンラインでの取り組みに移行していくことになるだろう。また、学級経営における具体的な教育場面である学級行事（校外学習、誕生会、お楽しみ会など）も、規模縮小を余儀なくされる。かかる学級経営の方法・技術的な側面は、ニューノーマルの時代にストレートには連続しないことが予想される。

一方で両者に連続する（あるいは連続すべき）のは、学級経営の目的や目標に関する側面である。これまで「当たり前」のものとして教師も子どもたちも疑わずに取り組んできた学級経営という営みがコロナ禍によって相対化され、ニューノーマル時代には引き継が（げ）ない方法・技術について議論されている今だからこそ、[15]私たちは「学級経営は（リスクを負ったとしても）何のために実施するものであるのか」という「そもそも論」（すなわち目的論）をくぐっておく必要があるだろう。

学級経営の目的・目標の全体像については、その歴史的変遷も含めて、すでにこれまでの章で詳しく説明されているので、繰り返しは避ける。本節では、ノーマル時代の「最末期」と言える平成の終わりごろにかけて、赤坂真二が整理した現代的な学級経営の目的・目標論に焦点を絞って紹介したい。

赤坂の問題意識は明確である。すなわち、二〇一七（平成二九）年三月に告示された学習指導要領で提起されている「資質・能力の三つの柱」を育成するために、これまで授業（教科学習）の陰に隠れがちであった学級経営という営みをアップデートせねばならない、と。こうした視座から赤坂は、学級経営の目的を「一人ひとりの協働的問題解決能力を育むために児童生徒の関係の質を高めること」であるとし、そのための教師の指導のあり方を、学級の諸活動に関して、「教師が為す」のではなく、「児童生徒によって物事が成し遂げられる状態をつくる」こととして整理している。[16]

ところで、ここでいう「児童生徒の関係の質」とはどのようなものであろうか。一般的に私たちは、学級における「児童生徒の関係の質」として、「仲良く」「思いやりを持って」「一致団結して」といった、よく「学級目標」に掲げられるような教育的価値の追求を思い描くのではないだろうか。

しかしながら、とりわけ平成のなかごろから私たちの社会におとずれた急速な変化は、こうした、子どもたち同士のつながりや関わりの質をも変質させたと言われる。菅野仁『友だち幻想』（二〇〇八年）や土井隆義『友だち地獄』（二〇〇八年）などに表された、価値観がますます多様化しているにもかかわらず同調圧力がどんどん強まるという矛盾に満ちた関係性のなかで生きねばならない当時の子どもたちのリアルは、それまでの学級経営が自明としてきた「みんな仲良く」を「幻想」や「地獄」として相対化するのに十分な迫力をもっていたと言えよう。

赤坂も言うように、学級経営の根源的な目的の一つは、ニューノーマルの時代にあっても「児童生徒の関係の質を高めること」であり続ける（べき）だろう。しかしそこでいう「児童生徒の関係」とは、私たちが素朴に描いている姿とはかけ離れているかもしれない。にもかかわらず、学級経営が今後も教育的機能を持ち続けるとするならば、私たちはこの「児童生徒の関係の質を高めること」が示している内容を、現代的な子どもたちの関係性のあり方に照らして、アップデートをしていくほかない。

これは、学級の子どもたちのＳＮＳを介した正しい関わり方を指導したり（情報モラル教育）、「コロナいじめ」的状況に対処したり（コロナ教育?）するだけの対症療法的な対応を意味しているのではない。学級の子どもたち同士が濃密なつながりを築くことを無限定に「よきもの」としてきたノーマルな時代の考え方を自明とせず、「心身ともに程よい距離感のなかで、協働的に問題解決をはかっていく」ような状態がどういうものであるかについて、学級の教師と子どもたちとが合意を形成しながら、こうした状態をつくり上げていく。それが、ニューノーマル時代に引き継ぐ学級経営の目的論の姿ではないだろうか。

三　ＧＩＧＡスクール構想とニューノーマル時代の学級経営

ここまで述べてきたことを改めて整理すると、次のようになる。

(1) 令和二年度のコロナ禍を画期として、今後はニューノーマルの時代の学級経営について考えていく必要がある。

(2) コロナ禍以前のノーマルの時代に蓄積された学級経営の方法や技術は、無条件にニューノーマルの時代にもち越せないかもしれない。

(3) 一方で、学級経営の目的については、ノーマルの時代、とりわけその最末期に示されたものを引き継いでいく必要がある。

(4) ただし、現代の子どもたちの人間関係の質の変化を踏まえ、「みんな仲良く」のような牧歌的なものではない、ニューノーマルの時代を生きる子どもたちに即応した関係の質の向上を志向しなければならない。

本節で考えたいことは、(4)を実現するために、学級経営の目標、内容、方法・技術をどのようにアップデートすればいいか、である。ＧＩＧＡスクール構想の進展によって教室でＩＣＴ機器を用いることが当たり前になってくるという事態は、たんに、「一人一台の情報端末を活用して、プログラミング学習体験をしてみる」といった「目新しい取組」が進むというだけの話に収まらない。実は、学校のＩＣＴ化は、学級経営の文脈でもよく用いられる「三間《さんま》」、すなわち、時間、空間、仲間の内容と質とを、根本的に変容させる可能性（と危険性）を持っているのである。端的に言えば、これまでは基本的に「授業時間」「学級教室」「クラスメート」という形で「閉じられてきた」これらの「間」が、ＩＣＴ化によって、無限定に、無制限に拡張していくことになる。この事態は、可能性と危険性との両方を含んでいる。この課題を学級経営の目標、内容、方法・技術にどのように落とし込んでいくかが、ニューノーマルの時代の学級経営にとって、非常に重要な論点になると考えられる。

それでは、「三間」の拡張と学級経営との関わりについて、順番に整理していくことにしよう。

「時間」の拡張

まずは「時間」の問題である。これまでの学級経営の議論でも、「学級経営をいつ行うのか」という時間の問題は指摘されてきた。言うまでもなく、国語や算数といった各教科は、一定の授業時間が確保されているが、厳密な意味で「学級経営の時間」が確保されているわけではない。年間三五時間を標準とする「学級活動の時間」は、あくまでも特別活動の一領域に割り当てられた時間であるから、その時間内に学級経営に関するすべての指導内容を入れ込むわけではない。結果としてこれまでは、各教科等の授業時間を含むすべての教育時間が学級経営の時間とみなされてきたわけである。

このような学級経営の時間は、近年の教員の多忙化状況のなかで、拡大の一途を辿っていた。教師が学級経営に割く時間は、子どもたちが登校してから下校するまでのいわゆる教育時間から溢れ出るかたちで、勤務時間いっぱいにまで、さらに勤務時間外にまで押し寄せてきている。「学校における働き方改革」に関する一連の取り組み(17)によって、勤務時間外に職員室にかかってくる電話に出なくてもよくなるなど、一定の歯止めはかかるかもしれない(18)。しかしその効果は限定的で、根本的な解決にはならないという声もあちらこちらで聞かれている(19)。

こうした状況に対して、ＩＣＴ機器の教育活用を前提としたニューノーマル時代の学級経営では、もし何も対策を講じなければ、二四時間三六五日の区別なく学級経営の時間になってしまう危険性がある。

ＩＣＴ機器を活用した学級経営の取組事例では、児童生徒一人一台情報端末の保有と自宅への持ち帰り、および校内通信ネットワークの整備と安定稼働を前提とし、これまではプリントや連絡帳などのアナログメディアを用いて行ってきた各種の校務の電子化が紹介されている。各家庭への「お知らせ」を行うにしても、電子データの作成、人数分の印刷、配布、持ち帰りの指示、内容によっては各家庭で記入したものの回収、整理、データ化、と細かな事務作業は多い。急病による家庭からの急な欠席連絡なども、登校班のメンバーから預かった連絡帳に翌日の予定とその日に配ったプリントをはさみ、場合によってはその子の自宅まで届けなければならない。たしかにこうしたルーティンワークが電子化・オンライン化されれば、そのために費やしてきた相当程度の時間の効率化を図ることには繋がるだろう。

また、コロナ禍のなかで試行的に取り組まれたビデオ会議システムを活用した「オンライン個人面談」は、面談のための時間や場所の確保に追い立てられることなく、ある意味で「閉じた」状況で学級の子どもとじっくり話をすることができたというポジティブな事例も報告されている[20]。これまでは対面での実施以外に選択肢のなかったかかる指導や支援の方法は、ニューノーマルの時代の学級経営の有効な手段として、新型コロナウイルス感染症の感染状況が落ち着いたとしても活用されていくことだろう。

こうしたＩＣＴ機器の活用による新たな学級経営の試みは、いい意味でも悪い意味でも時間に縛られない。子どもたちや保護者のニーズに応じて即時に対応できるという意味では可能性に拓かれている。一方で、深夜であれ早朝であれ、時間にかかわらず子どもたちや保護者からの申し出に応じなければならないという危険性も抱えている。学級と家庭とをつなぐ何らかのオンラインツールで、「急な相談がある」と子どもや保護者が勤務時間外にもちかけてきたら、教師はその声を無視することができるだろうか。

もちろん教師も人間なので、いかに学級の子どものためとはいえ、二四時間三六五日にわたって働くことはできない。学級経営に関するＩＣＴ機器の活用に関しては、すでに学校単位で作成されたルールやガイドラインのなかで、指導を行う「時間」が明確化されはじめているが[21]、課題も多い。

「空間」の拡張

次に取り上げるのが「空間」の問題である。ノーマルの時代の学級経営における教育活動の舞台と言えば、考えるまでもなく学級教室であった。このため学級担任は、学級経営の一環として教室の什器や掲示物などのいわゆる教室環境を整えた。また、朝の会、各教科の授業、昼食、掃除、終わりの会と、一日の大半を学級教室で過ごす子どもたちに対して、まさしくその場で、学級経営に関わるさまざまな指導を行ってきた。

令和二年度のコロナ禍が私たちにもたらしたのが、その「当たり前」の解体であった。オンライン朝の会・終わりの会、分散登校、複数教室に分かれての分割指導など、ありとあらゆる「苦肉の策」を講じることになった理由は、言うまでもないことであるが、「学級の子どもたちが教室に集まって活動することができない（もしくは極度に制限されている）」という「三密回避」条件であった。

その一方で、コロナ禍によって私たちが得た経験には、教室のなかで対面実施できないがゆえの新たな取組も含まれている。ビデオ会議システムのグループミーティング機能を使ってグループでの話し合いをしたほうが、対面でのグループワークよりもフェアに取り組めたり、集中して議論できたりしたという事例報告がある。ビデオ会議システムで専門家や地域住民、あるいは海外に暮らす人を学級に「招待」し、対話・交流をしたという事例報告もある。こうした報告は、学級経営とは学級教室で展開するものという前提を、あっさりと覆すものである。

ニューノーマルの時代にあって、学級経営を行う「空間」は、学級教室を超え、各家庭、地域、専門機関など、学校の敷地を超え、遥かに拡張していく。もっと言えば、物理的空間をも超え、仮想空間にも広がっている（Google Classroom や Microsoft Teams for Education などの学校教育向けスイートは、いわば学級経営の教育的機能を現実の教室から仮想空間に置き換えようとする試みである）。すでに民間企業では一部で導入が始まっているように、遠くない未来には、学校でも、仮想空間上の教室に子どもたちがアバターで登校し、活動するような世界になっているかもしれない。こうした状況で、教師はどういう学級経営を実践していくだろうか。

「仲間」の拡張

最後に「仲間」の問題について触れておこう。これまで、学級経営の対象は学級の子どもたちであり、学級担任が学級経営を行う目的は、子どもたちの関係の質を高めることであったことはすでに述べた。しかし、先に整理したとおり、教室の外側へ空間的に無限拡張していく学級のなかで、子どもたちが築く関係もまた、拡張していく。

ある中学校の学級担任から筆者が直接聞いた話である。学級で県外に遠足に出かけた際に、一人の男子生徒が集団行動から離脱し、勝手にどこかへ行ってしまったという。当然、担任はその生徒の行動を咎めて指導したわけであるが、訳を聞いてみると、「ＳＮＳで知り合った友達に会いに行っていた」とのこと。その生徒は普段から真面目で、生徒指導が必要なタイプではないと考えていた担任は、悪びれる様子もないその弁明に、大いに驚いたということである。

価値観の多様化が進む時代だからといって、集団行動から離脱した生徒の行動が無前提に認められるという話をしたいわけではない。ＳＮＳ上で知り合った人物と実際に会うことについてのリスクヘッジの問題を指摘したいわけでもない。そうではなくて、ここで指摘したいことは、目の前にいる学級の仲間との活動のまさしく最中に、いわゆる「普通の生徒」が、学級外の仲間（と彼が認識した人物）との活動の方を優先したという、その生徒のリアルである。その生徒にとって、クラスメートとの関係の質と、ＳＮＳ上での「仲間」との関係の質は、この場合等価であるか、もしくは後者の方に比重がかかっている。

この生徒の例は、教師にとって理解しがたい特殊な事例なのだろうか。それとも、すでに現代の子どもたちの間で、教師を含む大人たちが気づかないところで密かに進行している、ごくありふれた事例なのだろうか。その認識の違いによって、学級担任が学級の子どもたちの関係の質を高めるということが示す意味内容は大きく変わってくる。

ある調査によれば、ある県内の小中学生のうち、「ネットで知り合った友達」がいると答えた回答が、小学生で一五・八％、中学生で三七・〇％に及んだという[22]。もちろん、実際に会ったことがあるという子どもたちは極端に少ない[23]。しかし、ここで重要なことは、対面で会う・会わないの問題ではなく、リアルの生活圏の外に、友達と呼べる関係性を結んでいる（と少なくとも本人たちが考えている）人物が相当程度いるという事実である。

学級経営の基盤には、教師と子ども、そして子どもたち同士の信頼感があることがよく指摘される。実際に子どもたちは、身体と空気感を共有した濃密な人間関係のなかで学級としての活動を協働的に行うなかで、「絆」と呼ばれるような相互信頼感を醸成していくのであろう。ニューノーマルの時代にあっても、学級経営が生身の人間同士のかかわりやつながりを促すものである以上は、こうした取組の価値が失われるわけではない。

ただ、学級に所属する子どもたちが、教師自身が子どもだったときよりもずっと幅広く、大人の目には見えづらい形で学級外の誰かと関係性を築いていること、場合によっては、リアルよりも濃密なかかわりを積み重ねるなかで、学級のクラスメートよりも深い信頼感があるかもしれないことについての想像力を欠かさないようにすべきではないだろうか。

四　おわりに

いま、ＩＣＴ教育の分野では、教育デジタルトランスフォーメーション（教育ＤＸ）という言葉が使われ始めている。教育ＤＸとは、「学校が、デジタル技術を活用して、カリキュラムや学習のあり方を革新するとともに、教職員の業務や組織、プロセス、学校文化を革新し、時代に対応した教育を確立すること」であるという。(24) 教育活動のＩＣＴ化（デジタルシフト）が進むなかで、これまでアナログで行っていたことが合理化され（代替：Substitution）、教育の質も改善されていく（増強：Augmentation）ことだろう。しかし、時代の流れはそこで終わりではない。アナログの延長線上ではなく、教育活動の大幅な再設計を行ったり（変容：Modification）、従来は想像もしなかったような新たな教育活動が創造されたりする（再定義：Redefinition）次元が教育ＤＸであると言われている。

学級経営という教育的な営みにおける「大幅な再設計」とは何を指すのだろうか。あるいは「従来は想像もしなかったような学級経営」とはどんなものであるだろうか。私たちは今、コロナ禍という歴史的出来事を経験して、ニューノーマルの時代の教育のあり方について真剣に考える必要があるのではないか。ニューノーマルの時代に学級経営にパラダイムシフトをもたらすのは、おそらく若い教師たちである。年長者に学びながらも、新時代にふさわしい新たな「学級経営ＤＸ」を創造していくことを、大いに期待したい。

Ⅲ　学級経営の方法

第六章　小学校の学級経営で大切にしたいこと

1　学級経営はなぜ大切か

子どもたちが一日の大半を過ごすのは学校である。家庭はもちろん子どもたちにとっての休息の場ではあるが、家庭から離れて自立した生活を送ることにはそれなりの意味がある。学校という小さな社会で、同年齢の子ども同士で生活することによって、多様な体験を通して多様な価値観に気付き、人間として成長していくのである。今まで当たり前と思っていたことが通用しないこともあるし、認められなかったことを認めてもらえるかもしれない。学校生活のなかで出会う人や出来事を通して自らの可能性に気付くことがたくさんあるはずである。

自分の記憶をも含めていうと、学校生活のなかでの子どもの居場所となるのが学級である。子どもにとって「あなたは○年○組の誰々ですよ」とＩＤが与えられることは、集団への帰属意識や集団の一員として認められる尊厳にもつながる。人として生きる自信を持つ基盤となるはずである。そして、その人権は絶対に守られなければいけない。そんな大切な機能を果たす学級を任されるのが学級担任である。単なる窓口ではない。受け持った子どもの人生を預かる覚悟が必要な任務である。

一年間の学級での生活は、一人ひとりの子どもにとってはかけがえのない時間を過ごすのであるから、充実したものであってほしい。

「学級経営」であるから、学級担任は成果があがるようにそれぞれを構成する子どもの長所・短所を把握する必要がある。どのような相互作用によってそれぞれの良さが引き立つかを意図的に考えた教育活動を展開しなくてはならない。また学校ごとの特色に合った資源を有効に活用した教育課程と連動させていかなくてはならない。教師と子どもたちで共に目標を共有し、実行したことを振り返り、改善しながら修正する日々が続く。地道で根気のいることではあるが、学校組織としては、各学級が健全に運営されてこそ、全校の子ども一人ひとりの成長があり、学校組織としての成果があがる。それが学校文化を生み出す根拠となっていくのである。

だからこそ、教員の最大の校務分掌の仕事は学級担任といっても過言ではない。できるだけ多くのエネルギーをそこに費やしてほしい。とはいえ、学級経営を学級担任一人で抱え込む必要はない。学校組織はそれぞれの学級経営を支える体制を整えておく必要がある。学級担任が安心して学級経営をすることで、子どもたちは安心して毎日の学級での生活を送ることができるからである。

学級担任は自分の個性を発揮するとともに、学校教育目標を共有した組織をつねに意識して学級経営を進めてほしい。自分が引き受けた子どもを、前の学年で育ててもらったことを大切に、もっと伸ばしてみよう。そして次の学年にバトンタッチしてより大きく育ててもらおう、このようなリレー形式で、子どもは多様な教師や子ども同士から学び、大きく成長していくのである。

「あの学校で学べてよかった」「あの学校に行かせてよかった」「あの学校で勤務できてよかった」と、関わるすべての者が、学校や学級を大好きになって誇りに思えたなら、それぞれの立場の者の一生の宝物になるにちがいない。子どもたち自身にとってもそうであるように、いろいろな子どもたちと出会う学級経営の経験は教師自身も成長させる。教職人生を彩るのは、学級担任として過ごす時間をどう送るかにかかっている。困難なこともどうやって乗り越えたか、そのときの自信が次の知恵と勇気につながる。二度と同じ子どもと出会えないからこそ、その一瞬一瞬の判断や言葉かけを大事にしなくてはならない。何気ない一言が子どもを救うこともあれば、子どもを傷つけてしまうこともある。そのことを学級担任は肝に銘じておかなくてはならない。

2　学級担任の心構え

四月に学級担任を任される。何年たっても緊張するものである。「どんな子どもと出会うのだろう」「どんな学年団で一緒に仕事をするのだろう」「どんな一年になるのだろう」と不安にも思うだろう。新任教師であればなおさらのことである。しかし、子どもも「どんな先生が担任してくれるのだろう」「どんな友達とどんな学級になるのだろう」と担任以上に不安な気持ちでいることを十分踏まえておく必要がある。ここでは、学級担任の仕事と心構えについて述べておきたい。

学級担任の仕事は、学校生活の大半の時間を過ごす学級において、授業のなかで学び合いながら理解を深めていく〝**学習集団**〟をつくり一人ひとりの子どもの学習成果をあげることと、子ども同士の日常的な活動をとおして人間関係を深める〝**生活集団**〟をつくり一人ひとりの子どもの社会性を育てることである。

ここでは、つねに**個と集団の視点**を持っておくことが大切である。いくら集団として育っていると思っても、一人ひとりに成果があがっていなかったり、一人ひとり個別指導して成果があがったとしても集団として育っていなかったりするのでは、十分に責任を果たしたとは言えないからである。簡単なようであるが、実はなかなか難しいことである。

それは、授業のなかでの発言やノートはもちろん、日々の子どもの言動や様子からの気付きをよく観察して、分析・解釈したことを指導・支援に確実につなげる、その繰り返しを抜きにしては語れない。地道に確実にていねいに行うことを心がけたい。

子どもは正直である。発言した一言やノートに一生懸命書いた文章を見落とさずに評価してもらったことは子どもにとって最大の励みになる。この繰り返しが集団の質を高めていくことにつながる。

そのためには、子どもの実態を多面的に把握し、行動の意味をより的確に判断することが求められる。一面的なものの見方で子どもを評価せずに、子どもの声に耳を傾けて寄り添う心が大切である。ときには厳しく指導することもあるが、自分を理解してもらえているかどうか、自分のことを思っての指導であるかどうかを子どもは敏感に察知して判別するからである。

子どもにとって、学級担任は、憧れのモデルでもある。小学校では、子どもたちの口調が担任そっくりになってくることがある。はっとさせられることもある。例えば、いつも手を焼く子どもがいるから、厳しく排除するような口調で叱責を繰り返せば、子どもたちは真似をして誰かを集団から排除してもいいと勘違いしてしまうだろう。しかし、どんなに手を焼いてもいつも温かい眼差しでだめなことはだめと言いつつも、その子のよさやがんばりを認めたり、学級の一員としてどの子もかけがえのない一人であることを繰り返し、具体の指導のなかで示してみる。子どもたちはそれをモデルにしながら助け合い認め合う集団になっていくはずである。子ども同士がうまくいかない場合は、教師自身が子どもたちに投げかけている言葉や所作を振り返ってみるとよい。思い当たることもあるかもしれない。自分の考えを相手に伝えるためにはきちんと本意が伝わるような**コミュニケーション力**を磨いておかなくてはならない。保護者対応もしかりである。コミュニケーションは対面だけとも限らない。連絡帳や手紙、学級通信などの書き言葉も人となりが表れるものである。

そして、何よりも学級担任はいつも元気で明るいのが一番である。笑顔で毎朝「おはよう」と声をかけてもらったら、どんな子どもも嬉しいに決まっている。叱られて落ち込んでくる子もいるだろう。忘れ物をしてどうしようと思ってくる子もいるだろう。嬉しいことを聞いてほしいと思う子もいるだろう。その子の顔を見れば、何があったかがすぐにわかるようになる。帰りぎわにも声をかけよう。「今日はがんばってよかったね」「いやなこともちゃんと解決できてよかったね」「明日もがんばろうね」と、笑顔で送り出してほしい。悲しい顔をして家に帰らせないでほしい。次の日の朝、また先生や友達に早く会いたいと思えるようにしてほしい。そんな毎日の繰り返しが子どもを大きく成長させる。それぞれの学級がこのような**温かい眼差し**で育つなら学校全体が**温かい落ち着いた雰囲気**になるにちがいない。

3　キャリアステージに応じた学級経営力

初任のうちに付けておきたい資質・能力

学級では日々予測しないさまざまな出来事が起こる。それに臨機応変に対応する力が求められる。いくら「こんな学級にしたい」と思い描いても、目指す学級像や子ども像が抽象的であると、そこへ到達するまでの方法や手立ても見えにくい。日々起こる問題の解決に必死になるが、また次の問題が起こる。自分の思いと現実とのギャップに悩むことも多いだろう。しかし、その一つひとつの事象から学び、知恵と経験は必ず蓄積されていく[1]。

初任のうちは、いろいろな先生のやり方を見て、真似てみたり、試してみたりしながら試行錯誤して全力で謙虚に向かうことが大切である。授業を見せてもらうと、一つひとつの所作言動が参考になるはずである。例えば焦点をしぼった教材や発問の仕方、子どもの発言の受け止め方、四五分の展開の時間の使い方、教室環境や子どもの座る姿勢、励まし方やほめ方などである。**授業の質**と学級経営とは密接に関連するので、目指す学級のイメージを具体的に持ち、それを実現するための方策を練ってみるとよい。そのためにも、同じ学校組織のいろいろな立場の人の助言を素直に受け、自分から相談しようとする姿勢が必要である。

三年目までに身に付けておきたい資質・能力

学級経営において、個と個をつなげ、生活と学習を学び合う集団を形成させていくのは高度なことである。自分なりの振り返りを指導の改善につなげていくことを大切にしたい。手応えが感じられるときには、必ず有効な手立てがあったはずである。逆に手応えが感じられないときは、手立てが子どもの実態に合っていないことが多い。そういった冷静で客観的な分析は、初任のときにはできなかったかもしれない。年間の見通しも持てるようになってくると少し余裕も出てくるであろうし、学年の仕事や先を見通すことで、学級経営のプランニングも豊かになってくるはずである。初任のときもそうであったように、他の教職員とのコミュニケーションによって情報収集したり相談にのってもらったりすることも大切である。

自分の見方だけではない豊かな子ども理解を教わることもあるだろう。そこで幅が広くなることが結果的には子どもの指導の幅の広さにもつながっていくのである。また、職員会議や校内研修でも自分の学級経営を中心に学校全体に視野を広げて、子どもがどうすれば活躍できるかを考えてみるのも重要である。[2]

ミドル・リーダーに向かうために身に付けておきたい資質・能力

経験を積んでいくと、学年主任という立場で学級経営を見ていかなければならない。自分自身の学級経営もそうであるが、学年全体の子どものことをよく理解し、それぞれの学級担任の持ち味や得意とする分野を見極めながら助言したり役割を与えたりすることも必要になってくるであろう。

つねに学年全体の学級の様子をよく把握し、それぞれの学級を安定させるとともに、それぞれの持ち味が出るように学年を運営していかなくてはならない。コミュニケーション力のみならず、**カウンセリングマインド**や**コーチングスキル**といった専門性を身に付けておくことも大切である。

学級担任は、子どもだけでなく保護者からの期待も大きい。「うちの子どものことをよく理解してもらえるだろうか」「勉強をわかりやすく教えてくれるだろうか」「公平にわけへだてなく見てくれるだろうか」「一生懸命子どもたちのために尽くしてくれるだろうか」。どんな親でも子どもがかわいいのは同じである。もらって帰ってきたプリントの何重丸か、その違いは何かが気になるのが親である。「うちの子のことをちゃんとわかってくれている」かどうかが大事なのである。

どんなに親が不安に思っていても、子どもが「学校は楽しい。先生のことが大好き」と言い、学校のことをたくさん家で話してくれれば、親は安心できるのである。参観日や家庭訪問や懇談会も大いに子どもの話をするとよい。

このように、学級担任といってもキャリアステージによってそれぞれ課題も違えば強みも弱みもある。若い者には若さが特権であり、熟達者には熟達さが特権となって、子どもは担任との出会いから学び続ける。そして、担任もまた子どもから教わることで成長し続けることができるのである。

4　学級担任としてのやりがい

「この子たちを担任できてよかった」と思える機会が何度かある。四月に受け持った子どもたちが成長した姿を見せてくれるときである。それは大きな行事を乗り越えたとき、例えば運動会でみんなが心を一つにして練習してきた成果をあげてやり遂げたときに味わうかもしれない。管理職や担任外の教員はこんな時ほど、学級担任のことをうらやましく思えることはない。あるいは、年度末の学年の仕上げで最後の一日を子どもたちと振り返って、「いろいろなことがあったけど、このクラスでよかった。先生に担任してもらえて本当によかった」と言ってもらえたときかもしれない。困難なことがあった日々のこともこの一言でふきとんでしまう。小学校は一年一年の**子どもの成長**が著しい。その分取り返しがつかないことも肝に銘じておかなくてはならないが、どの学年を担任しても**やりがい感**はそれぞれにあるものである。

また、小学校の教員はさまざまな教科の指導をする必要がある。**得意な教科**もあれば**苦手な教科**もあるだろう。得意な教科を中心に子どもを引き寄せて楽しく力をつける授業をすることをすすめたい。先生が好きで一生懸命教えてくれる教科を子どもたちはちゃんとわかっている。一生懸命それに応えてがんばって勉強しようとするだろう。苦手な教科も努力して教材研究して克服するようにしよう。苦手だから……がいつまでも通用するわけではない。苦手なこともがんばって克服しようとする姿に子どもたちはまた応えようとするのである。子どもたちは先生の失敗が大好きなのである。そこで、先生も「ごめんね。先生まちがっちゃった」と言えば、「いいよ、いいよ。先生、ぼくたちもよくまちがうから。みんなで助けようか」と、子どもたち同士も張り切って応援体制をとってくれるだろう。人は誰でも凸凹があって、それをお互いがカバーし合って、感謝しあって、乗り越えていくことを日々の学級生活の中で学んでいってくれるにちがいない。教師だからといって上から目線で物を言うのではなく、子どもの目線におりて、一緒に日々格闘することによって、**子どもは心を開く**のである。

もしも、困ったり悩んだりすることがあったら、早めに相談にのってもらうのがよい。同年代の教員でもよいし、学年主任でもよい。一番子どものことも自分のこともよくわかっている人がいいかもしれない。または、校内の養護教諭やスクールカウンセラーでもよいかもしれない。誰かに聞いてもらうだけで悩みが軽くなるかもしれない。反対に相談されることもあるだろう。そんなときには、耳を傾けて受け止めるようにする。絶対に担任を孤立させるようなことがあってはならない。あるいは、ときに他の学校の教員と学び合うのもよいかもしれない。守秘義務にはくれぐれも気を付けて話題を選ばなければならないが、教員としての悩みや共に学び合うことは学校を超えても校種を超えても自分の糧となることが多い。教育委員会や研修センターの研修にもどんどん参加してみるとよい。自分で悩んでいたことが解決できる糸口が見つかることもある。またもし、研究授業を引き受けたり、実践報告を依頼されたりすることがあったら喜んで引き受けるとよい機会となるであろう。こういうことをきっかけに力量をつけていった教員を何人も見てきた。**自分の実践を振り返る**よい機会となるであろう。こういうことをきっかけに力量をつけていった教員を何人も見てきた。子どもたちとともに積み上げてきた実践を何かの形にまとめることができたなら、一生の宝物になるだろう。子どもたちにも**感謝の気持ち**を改めて持つことになる。

　何年か経って、大きく成長した子どもに再会することがある。立派に成長して中学生、高校生になっている姿や、大学生や社会人になって社会の役に立つようになっている姿、あるいは親となって子どもを育てていることを知ったときに、共に過ごした時間は、この子の人生にとって何か役に立てたのだろうかと思うことがある。それぞれが元気で幸せでいてくれたなら、そして自分らしさを発揮して仕事や家庭で自己実現できていたなら、そこに関わる仕事をさせてもらえたことに心から感謝することになるだろう。これはやりがい感というよりは感謝の気持ち以外の何ものでもない。

表６－１　学級経営に関わる校内研修の例

回	月	テーマ	ねらいと具体の方法
1	4月	学級開き・家庭訪問のシミュレーション	先輩教員によるモデル提示によりポイントをつかむ。
2	5～6月	子ども理解のポイント　ロールプレイング法による研修	先生役と子ども役になることで、子ども理解を深める。
3	8月・12月	クラスマネジメントシートによる自学級の実態分析	学級での子ども同士、子どもと教師の関係性を見る。
4	9～11月	マイ授業のビデオ分析	子どもの反応を客観的に見て授業改善に生かす。
5	2月	学級の掲示物ポスター発表	子どもとともにつくった学級経営の足跡で交流する。
6	2月	マイベスト板書コンテスト	子どもの反応を引き出す授業が構造化できたか振り返る。

出所：筆者作成。

5　学級経営力向上のための校内体制

若手教師の学校独自研修

若手教師には、社会人として必要なスキルや子ども理解のポイントなどを身に付けるための研修を、意図的に計画的に実施する必要がある（表６－１）。

なかなか自分一人では身に付けにくい教師としての知識やスキルを、仲間と一緒に切磋琢磨しながら身に付けてもらうのが目的である。自分のくせや弱点は自分ではなかなか見つけにくいものである。また、他と比較することで自分のよさを発見したり、互いのがんばりを認めあったりすることも大切にしたい。

学年の教師間のコミュニケーション

「学年」体制は一番大切にしたい協働組織であるとともに、サポート組織として機能する。学年組織が若手教員の育成に資するには、教師間のコミュニケーションが活発であることや、各学級の問題を学年の問題として捉えていることや、若手教師を育てる雰囲気を携えていることなどが要件としてあげられる。チームとして機能していれば若手教師は子どもの多様な見方や接し方を学び学級経営力を高めることができるであろう。また合同授業や交換授業の工夫により、若手教師のみならず学年の生徒指導の機能を高めることができる。

担任だけでなくいろいろな先生とのパイプをつくることによって、子どもたちも多様な物の見方や捉え方を身に付けることができる。チームの機能が十分でないときには、コミュニケーションをできるだけとって、軌道修正していかなければならない。

学年の教師以外とのコミュニケーション

学級の子どもには、同学年の教師だけでなく、養護教諭、栄養教諭、ＴＴ教員、専科教員などいろいろな立場の教員が関わっている。クラブ活動や委員会活動でも教員が分担して関わっていることが多い。さらにスクールカウンセラーやスクールソーシャルワーカー、総合育成支援員、校務支援員といった非常勤教職員や外部人材も配置されるようになってきている。

学級担任にとっては、さまざまな教職員に子どもの話を傾聴してもらったり、認めてもらったりすることによって支えてもらうことで別の角度から自学級の子どもの姿を教えてもらうことができる。

子どもと向き合う時間の確保

担任は、教材研究に追われるだけでなく、例えば子どもと一緒に遊ぶ、日記指導をするなど、自分のやりたいことでいっぱいになり無理をしがちである。そういう時期も大切ではあるが、教師が疲れた顔をして教壇に立つようになってはマイナスにしか働かない。教師が子ども理解を深めるためには落ち着いて子どもを見るゆとりが必要である。触れ合う時間も確保したい。

管理職は働き方改革をリードして、自校の実情に合わせて教師の業務分担や事務の軽減に努めてほしい。例えば週に一回は、放課後に会議や研究授業の検討会などを入れずに「思い切り子どもと向き合う時間」を確保する、整理して無駄を少なくする事務の効率化をはかる、長期休業中に会議や研修を集中させたり、オンとオフを切り分けたりするなどの工夫が必要である。さらに全教職員からアイデアを募ったり、若手教員も入れたプロジェクトで働き方改革案を練らせたりして、実行可能な内容から実行へと働きがいが感じられる職場の雰囲気が結果として健全な学級経営につながるのではないだろうか。

第七章　学級づくりと担任の役割

一　始業式までにしておくべきこと

1　学級担任としてすべきこと

四月に新体制で学校は動きだし、すべてが新しい組織で運営が始まる。職員会議で、冒頭に学校長は目指す**学校教育目標**、**学校経営方針**について時間を取って話す。その年度の目標や取組はすべてここから始まるからである。

学級担任は、任された学年・学級の子どもたちを、この学校教育目標を具現化した姿を目指して育てることになる。学級経営だけでなく、組織の一員として校務分掌を担い、自分の役割を明確にして学校経営に参画していくことにもなる。とりわけ**学級担任は学校の最大の校務分掌**と認識しておくべきである。

まずは、忙しい年度当初の仕事を整理してみる。とくに新規採用や異動直後の教員にとっては、新しい環境のなかで力を発揮しないといけない。どの教員にとっても四月当初にスムーズにスタートが切れるように準備する

表7－1　４月当初の書類の例

❑ 出席簿・保険簿	ふりがな・読み方・五十音順など、複数チェック。
❑ 児童名簿	上と同じく確認。兄弟関係や家庭環境も確認。
❑ 学級・学年だより	学年目標や学級目標を明確に。自己紹介もきっちりと。
❑ 新年度スタートの１週間の週案	見通しを持って、持ち物や学習のルール徹底を。
❑ 座席表	視力の悪い子や配慮の必要な子の席を確認。
❑ ４月の保護者会資料	話の流れをつくる。他学級と調整。保護者の声も聞かせてもらう。
❑ 当番や係の表	活動しやすい形に。主体的にまわせるように。
❑ 宿題についてのプリント	方針やローテーションなど、見通しを伝える。
❑ 学習プリント	提出、返却、ファイリングのルールや習慣づけ。
❑ 時間割	スムーズに学校生活を送れるように、学年や曜日の見通しを立てておく。

出所：筆者作成。

ことが、余裕をもって子どもと出会うためである。

複数の学級がある場合は、**学年団での共通理解**がとても大切である。学年主任は、自学年全体の子どものことをつねに考える。さらに、学年の担任の持ち味を最大に生かした学年経営も視野に入れて運営していくことになる。

四月当初に作成が必要な書類は表7－1を参考にしてみるとよい。少し先を見通して作成するとともに、複数の目で確認する必要がある。年度当初の書類はミスが許されないので、緊張感を持って作成したい。

2　学級開きの準備

学級経営は担任発表があったときから始まっている。初任であろうがなかろうが、この日から始業式までの間にどれだけの準備を整えておくかが大切である。

まず初めに大事なことは、担任する子どもについての情報を収集することである。子どもの名前をていねいに、漢字や読み方を間違わないように何度も口にして読んだり、書いてみたりして見落としがないようにしよう。そして、前担任や養護教諭から子どもの特性や実態、友達関係、家庭環境などの配慮事項をインプットする。けっして先入観を持つ必要はないが、事前に情報を得ておくことで子どもの見方は確実に豊かになるはずである。

そして、その学年の先生方といっしょに始業式までにしておくことの準備をする。

教室経営ひとつとってみても、子どもたちがとまどわないよう学級の生活に見通しが持てる工夫をしなくてはならない。表7－2に**教室環境**を整えるポイントをあげてみた。前の学年でどうしていたかに縛られる必要はないが、学校全体で統一したルールやマニュアルがあるならそれを参考にして、その学年の子どもの発達に合ったやり方を工夫するとよい。例えば学級目標を掲げる場所ひとつとってみても、学校によって申し合わせている場合もあるし、学校や学級の決まりごとの掲示物も統一している場合もある。すべての子どもが学習しやすいように**ユニバーサルデザイン**を意識した掲示物を準備するのも大切な視点である。教室のデザインは学級経営のひとつのポイントになるので、経験ある教員のモデルを参考にさせてもらうのもよいだろう。

表7－2　教室環境を整えるポイント

- ❑ 教室掲示物
- ❑ エアコン・扇風機・ゴミ箱の清掃
- ❑ 教室棚の清掃
- ❑ 照明器具の点検・カーテンの点検
- ❑ 机や引き出し、ロッカーの整理整頓
- ❑ 靴箱、ロッカー、棚の名札・番号貼り
- ❑ 掃除用具の確認
- ❑ 防災グッズの確認・安全確認
- ❑ 電子黒板・コンピュータの設定確認
- ❑ 給食台、給食エプロンの点検
- ❑ 床のワックスがけ、危険箇所の点検
- ❑ 保健救急セット備品（体温計など）
- ❑ チョーク、黒板消しの用意
- ❑ 教師用文具、マグネット等の準備
- ❑ 宿題提出用カゴ
- ❑ 学習机、椅子の高さ調節（最終は個別に）
- ❑ 学級文庫の整理整頓

出所：筆者作成。

教室での毎日の学校生活の内容は多様である。担任として考えなくてはいけないことが山ほどある。日常の**教室のなかのルール**も一様ではない。日直の仕事、朝の会の進め方、学習の準備の仕方、授業中の発言のルール、休み時間の過ごし方、遊び道具の使い方、給

食当番の仕事、係り活動の仕事、清掃当番の仕事、ごみの分別、持ち物の置き場所、終わりの会の進め方、休んだ子どもへの連絡の仕方、連絡帳の出し方、机の並べ方、班分けの仕方、忘れ物をしたときの対応、宿題の提出のさせ方や返却の仕方など。

子どもの発達段階に応じて、教師がきめ細やかに決める場合もあれば、子どもたちに自治的に取り組ませる場合もある。そこの匙加減もポイントである。子どもが育っていないのに、子ども任せにすると秩序が保てない。また何もかも教師がお膳立てをいつまでもしていては子どもも育たない。

表7－3　初日に向けての準備

- ❑ 学級児童名簿の最終チェック
- ❑ 児童呼名の練習
- ❑ 担任自己紹介の準備
- ❑ 子ども同士の自己紹介
- ❑ 座席・班分けの確認
- ❑ 教科書の配布
- ❑ 個人情報に係る書類の確認
- ❑ 配布物の確認
- ❑ 時程・連絡事項の確認

出所：筆者作成。

そんなときに前学年でどうしていたか、この学年ではどうするかを、教員同士でしっかりコミュニケーションをとることが大切である。このコミュニケーションがうまく取れている学校は不思議と学校全体に安心できる統一感がある。いわゆる風通しのよい学校である。

子どもたちが安心して見通しをもって過ごせる学校は子ども同士も互いに他学級他学年をリスペクトし合い、励まし合う学校風土につながる。このような目線で管理職の先生方にも職員室の学年当初の雰囲気をつかんでおいてほしい。

初日に配布するべきものもたくさんある。教科書・ノート・学校だより・保健関係の書類・ＰＴＡ関係のおたより……漏れのないようにリスト管理するとよい。また提出期日のあるものも管理して、家庭に声かけできるようにしておくとよい。意外にこういった事務的な作業の準備や実際に配布するのに時間やエネルギーを取られてしまうのも事実である。ここに忙殺されてしまうと肝心な準備ができなくなってしまうので気を付けたい。

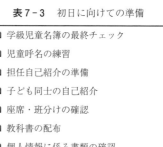

表7－4　その他の準備

❑ 使用した教科書をまとめて新年度学年へ	❑ パソコンのデータ整理
❑ ドリルやワークの決定（学年会で）	❑ 前年度の書類の分別
❑ 教材・教具の確認と発注（学年で）	❑ 個人机の引き出しや棚の整理
❑ 前学年の復習プリント（必要なら）	❑ 学年や校務分掌で使用している棚の整理
❑ 学習内容の確認（学年会で）	❑ 学級に分配されていた物品の整理
❑ 児童調査票や保健調査票等の確認	❑ 研究成果物の管理
（緊急連絡先・保険証や引取者の変更確認）	❑ 教材・教具の引き継ぎ
❑ アレルギー対応学校連絡票の確認	❑ 準備室の整理整頓
❑ 個別の指導計画の引き継ぎ（合理的配慮）	

出所：著者作成。

次に、一人じっくり時間をとって考えたいのは**学級開き**をどうするか、**学級目標**をどうやって決めるか、どうやって一年間の学級経営をしていきたいのか、子どもたちに自分をどうやって自己紹介するかなど、考えだしたらきりがないが、実は、準備に追われてついついここがあいまいで準備不足になるとたちまち歯車が狂いだすので注意したい。

自分の学級づくりのグランドデザインを描いてみよう。一年後に育っていてほしい姿はどういう姿か、そこに到達するまでのロードマップとして、**年間のカリキュラム**をよく見てみよう。学級経営に定評のある経験のある教員はこのロードマップづくりがうまい。どの行事で何を育てるか。一学期・二学期・三学期でどのようにめあてを持たせていくか、どのように成果をあげていくか、学級開きまでにクリアにイメージできるようになったらしめたものである。

3　その他の準備

子どもに直接関係ないように思えるが、授業が始まるとできるだけ子どものことに専念したいので、それまでにしておくことも参考のためにあげておく（表7－4）。学級経営を円滑に行うためには仕事のマネジメント力も問われるからである。

このような具体的なことをどこで教えてもらえるかといっても、各教員は経験のなかで身に付けていくことが多い。年度当初には多忙をきわめて聞きづらかったり、他に気配りする余裕すらなかったりするのが教育現場である。わからなければ遠慮せず、具体的に指示を仰いでみるとよい。組織で無駄なく共有することも必要である。

二　学級開き――子どもたちとの出会い

1　黄金の三日間

子どもたちは教室にどんな気持ちで入ってくるだろう。新学期は、子どもも教師もわくわくしながらも緊張や不安を持っているものである。どんな風にして教室で出迎えるかイメージしてみよう。

始業式からの三日間はいわゆる〝黄金の三日間〟である。そして、勝負はこの三日間と肝に銘じておくとよい。学級経営は、担任発表が始まったときから始まっている。前任の担任や養護教諭などから子どもの特性や学力実態、友人関係、家庭環境などの情報は十分に聞き取れているだろうか。さらに出席簿や名簿、時間割の作成などの準備も整っているだろうか。学年団で声を掛け合いながら準備を進めることで防げるミスもある。

始業式からの数日間は、一年間を左右する。子どもにとっても新しい担任との出会いは緊張感と楽しみに満ち溢れている。それだけに、子どもたちが担任を見る目は鋭く、よく観察している。**第一印象**はとても大事である。

まずは、朝はできるだけ早く出勤して、教室の窓をあけてさわやかな空気で迎えられるように準備をしよう。黒板に先生からみんなへのメッセージが書かれていたら子どもはうれしいものである。学級開きのときにも使えるように、担任の自己紹介や学級の子どもたちへのメッセージを書いておいてもよいだろう。いよいよ初日がスタートする。「今日からみなさんは○年○組の仲間です。先生もみんなと一緒にこんなクラスにしていきたいと思います」としっかりメッセージを発せられるようにしよう。そして、学級の一人ひとりを大切にすることを約束しよう。どの子にとっても学級が**安心できる居場所**となるように実感できる学級開きをしてほしい。そのためには子ども同士をつなぐことも忘れないようにしよう。

大切なことは、担任としての**所信表明**、学習や生活の**ルールの徹底**、一刻も早く子どもたちがこの学級で学習したいという**意欲を高める**ことである。一年間どんな仲間と一緒に過ごすかも子どもにとっては重要である。自分が集団のなかでうまくやっていけるか、誰と仲良くなれそうか、新しい友達がつくれるか、期待と不安でいっぱいなはずである。

前学年の友人関係も大切ではあるが、**新たな人間関係**を創り出せるように子どもを導くことを大切にしたい。そのためにも、子どもについての情報をしっかり収集して、班分けの準備をしておくとよい。気になる子どもの情報も十分に配慮するためには必要であるが、学級経営を成功させるためには、リーダーを育てることも重要である。学級のなかには、いろいろな力を発揮して活躍したいと思っている子どももたくさんいる。出番を待っているのである。先生に任せてほしいと思っている子どももたくさんいる。

このような構想を描きつつ、四月当初はスタートする。何度も軌道修正をしながら、子どもとの距離を縮めて**子ども理解**を深めていこう。

2　学級経営計画・学級目標を立てる

目指す学年の姿を言葉で表現したものが「**学年目標**」であり、目指す学級の姿を言葉で表現したものが「**学級**

目標」である。その姿をどのように具現化していくか計画したものが「**学級経営計画**」である。これを作成するために、「**学校教育目標**」を十分に理解しておこう。学校全体で目指す姿ぬきに学年や学級で目指す姿は描くことができない。

学級目標は、子どもと担任がつねに意識して取り組むものである。担任が描く**学級経営目標**をもとに、担任は学級開きで子どもたちに所信表明をするだろう。それを受けて子どもたちと話し合って、子どもたちの実態を反映させるためにも急ぎすぎないほうがよい。手に届かない絵にかいた餅にならないように、発達段階に合わせて、自分たちで納得できる学級目標をつくることが肝要である。

学級経営計画は、学級経営についての年間計画で、学級経営目標を達成するためにどのような手立てをとるかを具体化したものである。いわば学級をマネジメントする企画書で、学級の一年間の活動方針となる。形式は多様であるが、内容には、学校・学年、学級の目標、学級の実態、学級組織とねらい、学習指導、生活指導、教室環境、学級事務、家庭との連携、評価計画などが含まれる（図7-1）。

これをもとに計画→実践→評価→修正・改善→実践というPDCAサイクルに沿って改善を図るために活用する。学級担任は、その評価の根拠として、客観的な学校評価アンケートやQ-Uテスト[1]、クラスマネジメントシート[2]といったものを使う場合もある。子ども同士の人間関係・教師と子どもの関係・家庭における子どもの居場所等も参考になることが多い。子どもたちの自己評価から達成感や成長への気付き、課題意識などを見いだすこともできよう。次の意欲につなげるためにも、振り返りを重ねて学級経営目標を練り直すことは必要である。子どもたちの成長に合わせて、教師の立ち位置も先導的なリーダーとしての役割から次第に後方支援できるコーチング的な役割へと変化させていくことも意識しておくとよいだろう。

学級経営計画は、その進捗も含めて、学級担任だけが記録してしまいこむものではなく、学校全体で共有して

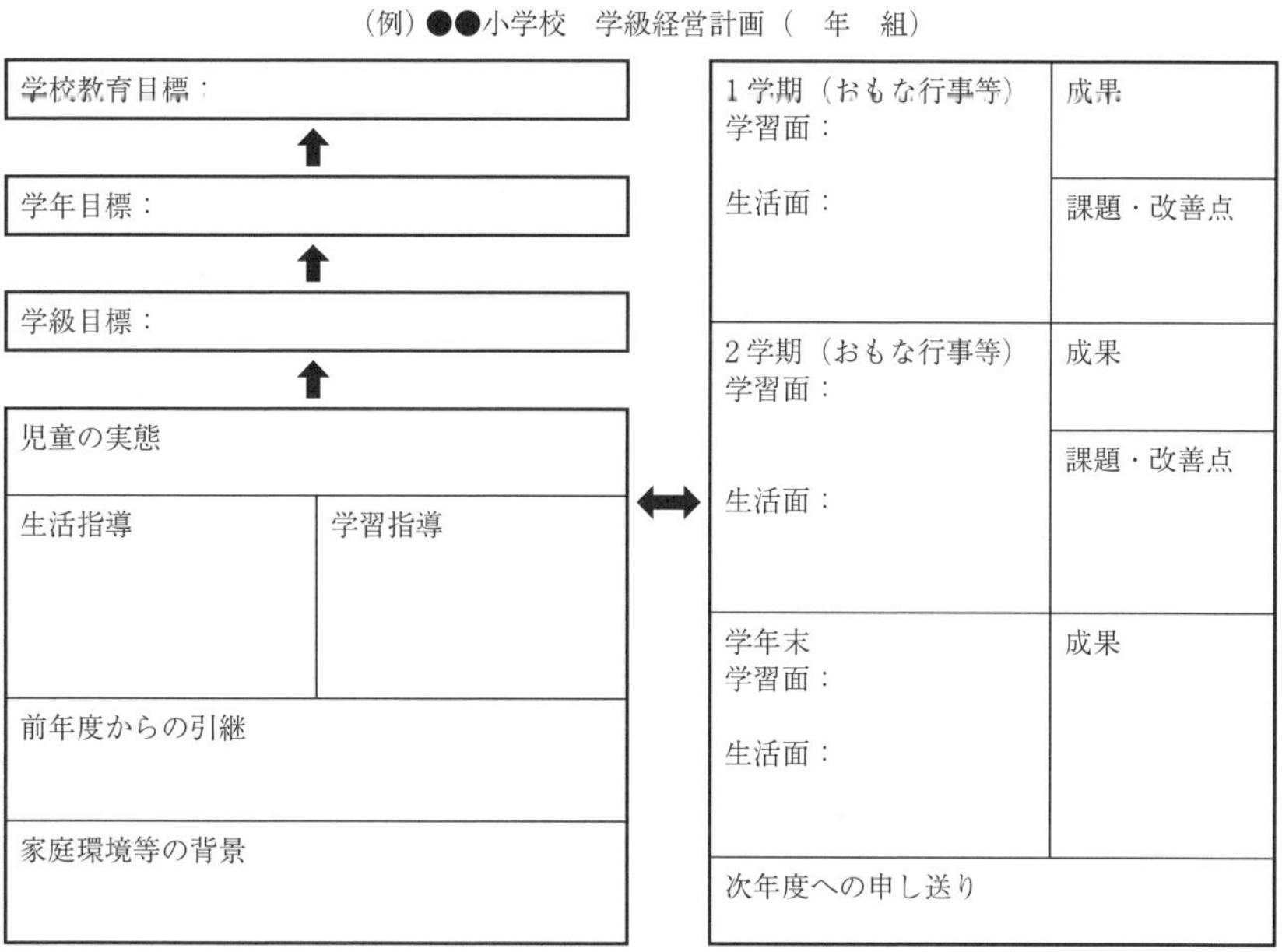

図7－1　学級経営計画

出所：筆者作成。

おくべきものである。学級担任が責任をもって記入するのは当然のことであるが、学級の子どもたちは校内の教職員とともに見守り育てていることも忘れてはならない。

年度初めの教室

「環境が人を育てる」という言葉があるように、子どもにとって、毎日を過ごす教室は、落ち着いて学習するために、自分が安心できる居場所となるために整っていることが必要不可欠なことである。割れ窓理論(3)に見るように、つねに整った気持ちのよい教室環境を保つことで、子どもたちに汚しにくい気持ちを抱かせるのが重要である。危機管理として教室の〝荒れ〟の予防にもなる。

　下校時には机を整えてから教室を出る習慣をつけておこう。教室の出入口や昇降口の下足箱も同じである。四月のはじめの指導が大切である。清掃も含め、教室の環境の維持に自分も貢献している意識を持たせるようにする。給食の後始末、教室のごみ拾いや掃除、雑巾の管理など、どんな言葉より教師自身が子どもと一緒になってお手本を示しながら、子どもががんばっている些細なところを見逃さずにほめることを心がけよう。

ミドルリーダーは、教室整美や掲示についてもねらいを定め、さまざまな工夫をしているお手本となる学級経営が多い。若手教師は放課後すべての教室を回って、各教師が教室環境をどのように工夫しているのかをまず「目」で学ぶことにしよう。そして、次に関心を持った教室の教師から、「耳」で学べる機会も設けるようにするとよい。学ぶことは〝真似る〟ことから始まる。

その結果、子どもたちの姿が変化したと実感できたなら、校内の中に、教職員組織として高め合う集団づくりの雰囲気もできていくであろう。子どもはそのような雰囲気を敏感に感じ取るため、自学級のみならず、各学年各学級にも生き生きとした学級の様子が伝わっていく。こうした教室環境に満ち溢れた学校からは、崩れようのない絶対的な信頼感が伝わってくるから不思議なものである。

子どもたちは、このような環境の中で、日々貴重な時間を過ごしていく。大切な子どもを預かるということは、大変責任の重いことであるが、教室環境はどんな子どもも毎日楽しみに学校に通うための大切な要素であるといえよう。

三　学習指導・学習規律

変化してきた教師と子どもの関係

かつての一斉授業は、一問一答と言われる発問→挙手→指名の繰り返しで進行し、教師は子どもの応えを判定する審判のようなものであったかもしれない。また言うとおりにしない子どもを教師が大声で叱責する光景もあったかもしれない。「教える・指導する」教師と「教わる・従う」子どもという構図である。そんな構図の中で子どもたちはどうやって伸び伸びと自分らしく学ぶことができるだろうか。単に知識を伝達したり、言われたことをノートに書き写したりだけの権力・管理型の指導など通用しないのである。個人と集団を踏まえた指導の確立、子どもの学習権を保障する授業のあり方や指導の仕方が求められている。

学級経営力と授業

子どもたちが学校で過ごす時間の大半の時間は授業の時間である。授業のなかで子どもは新たな知識や技能を獲得するのみならず、集団で学ぶことを通して、多様な物の見方や考え方、多様な価値観を身に付けていく。学級経営においても学習指導の場面を外して語ることはできない。だからこそ、学級担任には**授業力の向上**が求められる。また授業の充実のためには**学級経営力**を磨かなくてはならない。つねに**両輪の問題**であることを自覚しておかなくてはならない。

学習指導を円滑に行い、効果的に学習を成立させるためには、一定の学習規律を徹底させることは重要なポイントである。しかし、そのことを勘違いして目的化してしまうと、教師と子どもの間には違和感が生じてくる。どの子どものことも大切にしたいから、みんなで共有しておきたいことがあるという価値を認識しておきたい。子ども同士が互いに認め合う共感的な人間関係や教師が子どもの思いや考えを尊重する信頼関係がなければ、安心して学ぶことはできないのである。しかし、集団生活を送るモラルやマナーの徹底がなければ学校生活は混乱する。学級担任は、**居場所づくり**と**ルールの徹底**という二律背反を負うことになる。年度当初にこのバランス感覚を誤ると学級集団の規律が確立できにくくなる。言葉遣いも含めてルールの徹底を図り学習や生活の規律・規準の確立をしてから、子ども同士で認め合う関係づくりを進めるのが現実的である。教師と子どもとの縦糸の関係、子どもと子どもの横糸が紡がれて学級経営という織物ができあがっていく。学校全体の生徒指導の進め方も同様である。教師のバランス感覚といえばそれまでだが、うまくいかないときには、縦糸と横糸のバランスを見直すことは一つのポイントになるはずである。

教師と子どもの距離感

とくに若手教師が悩むことの一つに子どもとの距離感があるのではないだろうか。「子どもと仲良くなりたい」という思いが先行すると、指導を先送りにしたり、親しみをこめて子どもを「ちゃん」づけで呼んでみたりという勘違いをしてしまうことがある。最初はそれでうまくいくように感じても、子どもに甘えが出てくる。次第に子どもがコントロールできなくなり、指導が入らなくなる。学級の統制がきかなくなると、教室の中でヒエラルキーが生まれることさえある。要するに声の大きい子どものいうことが通ってしまう雰囲気が生まれるのである。

いったん崩れた教師と子どもの関係を修復することは難しい。応援の教員が複数で教室に入ったとしても、子どもが担任の非力を見抜いてしまうと悪循環に陥る。子どものことを本当に信頼し、絆をつくるということはどういうことかを真剣に考えなくてはならない。

子どもとの適切な距離を保つためには、子どもを全員平等に「さん」づけで呼び、ていねいな言葉遣いで応答する。十分に子どもの話を聞いて、指導すべきことは毅然として公平に指導するという一貫した姿勢が大切である。若手教師がつまずいている場合には、校内で適切に助言することも躊躇してはいけない。必ず、校内のどの教員もが一貫した指導をとることに、子どもは安心して信頼を寄せるのである。

時間を守る、挨拶をきちんとする、トイレのスリッパを整える、校内の美化を心がけるといった姿を日常的に教師自身が子どもに見せることで好ましい**学級文化・学校文化**をつくると考えてほしい。単純なことのようだが地道で努力のいることである。

毎日の宿題

毎日の学級経営のなかで、自主的に学習を自己管理する習慣をつけておきたい。それが宿題の役割である。宿題の量については家庭の要望もあろうが、なぜその課題をそれくらいの量で出すのかは、子どもにも家庭にも十分に意図を伝えておくことが大切である。「学年で決めたことだから」では理由にならない。

だいたい家庭学習は学年×一〇分を目安にすることが多い。それでも子どもによっては、毎日の宿題が思うようにできない子どももいるだろう。どこでつまずいているのか、どこに自己管理できない課題があるのかをよく見極めて助言をしていくことが重要である。そのためには、まず毎日の宿題の提出はきちんと確認をする。多忙を理由に、毎日適当にハンコだけ押して返却したり、忘れていてもチェックされていなかったりすると、きちんと提出できていた子どもまで出さなくなってしまうこともある。地道なことであるが、提出から返却までのシステムを整えておくことは大切な基本である。

学習規律

次に授業中の教室での規律である。「人の話は最後まで聞く」「手を止めて話している人の方を見て聞く」「発言したいときには、挙手をする」「指名されたら返事をして席を立って発表する」「発表するときには、教室のどの席の人にも聞こえる声で話す」「話すときには、語尾までていねいに文章で話せるようにする」。これが基本のスタイルである。当たり前のことではあるが、低学年からきちんとこの姿勢を身に付けさせることはなかなか容易ではない。

また、杓子定規に何が何でもこの規律を守らせなければならないと考えると窮屈になってくる。子どもは口々に呟くときにこそ気付いたことや本音でいいことを言うからである。不規則発言を野放しにすると崩壊状態になっていくが、ここでの折り合いは絶妙な担任のセンスが働く。学級が育ってくると「こういう時には呟いてもいいんだ」「こういう時にはきちんと発言しなくてはいけないんだ」と教師と子どもの暗黙のルールができあがっていく。**楽しい授業**にするにはどうしたらよいかを、いつも子どもとともに考えなくてはならない。

ノート指導

プリントやノートの書き方もていねいに指導する必要がある。とくに自分の名前を大切に、ていねいに書く子どもになってもらいたい。落ち着いた学級の教室に入ると、子どもの作品の文字や絵画がとてもていねいであることに感動することも多い。いつも認められている安心感が表れているのである。あるいは、投げやりな作品や文字は子どものSOSであるから担任や担任以外の教師も気を付けて見ておかなくてはならない。家庭とも共有して子どもの変化を早期発見して解決につなぐ必要がある。

また、プリントやノートは一方的に書かせて提出させるだけのものではない、往還してこそ、子どもに力はつくのである。よく書けていれば、どこがどのようによいのか、コメントをしたり、学級全体に紹介したりする。うまく書けない子どもには、手がかりを与えたり、少しでも伸びたところを評価したり、よいお手本を真似るように助言したりする。

ノートは、日を追うことで**自分の成長を確かめられる財産**であることを子どもにも伝えておこう、自分で作ったノートは宝物となるはずである。教室掲示物の工夫と合わせていうと、「ノート名人」コーナーをつくって、教科の学習や自主勉強ノートのよい例を紹介するのもひとつだろう。何気ない環境の中で子どもたちは学び取ることも多いはずである。一枚一枚が散逸しがちなプリントやワークシートはなるべく形式を統一して管理しやすいようにする。番号をつけたり、日付を記入させることで、ファイリングの仕方も身に付けさせたりしておくと、高学年や中学校に行ったときには役立つはずである。

家庭学習のノートは、二冊用意することもある。毎日交互に提出して翌日には返却すると、毎日習慣づけしながら自主勉強が続けられるようになってくる。ノート指導は根気もいるが、**子どもの成長が見られる**ようになってくると教師にとっては嬉しいものである。

教師の役割と学習形態

学年が進むにつれて、**学習形態に応じたルール**も身に付けさせておきたい。二人組や三人組での話し合いの仕方や、グループでの話し合いの仕方など、どの子どもたちも司会を安心して上手にできるように、またどの子どもたちも平等に発言できる経験をさせておく必要がある。中学年くらいまでにこれが身に付いていると高学年の学習は多様な形態を使いこなしながら充実した授業を工夫することが可能になる。**学習方法**や**授業規律**については一学級だけでなく、学校体制で**組織的**に**体系化**することが望ましい。子どもに力が付くだけでなく教師の授業力もまた向上するにちがいない。

アクティブ・ラーニングへのアプローチとして、ジグソー法[4]のように複雑ではあるが、多様な見方・考え方を広げるとともに**主体的な学習態度**を身につけられるように鍛えたり、子どもたち自身に授業の司会進行を経験させるような授業形態を考えたりする場合もある。いずれにしても、たんに教師の思いつきだけで取り入れたりすると子どもが混乱してしまって、経験はしたものの何も身に付かないという落とし穴もある。どのような力を育てたいのかという見通しを持っておくことや、校内の組織的な取組として系統性を考えて取り組むことを念頭に置いておくほうがよいだろう。

一斉授業は教え込む授業と誤解されている面もある。一斉授業であっても、十分に練り上げた発問のもとで、子どもたちが主体的に意見を述べ合って課題に取り組み、自分で熟考した考えをまとめる授業づくりを目指すことはできる。型ばかりに目がいくと、子どもの活動あって学びなしの授業に陥る危うさもある。子どもの力を引き出すためには、いろいろな学びを経験させてみることが大切である。

子どもにどのような力を付けたいか、目標をしっかり持った授業であることが重要であることを忘れないようにしたいものである。「**主体的・対話的で深い学び**」を実現することは、授業形態だけで決まるものではない。学習者自身が能動的に学ぶということはどういうことなのかを考えて、**教師の果たす役割**を考えてみよう。

四　一日の学校生活のなかで

1　安心して過ごせる学級づくりのために

朝の会・終わりの会・日直の仕事

学級経営の上手な先生のクラスは朝の会・終わりの会も楽しい。朝の会は、一日の始まりを気持ちよくスタートできるようなけじめをつける役割もある。教師がいなくても、子どもたちだけでも運営できるようにしておく。教室に行ったときには、提出物や今日の予定など一から指示なくとも準備が整っているようになってくる。日直が運営にあたるが、登校してきたら、事前に打ち合わせをして「これだけのことをお願いするね」と具体に伝えておくと、子どもの責任感も育ってくる。どんなに大人しい子も、人前に立って司会をしたり、頼まれたことをみんなに伝えたりする経験する機会となるので口にはしないが楽しみにしている子もいるはずである。

終わりの会は、一日の終わりをしめくくる時間である、早く帰りたい子どももいるだろうからあまりだらだら時間を延ばすのはよくない。しかし、その日にあった出来事のなかでみんなで共有しておきたいこと、いいことも悪いことも明日につながる終わりの会にしたいものである。学校で一日過ごしていると、いろいろな出来事が起こる。嬉しかったことや悲しかったこと、みんなに聞いてほしいこと、伝えたいこと、ここで話せばみんながわかってくれるという安心感があってこそ終わりの会は成り立つ。一生懸命話しても誰も真剣に聞いてくれない、あるいは形骸化してしまって中身のない終わりの会にならないようにしよう。そして、しめくくりに大切なことは担任には「なぜこのような話をするのか」「みんなにはこうなってほしい」といった子どもたちに託す思いや願いを語ってほしい。「明日も元気で学校に来よう」、そんな気持ちで子どもを家庭に帰したい。

朝の会から終わりの会まで、日直はその日の主役である。任される仕事はいろいろ学級によって違うが、きちんと力を合わせて責任を持ってやり遂げることに意味がある。最後の窓閉めまで見届けて「今日は一日ご苦労様」と労うようにしたい。

席替え・班編成

小学校の学級では誰と近くの席になるか、誰と同じ班になるか、子どもにとっては大問題である。毎日学校に来るのが楽しみになるか、授業が楽しくなるかに大きく影響を与えるだろう。「先生、次の席替えはいつですか？」必ず子どもは口にする。一か月くらいをめどに席替えすることが多いのではないだろうか。

教師と子どもの関係ができてくれば子どもに席替えの案をつくらせるのもよいだろう。しかし、大半の場合は配慮すべきことも多いため、教師主導で決めることが多い。また、班編成だけ考えておいて、班のなかでの座席は子どもたち同士で決めさせるといった座席の決め方もある。

担任としては、それぞれの子どもに納得いく形の席替えをしなくてはならない。「今回の座席はこういう方針で決めた」というコンセプトが明確にあると子どもたちも納得するだろう。「どの班も話し合いが活発になるようにした」「できるだけ今まで同じ班になったことのない人同士が仲良くなれるように」「困ったときに助け合える仲間になれるように」など、こちらの願いを席替えのたびに伝えてみてはどうだろう。きっと子どもたちは、自分たちを先生が信頼してくれているのだからと、その期待にこたえようとするに違いない。

一か月に一回としたら、年間一〇回ほどの席替えになるだろうか。単に一〇回の席替えを繰り返すのではなく、一歩ずつ階段をあがっていくイメージで、最後には、だれと一緒になっても仲良く勉強できる仲間に成長してほしいと担任なら誰もが願うことだろう。一年の間に何度か同じ班になる子どももいるだろう。はじめはうまくいかなかったけれどお互いのいいところが見つけられる関係になったならそれは大きな成長である。また閉じた人間関係を広げるために仲良し同士をあえて離すこともあるだろう。限られた人間関係から解放されることでその子のよさが発揮されるかもしれない。それを見極められるのは担任しかいない。また、他の先生にお世話になることもあるから、学級の座席表はいつも共有できるように準備しておこう。

休み時間

子どもにとっては、休み時間は大事な時間である。必ず保障するようにする。「授業がいつものびるから、休み時間が短くなってしまう」ではどんなにいい授業をしていても子どもを敵に回してしまうようなものである。

休み時間は外で遊ぶのが好きな子どももいるだろう。できるだけひっそりと一人で自分の時間を楽しみたい子もいるだろう。どちらも子どもの権利であることを認めたうえで、週一度はクラス全員で一緒に遊んだり、仲間と過ごす時間をつくってみたりするとよい。クラス全員となると、いろいろな人のことを考えなくてはならない。事前にみんなにアンケートをとってみたり、ゲームのチーム分けをしてみたり、放っておいても子どもたちは主体的に考えてくれるだろう。困ったときには相談に乗るようにする。「みんなが楽しい休み時間になるように」がポイントであることを外さないように助言するとよい。不公平感が生まれないようにしないと、せっかく企画したのに不満を持つ子どもたちも現れるだろう。担任はそれを未然に防ぐと同時に、一人ひとりの子どもを注視しておかなくてはならない。

もしも、友達と一緒に遊びたいのに仲間に入りづらそうにしているなら先生も一緒になって遊ぶ。しかし、一人でいることが好きな子どももいる。そういう子にも理解を示し、すべての子どもがどうやって休み時間を過ごしているのかを知るようにする。保健室に行って養護教諭に話を聞いてもらうのを楽しみにしている子もいるだろう。図書室に行って司書の先生と本の話をするのを楽しみにしている子もいるだろう。教室で絵を描いたり、ものづくりをしたりするのが好きな子もいるだろう。担任は、いつも一部の子どもとだけ一緒に遊ぶのではなく、できるだけ、いろいろな子どもに寄り添いながら、個々の権利を認めたうえで、好きな世界を広げてやることも考えて関わるように心がけたい。

教室環境

毎日子どもたちが過ごす教室は、安全で快適でないといけない。例えば朝は、窓を開けてきれいな空気を入れて、教室の電気をつけて待つようにする。窓も開いていない、真っ暗な教室に来てがんばろうという気になるだろうか。逆に誰もいない教室の電気やエアコンをつけっ放しにしておくような無神経な担任のもとで、よく気が付く子どもは育たない。

自分たちが過ごす生活空間はみんなできれいにする。多くの人間が生活していると空間は汚れるのは当たり前である。空気も汚れるし、ごみも出るだろう。休み時間には窓を開けて空気を入れ替える。ごみが落ちていたら必ず拾うようにし、ごみ箱は毎日きれいにするように心がける。給食の準備と後始末は確実に清潔で衛生を保つ。大人数の子どもたちと共に生活するということはそういうことである。

また、子どもが帰るときには机の整とんも必ずきちんとするようにする。放課後の子どもの机の様子を見れば、そのクラスの子どもたちの落ち着き加減や育っている様子がよくわかる。放課後の見回りで、教務主任や教頭はそれをすばやくキャッチして担任とともに子どもの様子を気に掛けることが大事である。

黒板はどうだろう。毎日一生懸命授業をして黒板を使えば汚れるのは当たり前である。教師とともに子どもたちにとっても教室の黒板は大切な聖域である。子どもが勝手に黒板で遊ぶようなことはないようにする。大切な勉強のときに使う道具だからである。大事にするからには、いつもきれいに手入れをしておく。美しい黒板に教師がていねいにチョークで書く姿に子どもは引き付けられて学習をする構えができていくのである。そして黒板と同じように子どもたちのノートもていねいに扱い、ていねいに書く指導が大切である。こうやって一つひとつの持ち物をていねいに扱うと教室に規律のある空気ができていく。ロッカーに入れたランドセルのふたがきれいにそろってしまってある。体操服や給食袋のかけ方、水筒の置場所、絵具セットや習字セット、鍵盤ハーモニカが整然と並んでいる。子どもが帰ったあとの下足箱もしかりである。すべて指導のないところに子どもは育たないのである。

2　個と集団の自律性を高めるために

学級活動

学級活動は教育課程上も大切な特別活動の時間の一部として位置づけられている。そこには、教科学習とは別に、保健・安全・食に関わる指導もあれば、キャリア形成に関わる内容も扱うし、学校行事と関わらせて子どもたちが主体性を発揮して企画立案したりする内容も含まれている。ともすれば、問題やトラブルの話し合いの時間や行事の準備の時間に充当されがちな時間ではあるが、ぜひとも計画的に意図的に子どもたちの自律性を高めるための取り組みの時間として有効に使いたい。

毎日の学級での生活をより充実させるため、低学年から高学年まで、発達に即した係活動をできるとよい。しかし、経験も参考例もないところから子どもの発想は出てこない。そこには教師からのヒントや願いがあってもよい。普段の生活から困っていることや自分たちでもっと楽しい学級生活にするためにどんな係活動があったらよいかを考えさせるのもよいだろう。窓開け係や黒板係、ごみ捨て係や電気係などもよく見かけるが、日直の仕事と混同しているのもよく見かける。日直は平等にどの子もが経験するので、当番的な仕事はそこで担えばよい。面倒くさい仕事は係をつくってそこに押し付けて日直の仕事は適当にすればよい、といった勝手きままな意見が通ったとしたらどうだろう。声の小さい子どもはいつも貧乏くじを引いてしまうことになるかもしれない。できるだけ当番的な仕事は全員で平等にするようにし、係活動は工夫しがいのある生産性の高い仕事ができるように考えさせる。どの係になっても楽しそうと子どもが意欲を持てるような体験を積み重ねることで、上級生はそれを足場にして、児童会活動の委員会活動も積極的に主体的にいろいろな考えが出せるようになるのである。

子どもたちは集団の中でこそ、個の力を発揮させ、**個の自律性**を高めていく。そして個の自律性が凝縮することによって集団としての自律性が高まっていくのである。担任はそのコンダクターの役割を担っているといえる。

清掃指導

大勢の人間が一緒に生活していれば、埃もたつし、空間も汚れる。それを自分たちの手できれいに清潔に気持ちよくして使うということを徹底してきたのは日本の教育の特徴でもある。海外では、掃除は子どもの仕事ではない、あるいはさせてはいけないと考える国もある。しかし、近年、子どもたちは掃除が下手になってきている。家庭で掃除する経験も少なくなっているだろう。また掃除用具ひとつとってみても、ほうきや雑巾を使うことすら少なくなってきている。家庭では床や窓は掃除機か化学モップ、机の上は使い捨てシートかごみとりローラーを使うことがほとんどで、なかにはロボット掃除機か、掃除代行サービスを利用していることもめずらしくない。だからこそ、自分で使った場所を自分で工夫してきれいにするのは学校での貴重な場となってきている。

まず掃除用具の使い方から、正しい掃除の仕方を指導する。ほうきには、いくつか種類がある。外庭を掃くための竹ほうき・シダほうき、部屋の中を掃く棕櫚《しゅろ》ほうき、教室を掃く一般的な化繊ほうき、それぞれ機能的に使う目的や用途がちがう。正しい使い方をしないと掃除用具はすぐに痛む。

ほうきの持ち方から雑巾の絞り方も学校で教える。若い教員がどれだけきちんと指導できているかも気になるところである。教室の掃除の仕方も順番がある、床がきれいに掃けてないのに机をどんどん運び出したらどうなるだろう。床を掃いてから、黒板をふいてチョークの粉が飛び散ったらどうなるだろう。階段も途中から適当にはいてあとから上のごみが落ちてきたらどうなるだろう。子どもにはより効率的に短い時間できれいにできる方法を考えさせよう。雑巾の使い分けもきちんと教えておく。床をふく下雑巾と机の上をふく上雑巾の使い分けや洗うバケツの使い分け、雑巾のかけ方などはじめにきちんと指導すれば子どもはきちんと掃除もできるようになってくる。いつも雑巾がけの雑巾が美しく整っている教室では、子どもたちが生き生きと楽しそうに学習している姿が見られるから不思議なものである。

給食指導

みんなと一緒に栄養のバランスのとれた同じものを食べて、成長する大切な役割が小学校の給食の時間にはある。担任にとっては、年々、偏食や少食の課題が多様化しているとともに、食物アレルギー等の健康安全上の配慮事項など、注意をはらうことが多くなってきているのは避けて通れないことである。

給食は、食べることは生きることにつながるということを教える大切な時間だと思ってほしい。食材からいろいろな命をいただいて私たちの生命は成り立っていること、好き嫌いなくバランスよく食べるとどれだけ豊かな人生を送ることにつながるのか、つくってくれた人への感謝の気持ちをもって食することがいかに尊いことか、食を慈しむ子どもになってほしい。そのためには、担任は子どもたちのモデルであることを忘れずにいたい。好き嫌いなくおいしそうに食べている様子、マナーを守って気持ちよく食べることの心地よさ、食べ終わって給食室で返却するときの心のこもった「ごちそうさま」の言葉かけ、すべてが子どものお手本であることを意識しておきたい。

自分の口に入るものには関心を寄せて、どこで採れた何という食材か、何で味付けをするとこんなにおいしくできるのか、全校児童の分をつくるのにどれくらいの材料と時間を費やしているのか、子どもたちには想像力を働かせてみてほしい。家庭だけでは食べられなかったものが、学校でみんなと一緒に食べているうちに食べられるようになったという話はよく聞く話である。食わず嫌いではなく、何でも食べられる子に育ってほしいと思うし、好き嫌いがなくなってくると不思議なことだが人にも寛容になってくる。それが生きる力の源になることをぜひとも子どもたちに担任として語ってほしいと思う。

給食時間は、担任にとってはなかなか気が抜けない時間ではあるが、大切な時間であることを心得ておきたい。もちろん、子どもとともに楽しむ、うれしい時間でもある。

3　子どもの主体性を育てる学級づくりのために

子どもの主体性を育てると一言でいっても難しいものである。一日にして子どもが育つわけではないからである。一つひとつの毎日の経験の積み重ねのなかで子どもは育っていく。勝手に子どもは育たないことを肝に銘じておかなくてはならない。一人ひとりの子どもの特性や長所・短所も含めてよく理解したうえで、方略的に学級経営を進めていかなくてはならない。それは学年や発達段階にもよるだろう。学校全体でどのような道筋で目指す子ども像を描いているかにもよるだろう。

では、子どもはどんなときに自分から、主体的に動き出そうとするのだろう。子どもたちの主体性とは、子ども自らが導く自己指導能力と言い換えてもよいだろう。その核となる生徒指導の三機能[5]を紹介しておきたい。まず一つ目が「**自己決定の場を与える**」ことである。子どもたちには規律正しくさせたいと思うあまり、何もかも教師が決めてしまったり、指示をしたりしていたのでは、いつになっても子どもの主体性は育たない。自分で考えて、自分で物事を決める場面を大事にしたい。それは授業のなかであっても同じである。むしろさまざまな教科学習のなかでそれを意識した授業展開を工夫することを心がけてほしい。いくつもの選択肢から選ぶこともあるだろうが、自分の言葉で発言しにくい場合は、AかBかどちらの立場の意見に近いか、自分の意見を表明する責任を持たせておくことにつながる、学びを人任せにしないことを躾けるといっても過言ではない。自己決定したことがいつも正解につながるとは限らない。失敗につながるかもしれない。しかし、それが学びである。学校だから何度失敗しても何度まちがってもかまわないことも教えておかないといけない。それよりも自分なりに根拠をもって自分で決めたことに意味があるのである。その積み重ねが自信につながっていくからである。

次に大切なことが「**自己存在感を与える**」ことである。三〇人以上学級のなかで、はじめから自分の存在が認められ、自信たっぷりに発言できる子どもはほんの一握りにすぎないだろう。大抵の子どもたちは、まわりの子どもにどのように受け入れられているのだろう、どのように思われているのだろうと不安な気持ちでいっぱいにちがいない。一人ひとりにこの自己存在感を与えるためには、集団だけではなく個別のアプローチが必要である。それぞれの子どもの考え方や感じ方をよく理解し、まずその子との関係を築かなければならない。限られた毎日の時間のなかで、一人ひとりの子どもとの対話の時間を確保するのはなかなか難しいものである。しかし、そのために授業のなかのワークシートやノートがある。その子の考えがよくわかるような記述に出会えたなら、見落とさずにしっかりと担任として感心したことや感動したことを言葉にして返すようにする。そういった一人ひとりのキラリを見つけたなら担任は自分のメモに記録を残すようにする。すると、キラリがなかなか見つかりにくい子もクローズアップされてくる。そんなときにはその子にフォーカスして個別の声かけをしてみよう。全体の声かけには乗ってこないが個別の声かけには自分の言葉で話し出せる子もいるからである。また子ども同士のつながりのなかで、仲間に認められる体験の場を作ることは学年が上がるにつれて重要である。自分はこのクラスになくてはならない存在であると思えることは、子どもにとっては、自信よりももっと根の張った自己存在感となって人格の一部となっていくのではないだろうか。

最後に「**共感的な人間関係を育成する**」ことである。子どもは家庭から巣立って学校という社会のなかで、さまざまな人間関係のなかで自己を確立していく。そのさまざまな人間関係が共感的なものであるとはどういうことだろうか。「そうそう、自分もそう思う」と思えることや「いっしょにがんばろう」と思えること、「何かあったらいつでも助け合おう」と思えることである。これは成長して社会に出ていったとしても、これから出会う人間関係のなかでも大事にしてほしい。このような人間関係で結ばれている集団だからこそ、安心して自分から進んで自分の意見を出したり、自分の考えを主張したりすることができるのである。

学級担任制と教科担任制

今後は、小学校高学年を中心に、理科・英語・算数などの教科の専門性の高い教員が授業を担当する**教科担任制**が導入されていくことも視野にいれておきたい。中学校への円滑な接続や授業の質の向上、教員の負担軽減などが目的に挙げられている。家庭科や音楽科などの特定科目だけを教える専科教員を今後は新たに増員していく形で検討されているようである。温かい人間関係を基盤とした**学級担任制**による学級経営から教科担任制に変わったとたんに子どもたちとの信頼関係が崩れたり、子どもが自信を失ったりするようなことにならないようにしたいものである。

専門性の高い教員に授業をしてもらうことは、子どもにとって安心できるという肯定的な意見も聞かれている。いつでも頼れる学級担任と安心して教えてもらえる教科担任とのコンビネーション機能がうまく働けば、子どもはいくつものパイプができて学校はもっと楽しくなるだろう。このような家庭的な学級担任制と、一部の教科での教科担任制の併用は小学校の発達段階には合っているという見方もされている。

しかし一方、地域によって取り組みの差が出たり、きめ細やかな子どもの見取りが細切れになったりするのではないかという不安の声も聞かれる。子どもの心の変化などを学校体制で教員同士が綿密に共有できるようにしていくことを忘れてはならないだろう。

キャリア・パスポートの活用

子どもの成長を見守るために、文部科学省がキャリア教育の推進のために導入を進めようとしているキャリア・パスポート(6)を活用したい。担任が変わっても、子どもの成長の足跡をバトンリレーできる大切な証である。どのような**学びの履歴**をもって、今ここにいるのかをしっかり見取る大切な情報がそこには詰まっているはずである。

せっかくの新しい取組がお題目に終わらないように、学校組織として、キャリア・パスポートに何を残すのか、何を見て子どもを伸ばすのかしっかり話し込んでおくことは大切である。いくつもの学級での様子を複数の教員に見守られて成長していく子どもの姿がそこから見取れるはずである。ぜひとも有効に活用してほしい。

臨時休校における学級経営

二〇二〇年のコロナ禍において、全国の学校が困惑したように、毎日登校するのが当たり前であったことが当たり前でなくなることも経験した。「オンライン授業」や「オンライン朝の会」など、遠隔であっても、学校と家庭をどう結ぶか、子ども同士をどうつなぐかを真剣に学校現場は模索した。

ＩＣＴを活用して、より効果的でより効率的な学習のあり方を検証していくことも続いていくであろう。学校は、学校教育の変わらない本質として、たとえ臨時休校となっても①**学力保障**、②**関係保障**、③**健康保障**の健やかな学びの三つの機能を保障しなければならない。教師にとっては、子どもたちが学校に来ない毎日を家庭でどのように過ごしているのか気が気ではない。「朝は起きられているのだろうか」「家で時間を決めて家庭学習はできているのだろうか」「勉強がわからなくて困っている子はいないのだろうか」「学校で経験できていないことはどこで埋め合わせられるのだろうか」。このように子どもに思いを馳せること自体がとても大事な学級担任の役割であることを認識してほしいのである。たとえ授業がすすまなくても、お互いどうしているかを交流できる場面をたっぷりとってもよいだろう。オンラインならではのよさを生かした授業を先生同士で協力して考えるのもいいだろう。

学校に行くことができないことは大変なことではあるが、家族とともに、家庭で過ごすことによって、成長している面もあるかもしれない。家庭で頑張っていることや力をつけたことを認め合うことも大事にしたい。遠方で通いにくかった子どもが遠隔でつながりやすくなるケースもあるだろう。デジタル化やオンライン化が進むことによって、子どもの学びの場は世界につながり、未来につながる可能性も見いだされている。たとえ、自粛体制等でオンライン登校せざるをえないことになったとしても、端末機の閉じこもった世界に子どもを閉じ込めるのではなく、子どもたちの学びを広げるように工夫したいものである。そして、学級のみんなが離ればなれになるのではなく絆を持てるようなオンライン学級経営のプランニングもこれからの教師にとっては必要な力になってくるかもしれない。

五　一年間の学校生活を通して――おもな行事を通して

儀式的行事

一年や一学期の始まりや終わりはきちんと節目のけじめをつけるために儀式的行事として始業式や終業式を行っている学校も多いだろう。対面で一堂に会することもあればテレビを通して行うなど、今後は多様な形が取り入れられるかもしれない。いずれにしても、心の節目をきちんとつける必要があることから大切な行事として位置づけられている。

学級経営と関わらせていうと、整列の様子を一目見れば学級の状態がわかる、集団で行動するときの規律意識や姿勢の取り方などは、その場かぎりの指導ではなかなかできないものである。いつどんな場所でも適切な行動がとれるようにしておきたい。また高学年の児童には儀式の意味や役割を理解して臨ませるようにする。行事を通して子どもたちも育つからである。卒業式のような最も学校にとって大切な儀式は教師と子どもと一緒につくり上げるという認識を全校で共有しておきたい。

保健安全的行事

学校では年度初め、あるいは定期的に健康診断や身体計測がある。養護教諭は全校の学級の様子を見て、いろいろ気付いたことを教えてくれる。整列の仕方、話の聞き方、校医の先生に対しての挨拶など、確認しておくこともたくさんある。保健室には体調の悪い子どももいる。どのようにふるまうべきか考えられる子どもにしておこう。また、授業中に体調が悪くなって子どもが保健室でお世話になったなら、担任もまた様子を自分から聞かせてもらったり、子どもと一緒に感謝の気持ちを言葉にしたりすることも当たり前のマナーといえるだろう。

次に交通安全教室や避難訓練は子どもたちの命を守る教育活動である。体で覚えることも大事であるが「なぜ、そうするのか」をよく考えて、学校だけでなく日常生活のなかでも自分で行動できる力を身に付けさせることも必要である。特に防災の観点では地域との連携も必要である。子どもの生活背景も理解して実践的な力を養うようにしたい。年に数回の行事を点で捉えるのではなく、めあてと振り返りにより、線で結ぶように意識付けしたい。

勤労生産的行事

子どもたちは学校生活の主体者である。してもらうばかりでなく、自分たちでできることは自ら買って出るような子どもに育てていきたい。全校での大掃除やごみゼロ運動などはよい機会である。人のためになることで汗をかくのは楽しいことである。それも一人ではなくみんなでやるとより爽快である。ぜひとも学級では「このような活動がなぜ必要なのか」「このような活動を通してみんなはどのように成長できるのだろう」という話をしてほしい。ほかの人から「ありがとう」と言われたら嬉しいに決まっているが、それのあるなしにかかわらず、自分で納得できる子どもに育てておきたい。

成長とともに、子どもたちもできることが増えてくる。頼まれたことを確実にやり遂げることができたら、自分で工夫しながらやってみる。次は頼まれなくても自分でできることを見つけてやってみる。このように成長や発展がみられたらどんどん褒めて評価を重ねる。そのことが子どもにとっては大いなる自信となって、大人になってもすすんで人の役に立てることができるようになるはずである。

体育的行事・運動会

子どもたちの大好きな運動会、家庭の保護者も楽しみにしているにちがいない。なんといっても主役は子どもたちである。どの子もが一生懸命がんばる姿を認め合い、輝けるように工夫してほしい。学校によっては学級を解体して色別対抗になるかもしれない。一時的には、学級は一体にはなれないかもしれないが、お互いに力を出し合ってがんばろうという気持ちで高め合ってほしい。また、学年がひとつになるよい機会でもある。学級を超えてひとつになる成長の機会にしたいものである。

冬場のマラソン大会や持久走大会は一人ひとりが自分に挑戦する行事である。順位を争ったり、タイムを競い合ったりするのではなく、互いに力いっぱい頑張る自分をたたえ合うことを学級では確認しておきたいものである。このように学校行事を通して自分の心身を力いっぱい使ってやり遂げる体験は、健やかな心身の保持増進をはじめ、自分も他人も健やかに生きることの大切さを感じ取れるようになるはずである。

学芸的行事

最近では、行事の縮小で学芸会も減ってきている。子どもと一緒に劇や音楽に取り組めば、学級はすぐにひとつにまとまる。自分も役割をしっかりと果たし、学級みんなで仕上げてどんどん出来上がっていくのは、本当に嬉しいものである。大人になってもこのような行事のことは忘れられないものである。ナイーブな子どもにも、大舞台に立って大勢の観客の前で演じる機会は学校でしか経験できないものである。学芸会がなくなっても同じようなねらいを持った行事はどこかで考えてほしい。

音楽鑑賞会や演劇鑑賞会などの行事も、子どもたちにとっては大切な芸術に触れる機会である。マナーを守って、気持ちよく楽しく鑑賞することや、素直に感動したことを言葉や態度で示すことや、記録に残すことなど、子どもの生活を豊かにするよい機会になるだろう。教科や領域の授業だけでは、体験できないような行事や、地域の伝統芸能等の教育資源に触れることで、郷土のよさに気付いたり、歴史的な意義を見いだしたりできるきっかけになるかもしれない。ふだん家庭では味わうことができない美しいものを友達と一緒に観て聴いて、感動を共に味わう行事の価値を学級担任はよく理解して、行事の意味を子どもたちに伝えてほしい。

集団宿泊的行事

どの学年でも子どもたちが楽しみにしている行事に遠足があげられる。学校を離れて、さわやかな季節に出かけて美しい景色を見たり、大声をあげて遊んだり、お弁当を食べたりするのは、家族でのお出かけとは少し違った意味がある、帰ってきてからの振り返りで作文や絵日記に書くこともあるだろう。学年が上がると、宿泊的行事も行われる。一年間の行事のなかでは、重みのある行事である。泊数にもよるが、準備することも多い。

何か月も前から子どもたちには見通しを持たせておくことも必要であるし、保護者にも子どもたちの成長を信頼し、自立への足がかりにしてもらえるように連携をとっておくことが必要である。宿泊学習では個別に対応することも出てくるが、できるだけ教師の指示待ちにならないように子どもたち自身がしおりを見ながら主体的に活動できるように内容や役割を工夫して準備するとよい。このような宿泊行事でぐんと成長するのはとても頼もしく思えて楽しみである。リーダーを育てるのにもよい機会である。そして宿泊行事に身に付けた力をまた日常の学校生活に生かしてほしいと思う。宿泊学習を積み重ねて、自分でできるようになることがたくさんある。

自然体験をさせる学校も多いだろう。野外での活動は自然をよく理解し、その偉大な素晴らしさに気付くとともに、自然の厳しさを知る機会にもなるだろう。そのことは、人々が現代の便利な暮らしをつくり上げるまでにいかに苦労したかや、いかに自然と共生しながらうまく生きてきたかに気付かせるよい機会である。また、自然の中であるからこそ、子ども自身も素直に自分を表現し、本来の自分に気付くこともできる機会でもある。登山や海釣りをしたり、野外炊事をしたり、テント泊をしたりする場合もある。子どものころの体験は一生の宝物である。

卒業文集を作成したりすることも考えられるので、やりっぱなしにせずに、記録を残しておくようにするとよい。小学校での宿泊学習の集大成は修学旅行である。担任と子どもたちで素晴らしい思い出をつくってほしい。そのためには事前の準備も大切である。グループでの活動、乗り物での座席割り、部屋割り、食事の座席、たくさん決めておかなくてはいけないことがあるが、プロジェクト型で、子どもたちと一緒に計画を立てて、思い切って任せるところは任せてみるのもよいだろう。行先を地図で確かめ、その土地のことをよく調べておこう。家族旅行とはちがう、仲間とつくる旅行の楽しさを存分に味わわせたい。野外活動とはまたちがった宿泊のマナーや責任ある行動の仕方も学習の一環である。ときには金銭を使って家族にお土産を買う場面もあるだろう。子どもそれぞれの思いに寄り添って悔いのない旅行になるようにきめ細やかな指導をお願いしたい。宿泊の準備や後始末には家庭の協力も必要である。保護者の「先生、お疲れ様でした」の裏側には、「我が子を大事に連れて帰ってきてくれてありがとう」という安堵の気持ちでいっぱいであることを承知しておこう。

六　児童理解と学級経営

1　児童理解のために

生活習慣

子どもの発達段階に即して、基本的な生活習慣が身に付くようにするためには、学級での指導は重要である。毎朝の健康観察は、そのためにもしっかりていねいに行う。

子どもの顔色から、家庭での生活習慣が見え隠れすることもある。毎朝、朝食はきちんと食べられているだろうか。子どもに問いかけてみて、「食べてきた」と言っても、その内容が不確かなことも多い。例えばバランスのとれた朝食をとってくる子もいれば、菓子パン一つや牛乳を一杯飲んでくるだけの子どももいる。さらに極端な例では、チョコレートやスナック菓子でも朝食だと思っている子どもさえいる。担任は、その子どもの背景もよく理解して校内の養護教諭や栄養教諭らとも協力して指導を重ね、正しい知識を持てるように導くことも重要である。

ほかにも睡眠不足の子どもや、ストレスから心の不調が体の不調に表れる子どももいる。子どもに寄り添って、子ども自身の問題なのか、家庭の協力を求めるべき問題なのかもよく見極める。

必要な場合には、校内のケース会議にかけて支援の体制をとっていく場合もある。子どもの状況を正しく把握し、担任一人で抱え込まずに情報共有をすることが大切である。子どもに責任があるわけではないのだから、後ろめたい思いを持つことのないように配慮する必要もあるだろう。学級のなかで一人ひとりの背景を知るにも、どのような方法で情報収集したり個別指導したりするかも担任の心配りが必要である。

高学年になってくると、塾の宿題に追われて睡眠時間がとれずに、ストレスからいらいらして乱暴な言動に出たり、友達とトラブルになったりすることもある。宿題の提出が滞ったり、遅刻する日が増えたりするかもしれない。しかし、頭ごなしに否定するのではなく、家庭ともよく連携し、子どもが追い込まれて苦しい思いをしているのなら、他によい方法があるかもしれない。子どもの様子を見て、普段と何か様子が違うなら、まずは寄り添って話を聞いてみるようにするとよい。

不登校への対応

もしかしたら、学級のなかで何かの理由で学校に来づらくなる子どもがいるかもしれない。まずは、何か思い当たることがあるのか、理由があるなら迅速に解決する。登校を渋りだしたときの対応はとても重要である。

安心して登校できる環境を整える必要がある。事態は単純でない場合が多い。子ども自身の思いだけでなく保護者との信頼関係のなかで「安心して学校に行かせられない」ということであれば、担任だけで解決できないこともあるかもしれない。それまでに伏線になるようなことがあったかもしれない。しかし、理由が見つからないケースもある。とくに理由はなくても、集団で学ぶことがつらく感じたり、感受性が強いばかりに違和感を持ったりするケースもある。

学校組織で役割分担をして対応することになっても、担任は焦ることなく、その子の立場に立って理解しようとする姿勢を貫くことが大事である。そして、学級のなかにおいては、毎日その子の名前を呼んで出欠や健康観察をすることや、配布物をていねいに扱うことなどを忘れてはいけない。ましてや子どもの机をよけたり物置にしたりするようなことがあってはならない。担任がその子どものことをどのように見ているか、他の子どもたちはよく観察している。「この子のことは私が絶対に守る」という強い信念を持って、いつでも学校に来れるような学級経営を心掛けておきたい。

学校に来づらくなっても、いくつかの方策があることを提案してみることもできる。放課後登校や別室登校を考えてもよい。少しずつ時機を見ながら、子どもの気持ちが前向きになるのを待つ。家庭訪問でお互いの顔を見たり、日記や提出物の往還で心をつないだりすることもできよう。

その子にとっては、力を蓄える大事な時期なのかもしれない。「学校に行かない」という意思表示をしたこと自体に意味がある場合もある。「学校に来れようと来れまいと、私の学校の私の学級の子どもです」と受け入れられていることを実感できるようにすることがまず大事である。学年が上がれば学力保障も無視できなくなってくる。子どもがその必要性を感じ、納得すればアシストして方策をともに考えていくようにするとよい。

成長の見取り方

小学校の六年間は子どもの成長が著しい。一年生と六年生では、できることに雲泥の差がある。しかし、どの子どもも一足飛びに大きくなるわけではない。それぞれの学年の特色があり、成長の過程がある。学校組織としてリレー方式で担任が確実にバトンを受け渡して子どもの成長を見守っていくようにしたいものである。

そのために、指導要録は大切な役割を果たす。学習の記録もていねいに評価を行ってその子のよさを見極めてほしい。指導要録の評価は、言うまでもないが日々の授業の評価の積み上げである。多くの児童の評価は大変であるが、その子のよさや可能性を引き出すような授業づくりや評価をぜひとも心掛けてほしい。

ノートや成果物をもとに、その一授業だけの見取りでなく、それまでのものと比較して、どこがよくなったのか、どれだけできるようになったのか、どこを努力してきたのかを評価されたなら、子どもにとってどれだけ励みになるだろうか。自分への理解は次の意欲につながるに違いない。そして、担任だけでなく、いろいろな機会を通して友達同士や他の先生や保護者にも認めてもらえたなら、子どもはもっと伸びようとするに違いない。

低学年・中学年・高学年それぞれの発達に見合った課題がある。各学校では、学年に応じた具体的な目指す子ども像を描いている。それをさらに具体化しているものが学年目標や学級目標になっているに違いない。子どもたち自身にもなりたい自分たちのイメージと合わせて、教師たちが育ってほしいと願っている姿を伝えることも大切である。

また、成長を多くの人で共有するようにする。毎日の様子を見てくれている職員は学校のなかにもたくさんいる。掃除時間の様子、給食の食べ方、登下校の様子、地域での様子など、学級の子どもたちの成長の様子を聞かせてもらえる人を見つけてたずねてみるとよい。「うちの学校の子どもたち、最近どうですか」。よいところも、悪いところも教えてもらえるだろう。そして「こんないいこと聞いたよ」と伝えれば、子どもたちは喜んでもっと成長しようと思うに違いない。

2　学級の問題への対応

荒れの兆候

あまり考えたくはないが、自学級でも他学級でもこんな光景を見ることがあるかもしれない。授業がなかなか始まらない。私語やトイレに行く子どもが多くなる。教室に落ちているゴミの量が多くなってくる。子ども同士の机が微妙に乱れている。「荒れ」の兆候である。気付いているのかいないのか、教師はひたすら黒板に向かって授業を進める……。

もし、校内でこのようなことが起こっていたらすぐに共有しなくてはならない。問題の発見や報告が遅れたら遅れた分、事態は悪化するからである。学年や管理職に相談することによって、体制によって対応を考えることができる。「こういう姿が見られたらすぐに相談する」ということをあらかじめ徹底しておき、教師の孤立化を防ぐようにする。

回復に向けて学級担任が一番にすべきことは、他の教師の応援を得ながら、担任としての自分に不満を持つ子どもやそれに同調する子どもを把握し、不満を持つ子どもの言い分を本人が納得するまで耳を傾けて聞くことである。「ちゃんと聞いてもらえた」と思えたら、半分は子どものなかで解決する。もし過ちがあった部分があるなら、足りなかった部分を素直に子どもたちに語って、これから先、少しでも改善できる点は、子どもに見えるように変化を加える。「先生も自分たちのために変わってくれようとしている」と感じられたら「自分たちも変われるようにがんばろう」と思えるはずである。

緊急対応ではあるが、席替えを試みたり、個別に課題に向かわせるためのプリントやドリルを使った作業の要素を増やして集中力を持たせたりするのも一つの方法である。ここで大切なことは、荒れの兆候がある場合に今までうまくいかなかった方法を続けても効果は見込めないという判断をすることである。自分の子ども観や指導観を転換する必要がある。別の手立てを考えるなど、学級経営に柔軟性を持たせる必要がある。

3　指導のアプローチ

問題行動への対処

担任にとっては思うように事が運ぶ日ばかりではない。毎日何かが起こるのが学校である。大人数で毎日長い時間を過ごしていれば、トラブルになることもある。何がきっかけかわからないが、ウマが合わないこともある。ちょっとした言葉遣いや仕草が原因で、いじめにつながることもありうる。もし、子ども同士のトラブルが起こったら担任はどのように解決していけばよいのだろう。

子ども同士がけんかになったとする。双方の話を聞くのに、個別に複数の教員で事情を聴いて事実確認するのが原則である。しかし、もし一人で聞き取らざるをえない場合、ひとつ手順を間違うとまた新たな誤解や不信感がトラブルをよけいに複雑にしてしまうこともある。話を聞く順番も、声のかけ方も配慮が必要である。「まずAさんの話を聞くよ。あとで必ずBさんの話もちゃんと聞くからちょっと待てるかな」とていねいに説明をする。不完全燃焼のまま、家庭に帰ると事態は複雑になり長引く。一人で解決しようとするのではなく、問題行動の解決はチームで当たる必要があるので、学年や生徒指導委員会や管理職への報告・連絡・相談をして役割を明確にすることが重要である。

また、家庭への連絡も、明暗を分けることがある。「今日、AさんがBさんをけがさせてしまったんです。家庭でもご指導をお願いします」。こんな電話がかかってきたら親はどんな気持ちになるだろう。自分の子どもの

言い分も聞いてもらったのだろうか。うちの子だけが悪者にされているんじゃないかという不信感が募ることもあるだろう。一方、

「今日、実はAさんがBさんとトラブルになってしまって、Bさんは結果としてけがをしてしまったのですが、Aさんに理由を尋ねたのですが、はっきりと理由を言ってくれなかったのです。ひょっとして私に言いにくいこともあったかもしれないので、一度おうちでも聞いてあげてもらえますか？　学校ではけがをさせたことについては十分反省もしておられたので、これ以上叱っていただく必要はありませんので……」

自分の子どものことを大切に思ってもらっていることが伝われば、トラブルもうまく収束するにちがいない。参考のために問題行動を深刻化させないための対応の「さしすせそ」の原則を紹介しておきたい(7)。

さ　最悪の事態を想定して対応する
し　慎重な対応
す　素早い対応
せ　誠意ある対応
そ　組織的な対応

そして、それまでに必要な日々の取り組みとして実態把握とアセスメントをしっかりと行っておくことが大事である。学校評価アンケートやいじめアンケートあるいはQ - Uテストやクラスマネジメントシートを用いて、

普段からの子どもの声にしっかりアンテナをはって目配せし、見落としのない観察をするようにする。また、一つの事案が解決した後も気を抜かずていねいな見守り活動や積極的な生徒指導をするようにする。また保護者や地域と連携して、担任や学校の目の行き届かないところでの子どもの様子をキャッチできるようなネットワークをつくっておくことも必要である。

子どもへの指導・対話のポイント

子どもはいつも信号を発している。ＳＯＳを出していることも多いことに気付かなければならない。いきなり、こちらの思い込みで決めつけて指導することのないようにしたい。何か物事を起こすときには、子どもなりの理由や言い分があるにちがいないからだ。声のトーンや、相手との位置関係、目線など細かいニュアンスによって、子どもから本音を引き出せるかどうかにかかっている。また、その場面だけでなく、日常的に信頼関係を築いていなければ心を開くわけがない。どの子どもにとっても、「先生は公平に物事を見て、自分たち一人ひとりのことを親身になって考えてくれている」と心を寄せてくれているだろうか。子どもはいつも公平に物事を見ようとしている。自分だけ大事にされたいと思っているわけではない。みんなを大事にしてくれる先生かどうかを見ているのである。だから、理不尽な叱り方や、特別に贔屓したりされたりすることに子どもたちは敏感に反応するのである。

学級づくりは、子どもたちのこのような繊細な感覚をきちんと受け止められるかどうかという教師のセンスにかかっているとも言える。子どもは事の善悪はわかっていながらもどうしようもなく、行動を起こすこともある。またもつれた糸を解きほぐすように、なぜ自分がそのような行動をとらざるをえなかったのか、どうすれば自分で心にブレーキをかけられたのか、これからの自分の課題はどこにあるのかを寄り添って一緒に考えてみるとよい。そして、昨日までの自分ではなく、今日からの自分づくりを応援するメッセージを託して、ともに頑張ろうという気持ちで指導できるようにしてほしい。早く解決したいという気持ちが先行すると問題はよけいに複雑化し、かえってこじれる場合もある。問題は双方が納得して相手のことを理解し合えるように導くところに終着できるように心がける。何も起こらない学級集団はありえない。いろいろな問題を乗り越えるからこそ集団は育つのである。

いじめへの対応

学校教育における課題のひとつに「いじめ」問題があげられる。もし、学級担任になったら、自分の学級で「いじめが起こったらどうしたらよいのだろう」、「いじめが発見できなかったらどうしよう」と不安になるかもしれない。教師である以上、誰もが同じ思いを持っている。いじめが起こらない保障はどこにもない。しかし、いくつか心掛けておくことで、それを防ぐこともできるし、その不安を少しでも和らげることができる。

まず、**いじめが起こる背景や原因**を理解しておくことである。現代型のいじめの特徴として陰湿化していること、加害と被害が流動的であること、ネット上のいじめも起こりうること、集団化してエスカレートしやすいことがあげられる。

いじめの問題はいかに早く見つけて芽を摘むかである。教師と子どもの距離が遠いと、子どもの情報はなかなか入ってこない。しかしいつでもなんでも話ができる先生なら、被害者だけでなく、学級のどこからか必ず兆しと思える情報は入ってくる。アンテナを研ぎ澄まして、学級の中で何が起こっているか、見逃さないようにする。またたとえ校内で教師がいない場面でも何が起こっているか、放課後に何が起こっているか**想像力を働かせて**日常から子どもの生活を気にかけておくようにしたい。

保護者の情報も貴重である。「あの先生なら何とかしてくれるはず」という信頼関係があれば「実は、子どもから聞いた話ですが」という話も入ってくる。「どうせあの先生に言っても無駄だと思うから」と思われては、大事な情報も入ってこないのである。聞いた以上はきちんと対応することが重要である。深刻化するかどうかは初期対応にかかっているからである。

二つ目に、決して一人で解決しようとしないことである。いじめの問題は学校にとっては重大事態である。すぐに、校内ではいじめ対策委員会を開いて対応にあたる。組織的な対応が求められる。学校は警察ではないのだから、犯人さがしが究極の目的ではないはずである。あくまでも教育的意義をもって指導にあたることが必要であるとともに、被害にあった子どもが安心して登校できるように守り抜く必要がある。いじめの問題は解決が出口ではなく、**継続的な観察や再発防止**に向けて何をどのようにするかといった具体策を講じなければならない。被害者と加害者が流動的に変化したり、集団化したりする背景には、全員の子どもたちが日常の学校生活に閉塞感や不満をもっていたり、不公平感や理不尽さから無気力にしてしまっているケースも往々にしてありうる。問題行動の処理や対応に学校が追われると日常の学習指導が滞ったり、無味乾燥なものになったりするという悪循環にも陥ることすら考えられる。しかし、子どもたちは、いつも、**「楽しく学びたい」**欲求を持っていることを忘れてはならない。組織的に役割分担したり役割交代したりしながら、一人の教員が抱え込むことのないように協働体制をとるべきである。

虐待への対応

学級の子どもたちは、毎日安心して学校に来られているだろうか。いろいろな家庭背景があるなかで、いろいろな思いをしながら学校に来ている子どもがいる。朝に登校してきた子どもの顔をよく見るようにする。嬉しそうに元気で来た子どもには「何かいいことがあったのかな？」と声をかけてみる。悲しそうな、辛そうな顔をしている子どもには「どうした？　何かあったのかな？」と声をかけてみよう。「大丈夫、なんでもない……」と答えたとしても、帰りぎわに「ちょっと手伝ってほしいことがあるから待っててちょうだい」と、他の子にはわからないように放課後に**自由に話せる環境**をつくってみるのもよいだろう。

子どもにとって、学校は安心して過ごせる**安全な場所**にちがいない。なかなか家に帰りたがらない子どもや、先生を独占しようとする子どもにも気を付けるようにする。虐待のケースは子どもが正直に語らないことも多い。親をかばっていたり、他の家庭も同じと思いこんでいたりするケースもよくある。気になる子どものことは、学年団や生徒指導委員会、管理職と共有して複数教員で見ていくようにする。兄弟姉妹がいる場合は複数の情報を合わせてケース会議を行う。みんなで温かくその子に声をかけ、見守るようにする。それだけで、子どもは安心できることもあるし、虐待が明らかになった場合には学校はすぐに**関連機関と連携して**子どもの安全を確保する必要がある。

学級のなかで落ち着きがなかったり、集団行動が取れずにトラブルが多発したりするような子どもも気になる。その子どもだけのせいでないこともありうる。家庭の様子もよく把握したうえで判断して指導する必要がある。身体的虐待だけでなく、心理的虐待のケースも考えられる。経済的な家庭環境が整わず貧困がゆえに虐待に結び付くことも多いが、決してそれだけが原因ではないケースも見受けられる。経済的に裕福であっても、心情的に豊かに愛情を受けているとは限らない。理想を押し付けられながら、親の期待に沿えないことから自己尊重感が持てないケースもある。だからこそ、学校では公平にすべての子どもに愛情を注いで、あるがままの存在を受け入れて教育することが必要なのである。

やがてその子どもが成長して、子育てをする立場になったとしたら、決して同じ過ちを犯さないように、自分と同じ悲しい思いをしないようにと願う。教師の仕事は、その子どもにたった数年しか関われないとしても、その子の人生の重大な一部分に関わる責務があると思って、真剣に向き合うことを忘れてはならない。教師にとって忘れられない以上に、子どもにとっては先生との出会いは忘れられないものなのではないだろうか。

4　家庭や関連機関との連携

懇談会では

学校と家庭の連携は日常的なものである。特別に設定した場面だけが連携ではないことは、ここまでにも述べてきたのでイメージが持てているだろう。

ここでは、公式に設定する懇談会の場面を取り上げてみる。懇談会には学年懇談会・学級懇談会・個人懇談会が考えられる。学年懇談会や学級懇談会は学期始めや授業参観の後に持たれることが多い。その日のテーマがあって話し合ったり、保護者同士の意見を交流してもらったりして学校の教育観に沿って共有してもらうことがねらいである。また、家庭での様子を教えてもらうことや保護者間の交流を深めてもらうことによって学校の教育活動の充実につなげることもねらいである。

特にここでは個人懇談会について心掛けておきたいことを中心に述べる。個人懇談会は小学校の場合、毎学期末の長期休業前に行うことが多い。通知表を見せたり学習評価について説明したりすることが中心となる。保護者は、「自分の子どものことを先生はどのように見てくれているのだろう」と期待と不安で教室に向かうのである。

まず、その保護者の心理を理解しておくことはとても大切である。詳細な評価の結果や内容を知りたいというよりも、担任の先生から見て子どもはどのように映っているのかを聞きたいのである。テストの点数がどうであろうが、作品の出来栄えがどうであろうが「〇〇さんのいいところは……」「いつもこんな風にがんばっているんですよ」というように、子どものいいところを理解してもらえているか、どういう眼差しで我が子を見てくれているのか、それに尽きるのではないだろうか。

課題ばかりを突き付けられたら、その通りであってもなかなか受け入れられないのが正直なところである。保護者対応が上手な先生は、子ども対応と同じで誰であっても相手意識をもって接することができるセンスを持っている。まずは相手を受け入れる、相手が何を望んでいるかを察する、言葉の引き出しが豊かである、そして一番伝えたいことを明確に伝える核心を持っている。個人懇談にはかなりエネルギーが必要である。しかし、保護者に会えることが楽しみに思えるのも担任の特権である。

評価・通知表の返し方

子どもの学校での様子、学習の結果を家庭に返すのが通知表の役割である。正確に学習の結果を記録するとともに、それを励みに子どもが次の意欲につなげる役割も果たしている。単に記号や数字だけでは表せないものがあり、そこで文章表記や総合所見が大切な役割を果たしている。個人懇談がそうであったように、通知表の所見もあとに残るものなので、まずは子どものよいところやがんばりを評価して記すようにする。特に具体的な場面や見取りがあると説得力もあるだろう。

観点別評価や総括的評価は、通知表の見方としてきちんと**説明責任**が果たせるような工夫が必要である。何を材料にどのような方法で評価しているのか、なぜその評定になったのか、一学期・二学期・学年末とどのように子どもの努力を見取ったのか、副表や補助簿も手元においてきちんと説明できるようにしておいてほしい。

また、学校組織として、矛盾した評価になっていないように、学年内・学年間での評価評定の基準の統一や、年度を超えての基準の改善や修正の有無なども共有しておきたい。保護者は前年度の担任や他学級との比較、兄弟間の担任の対応の比較など敏感になることもある。どんな場面でも毅然として、自信をもって、担任として責任を持って評価したことを誠実に回答できる準備をしておきたいものである。

そのためにも、評価については入念に何度も確認し、見落とすことがないようにする。最近は業務改善されて電子化されている場合も多いので、転記ミスすることは少なくなってきたが、子どもに手渡すまで緊張感を持っておきたい。そして、保護者に懇談会で話したことも念頭において、当事者である子どもに「よくがんばったね、ここがよかったよ」と声をかけて渡すようにしたいものである。

教育相談

子どものことで相談にのってほしいと思っている保護者は意外に多い。しかし、どのようなきっかけで誰に相談すればよいのかがわからないことも多いのである。教育相談といっても、ケースバイケースで誰に専門的なアドバイスをもらうのがよいかをマッチングさせるのには経験も必要である。窓口は、担任の先生であることが多い。大事なことは自分ですべて回答できることばかりではないので、必要があれば誰かにつないで、無責任に回答したり、ほったらかしにしたりしないことである。

例えば、学級内のことや学習内容のことであれば、まず具体的にできることを担任の立場で相談を受けてみよう。それでも本当に自分の回答でよかったのかどうか、学年の先生にも相談してみるとよい。補足したり修正したりしたほうがよければ早めに連絡をとってもう一度話をするようにする。また、学校全体に関わることや、子どもの心理的なケアや発達に関わるようなことは独善的に判断したり、勝手に関連機関につないだりしない。校内の養護教諭や管理職、専門的な立場のスクールカウンセラー（ＳＣ）やスクールソーシャルワーカー（ＳＳＷ）に相談をし、改めて相談場面を設定するほうが信頼されることも多い。きちんと学校組織として子どもの対応をしてくれていることが伝わるからである。

最近、学習に支援が必要な場合や、発達に関わる内容の相談も増えてきている。相談機関や個別の支援に関する内容に詳しい保護者も増えてきている。専門的な知識について教師もしっかり研修して身に付けておくことが必要である。校内での意思疎通や見解について共通理解しておくことも増えてきている。気にかかる子どもの情報については、校内で十分に情報共有し、担任の役割、担任以外の者の関わり方など、**個別の指導計画**をもとに計画を立てて取り組むようにする。個別の指導計画を作成するのは、あくまでも担任であることを自覚し、責任を持って正しい情報を捉え、校内や関係機関の助言をもとに、自学級においてどのように**合理的配慮**を具体化させるかが重要である。

また支援の必要な子どもへの個別指導のみならず、その子どもも含めた学級集団をどのように育てるかも重要である。そのこと自体が支援となりうるからである。支援を必要とする子どもが決して孤立することのないように、一人ひとりが大切にされる存在として受け入れられる学級集団づくりを目指したうえでの、個別の教育相談と捉えるようにしたいものである。

第八章　中学校の学級経営で大切にしたいこと

1　子どもたちの学級への「願い」を原点にする

子どもたちは学級に何を求めているのか？

「学級経営で大切にしたいこと」というテーマに迫るため、まずは子どもたちの学級に対する「願い」に耳を傾けることからスタートしたい。学級経営で大切にすべきことは何かという問いの答えは、目の前の子どもたちこそがもっていると考えるからである。

○子どもたちが考える理想の学級像の質問紙調査(1)

※回答内容を、「頻出語」を中心にして整理している。また、「中学生の願い」をより鮮明にするため、小学六年生と高校一年生にも同様の質問を実施した。

【Q1】「あなたが考えるよい学級（理想の学級）とは、どんな学級ですか？」

【A1：小学生】みんなの仲がよい（男女関係なく）／楽しい／明るく元気／話し合える／助け合える／協力

し合える／優しい／自分の意見を言い合える／笑い合える／みんなで解決できる／注意し合える／毎日学校に行きたいと思える／けじめがつけられる／ダメなことはダメと注意しお互い高め合える／問題を話し合いで解決できる／いじめや仲間はずれがない／友達の失敗を笑わない

【A1：中学生】個性が尊重される／明るく楽しく／男女仲良く壁がない／助け合える／協力し合える／居心地がいい／授業に集中して取り組める／支え合える／メリハリがつけられる／遠慮せず笑い合える／自分の意見を自由に言い合える／本音をみんなが出せる／仲間はずれがない／いじめがない

【A1：高校生】仲がよい／話し合える／教え合える／学び合える／助け合える／笑い合える／高め合える／注意し合える／全力で取り組める／メリハリがある／人の違いが認められる／一人一人の個性が尊重される／楽しい学級／楽しめるクラス

【Q2】「（逆に）『こんな学級はアカン』と考えるのはどんな学級ですか？」

【A2：小学生】いじめがある／仲が悪い／陰口・悪口／男女差別／けじめがない／反応がない／自分の言いたいことが言えない／本音が言えない／ケンカ・暴力が多い／仲間はずれがある／先生に言われたことだけする

【A2：中学生】いじめがある／仲間はずれがある／差別がある／メリハリがない／授業に集中できない／静かすぎる／うるさすぎる／楽しくない／自分の意見が言いにくい／グループで固まり交流がない／いるのがしんどい／否定的な言葉が多い／人の個性を否定する／カーストがある／発言する人が決まっている／発言しても反応がない

【A2：高校生】いじめがある／グループが強固で異なるグループの人と話せない／カーストがある／一部

の人だけが楽しむ／誰かがいやな思いをしているクラス／権力の強い人がいるクラス／男女間だけでなく同性間でも壁があるクラス／居心地悪いクラス／誰かをバカにしたりする学級／クラス内に明らかな格差がある学級／必要なときに協力できない／同調圧力のあるクラス／授業と休み時間のメリハリがついていないクラス／けじめがないクラス／楽しくないクラス／楽な道に進もうとする／先生が楽しそうじゃない

【Q3】「小・中の九年間の学級をふりかえって、中学校の学級担任に期待することは何ですか?」（※高校生のみ質問）

【A3】生徒をちゃんと見ること。中学生や高校生は言葉に出さないで思っていることが多いから、どんどんため込んでしまう人がいるので、そこに気づいてあげてほしい／話を一緒に聞いてくれて考えてくれる／心に寄り添っていただけたらうれしいデス／生徒に対してフレンドリーに接してほしい／気軽に何でも相談したい／生徒に諦めずに寄り添ってほしい／頼ったときにしっかり返答してほしい／生徒の声を大切に受け止めること／独りぼっちになっている人をつくらないでほしい／生徒同士の関係を知ってほしい／生徒一人一人を見捨てず楽しい学級にしてください／何でも許してしまうと生徒が善悪の区切りがつけられなくなるので気をつけて／笑顔を絶やさないでほしい／生徒の影響でストレスがたまることがあると思いますが、自分で抱えず相談した方がいいと思います

【自由記述】

・質問です！「みんなが仲良いクラス」って必要なんでしょうか?　よくわからないんです。本当に必要なのか。（小六）

・勉強だけじゃなくて「心」の大切さを教える先生が増えてほしいです。コロナのこともあり教師たちの良くないことがニュースでよくあるけど、そんなのに負けないでほしいです。（小六）

・行事のときはみんなと力をあわせたい。でも、ふだんは自由したい（中二）

・全員が仲がよくてなくても誰も一人ぼっちにならないクラス、一人一人の意見を尊重し合い個性が認められるクラス、普通でよい（中三）

いかがだろうか。アンケート用紙に記載された子どもたちの言葉には、表現に巧拙はあっても、「一緒に〜し合える」「安心感ある心地よい人間関係と居場所」「一人一人が尊重され」「いじめがなく楽しい学級」への期待が伝わってくる。また、今を生きる子どもたちの理想の学級像は、校種・発達段階が上がるにつれて「願い」がより具体的に言語化されていく面もあるが、むしろ、校種を超えて何度も繰り返し同じ「願い」が登場することに気付く。「願い」が意識化されるのは、その「願い」が教室で実現していないということの裏返しではないか。逆に、「アカン」学級への回答は、これまでの自分の体験をふまえて、より具体的・現実的で切実である。また、高校生の小・中九年間の学級体験を振り返ってのメッセージには、中学校の学級経営の重要な視点とヒントがあるのではないか。

ところで、自由記述にある小学生の「『みんなが仲良いクラス』って必要なんでしょうか？」という問いにハッとさせられる。この言葉は、学校文化や担任の眼差しを内面化していた子どもたちが、リアルな人間関係で呻吟してきた経験から紡ぎ出された学級経営への本質的な問いではないか。そして、中学生の「全員が仲がよくなくても誰も一人ぼっちにならないクラス」「行事のときはみんなと力をあわせたい。でも、ふだんは自由したい」という言葉は、まるでその問いに対する子どもたち自身が考えた答えであるかのようだ。

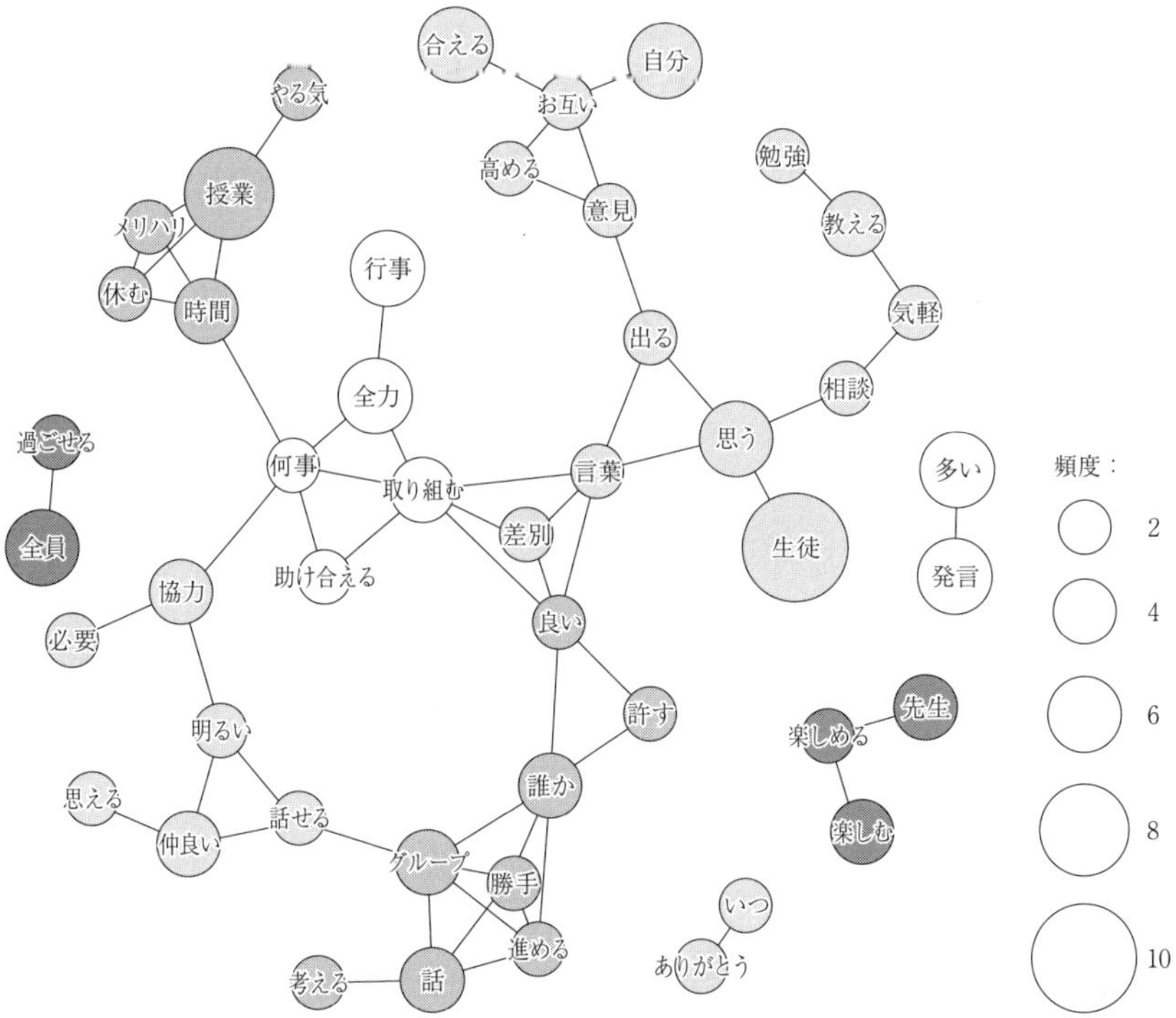

図8-1　「中学生の理想の教員像（自由記述）」の共起ネットワーク

子どもたちの回答はテキストマイニングの共起ネットワーク（出現パターンが似通った語のグループ）でも､「～し合える」「協力」「授業」「楽しむ」「全力」「全員」などの要素がグルーピングされることが確認された。自由記述の分析に際して、計量テキスト分析用ソフトウェア KH Coder で、特徴的な頻出語や階層的クラスタの分析、また、共起ネットワークの適用でグルーピングされた要素の分析結果も参照した。樋口耕一『社会調査のための計量テキスト分析――内容分析の継承と発展を目指して（第２版）』ナカニシヤ出版 2020 年。
出所：筆者作成。

調査データから浮かび上がる「願い」の背景

ところで、子どもたちの「願い」は、当然のことながら、同調圧力のなかでの息苦しさや生きづらさと密接に関係している。

かつて、滝充は「学級や学校のまとまりを意識するあまり、同質的な志向を持つ集団を形成しようとしたり、教師の権威や集団主義的な秩序を強制しようとするとき、生徒はそれに反発を感じ逆にストレスを高めていく[2]」と分析した。同様に、土井隆義も「人びとに過度の熱いつながりを強要し、一致団結を求める態度は、みんなと違うことを悪とみなし、運命の共有を強要し、そこから外れて振る舞う人間を断罪しかねない危険をはらんでいる。強い絆や一致団結を求める圧力はその本来の多様性を否定しかねない圧力へと転じる危険を秘めている[3]」と洞察した。本田由紀も「垂直的序列化」（相対的で一元的な能力に基づく選抜・選別・格づけ）と「水平的画一化」（校則や道徳で特定のふるまい方や考え方を全体に要請する圧力）という二つが「日本の教育の根本的問題[4]」で、その結果、息苦しい学校となり不登校やいじめの問題を引き起こしているのではないか、と問題提起している。

関連して、中央教育審議会の答申（『令和の日本型学校教育』の構築を目指して[5]）でも、学校の「みんなで同じことを、同じように」を過度に要求する「同調圧力」が、結果として「いじめなどの問題や生きづらさをもたらし、非合理的な精神論や努力主義、詰め込み教育等との間で負の循環が生じかねないということや、保護者や教師も同調圧力の下にあるという指摘」を紹介している。

真の多様性につながる学級経営

先ほどの土井は、「いま私たちが目指すべきなのは、内部で閉じた強固な結束ではなく、緩やかに外部へと開かれたつながりではないでしょうか」また、「他人の反応が羅針盤の役割を担うようになったことや価値観を共有できる者同士で島のようなグループを作り、そこに安定を求める傾向が強くなっている」現状をふまえ、「自分の居場所を閉じずに複数つくること」[6]が大切ではないかと問いかけている。本田は、「様々な異質な他者を尊重し、新しい発想や挑戦を受け入れ称賛するような柔軟性を拡大する〝水平的多様化〟への転換」[7]を提起している。同様の提案は多く、伊藤亜矢子は、多様性が認められる学級づくりには「大人（教師）自身がモデルになること、自分事として考えるための仲間づくり、多様な体験をすること、知ること・学び合うこと・助け合うこと」[8]が重要であると指摘している。

また、全国でもきわめて自殺率の低い町の現地調査を通して、岡檀は「弱い紐帯のポジティブな効果と、強い紐帯がもたらすネガティブな効果」を抽出し、特に「いろんな人がいてもよい、いろんな人がいた方がよい」「どうせ自分なんて、と考えない」「ゆるやかにつながる」などの自殺予防因子を析出している。[9]学級（学校）というコミュニティと一見無縁に思われる〝生き心地のいい町〟からも、学級経営で大切にすべき共通の視点が示唆される。

なお、マッキンゼーが世界の主要企業を対象にした Diversity wins という調査結果では、多様性が企業パフォーマンスや実利に直結していることを証明しており、[10]「多様な人材で構成されるチームのほうが解決の選択肢が多く、難題への対応能力が高い」「新しい発想に寛容」、そして、「似たもの同士の方が、摩擦は少なく、居心地もいい。でも緊張感がある方が『違った発想』が生まれる。成長を目指す時にこそ必要なものです」という。

心理的安全性

多様性が尊重される安心と信頼の居場所というと、ベテラン教員は、蒔田晋治の詩「教室はまちがうところだ」[11]を思い出す人もいるかと思う。

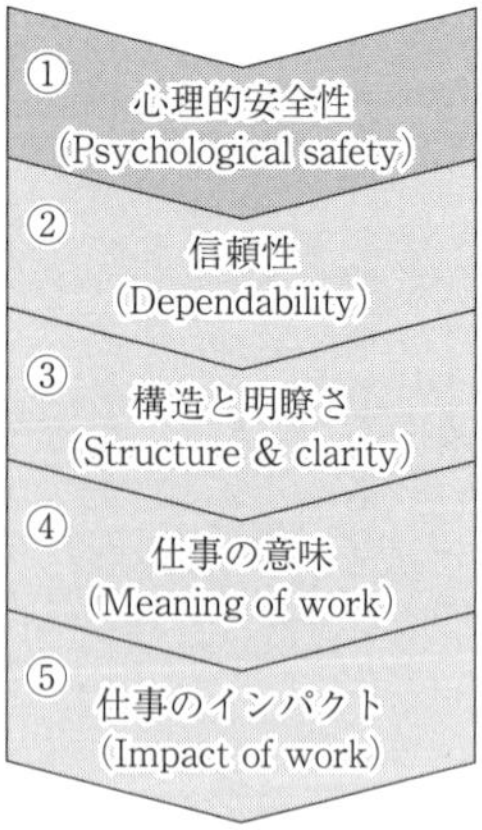

図8－2　成功へと導く5つの鍵

出所：Rozovsky, J., "The five keys to a successful Google team," 2015 をもとに作成。https://rework.withgoogle.com/blog/five-keys-to-a-successful-google-team/（2022年3月3日閲覧）

教室はまちがうところだ／みんなどしどし手をあげて／まちがった意見を言おうじゃないか／まちがった答えを言おうじゃないか／まちがうことをおそれちゃいけない／まちがったものをわらっちゃいけない／まちがった意見を／まちがった答えを／ああじゃないかこうじゃないかと／みんなで出しあい言いあうなかでだ／ほんとのものを見つけていくのだ／

そうしてみんなで伸びていくのだ〔…〕

こうした安心感のある学級をつくるうえで、Googleの研究で注目を集めた「心理的安全性」[12]は重要な視点だ。Googleは優れたチームをつくる要因の研究で、成功へと導く五つの鍵を析出したが、なかでも「心理的安全性」の重要性は群を抜いており、それは他の四つの土台だと説く（図8－2）。心理的安全性とは「チームにおいて、他のメンバーが自分が発言することを恥じたり、拒絶したり、罰をあたえるようなことをしないという確信をもっている状態であり、チームは対人リスクをとるのに安全な場所であるとの信念がメンバー間で共有された状態」とされている。

また、優れたチームに共通した特長は、各メンバーがそれぞれ対等の立場で発言できる環境があること、優れたチームはすべて高い社会的共感性を持っていること、チームに備わっている空気のようなものが雰囲気に大きな影響を与え、ひいてはその空気がチームとしてのパフォーマンスに影響を与えていることなどを明らかにした。

ただし、この概念を最初に提起したハーバード大学のエイミー・エドモンドソンは、「信頼と心理的安全性」に言及して、「多くの共通点があるが、その概念を置き換えることはできない。最大の違いは、信頼はあくまでも個人間の関係だが、心理的安全性は、集団で共有され、集団全体の行動に影響を与える[13]」という。「個人はなかなか変わらない、ただし組織文化を変えることで、そこにいる個人は大きく変わる。それゆえ、心理的安全性は非常に重要なのだ」という指摘は、学級経営を進めるうえで大きなヒントになる。

今必要なのは「みんなちがって、たいへんだ」

ところで、「多様性を尊重しよう」といいながら、私たちは無意識のうちに異質排除の実践を進めていることはないか。

平田オリザは『わかりあえないことから』のなかで、多文化共生はけっしてなまやさしい事柄ではなく、「みんなちがって、たいへんだ[14]」という。平田は、社会や学校でのコミュニケーション能力がダブルバインド（二重拘束）の状態にあると指摘する。「異文化理解能力」が要求される一方で、それと矛盾する「意図を察する、空気を読んで反対意見を言わない、輪を乱さない」という能力を要求されており、しかも、何より始末が悪いのは、これを要求している側が、その矛盾に気が付いていない点だと鋭く看破する。関連して、鷲田清一はこの本に寄せて「他人と同じ気持ちになるのではなく、話せば話すほど他者との差異がより微細にわかるようになること、それがコミュニケーションだ」という。

残念ながら、私たちは、「同質集団で物事を決める方が実行力は確実に高い」と感じるため、無自覚のまま、平田の指摘するダブルバインドの思考に陥っていないだろうか。その教員のホンネとタエマエを子どもたちは鋭く見抜き、自分のモデルにしてしまう。

今私たちに必要なのは、子どもたちの最大の不安と恐れ（憂懼《ゆうく》）である「いじめ」を予防するためにも、「人は心からわかりあえない、すぐには」「人は心からわかりあえない、初めからは」[15]ではないか。

多様性（ダイバーシティ）と包摂（インクルージョン）は、理念が美しいだけに、私たちの思考を停止させる可能性がある。最初に「みんなちがって、みんないい」という聞こえのいい言葉で〝あるべき論〟を説くのではなく、「みんなちがって、たいへんだ」という認識とマインドを、子どもたちも教員も深く共有化し、広く浸透させることこそが問われている。

今後、日本はますます多様性社会に向かう。他人の立場に立って相手を思いやる心、「他者の靴を履いてみる」[16]ことによる共感、教室にはいろいろな子どもたちがいるという想像力が大切となる。

ただし、ブレイディみかこは、「自分の靴を履く、つまり、〝自分は自分であり、自分の人生を生きるんだ〟という軸をもっていないと、自分とは異なる他者の軸も認められなくなります。そうなると、同調圧力が強まり、シンパシーを得られない状況では言いたいことが言えない、非寛容で息苦しい……という空気感が生まれてしまいます」[17]と指摘する。さらに「みんなが自分の靴を履いている社会では、衝突も多発」するが、「時には自分の靴を脱いで他者の靴を履いてみながら、とことん話し合い、本音をぶつけ合い、〝まあこれでやっていくか〟という落とし所をみんなで決めていく。この合意形成のあり方こそ、本当の意味での民主主義」と語る。この「意見の異なる相手を理解する知的能力」である共感（エンパシー）は、シンパシー（「いいね！」といった直感的な感情）と異なり、訓練すれば身に付けられる。関連して、ルトガー・ブレグマンは、「自らのアイデンティティを保持できて初めて、偏見を排除できる」[18]と語る。こうした知見を踏まえると、学級担任には、学校という場が「子どもたちは未完成な存在とみなされ、現実の世界から隔離されて、アイデンティティの確立を先延ばしにされている（〝アイデンティティが宙づりにされている〟）」[19]という現実への洞察が重要となる。違いによって生まれる対立やジレンマに対処できる包摂的（インクルーシブ）な学級を追求し、誰もが幸せに過ごせる学級へと進化させたい。

なお、学習指導要領（二〇一七年）には初めて「前文」が置かれたが、そのなかに、「これからの学校には、こうした教育の目的及び目標の達成を目指しつつ、一人一人の児童（生徒）が、自分のよさや可能性を認識するとともに、あらゆる他者を価値のある存在として尊重し、多様な人々と協働しながら様々な社会的変化を乗り越え、豊かな人生を切り拓ひらき、持続可能な社会の創り手となることができるようにすることが求められる」と明記された。

2　コロナ危機が学級経営に問いかけたこと

一〇〇年に一度と称されて歴史に刻まれるコロナ危機（二〇二〇年〜）は、学校や教師の果たしてきた意味と役割をも浮き彫りにした。しかし同時に、以前からあった学校をめぐる問題や脆弱性を顕在化させたのも事実である。

中教審答申（前掲『令和の日本型学校教育』の構築を目指して」）では、学校は、「学習機会と学力を保障するという役割のみならず、全人的な発達・成長を保障する役割や、人と安全・安心につながることができる居場所・セーフティネットとして身体的、精神的な健康を保障するという福祉的な役割をも担っている」と、学校の果たしてきた意義をあらためて確認した。

このコロナ危機で明らかになった学校の役割と学級経営とは〝相似形〟の関係にある。

私たちに子どもたちが見えているのか？

コロナ危機の悪戦苦闘のなかで、ある教員から「ふと気が付くと、コロナを意識するあまり監視的な言動・眼差しが強くなっていて、そうした自分に気付いたとき、ゾッとした」「コロナによる混乱時も、こうあらねば、こうあるべきとの思い込みが強かった」と語ってくれた。

関連して、国立成育医療研究センターの調査の結果[20]、コロナ禍で「中等度以上のうつ症状」が、小学四～六年生の一五％、中学生の二四％、高校生の三〇％にあるという衝撃的なデータが公表された（図8‐3）。

また、子どもたちの悩みは図8‐4のグラフのとおりである。あなたの学校の状況はこのグラフと比較してどうだろう。残念ながら、こうしたデータを自校で継続的に調査している学校は、まだ多くないのではないか。

さらに、この調査報告書には「保護者も約三割に中等度以上のうつ症状がある」やコロナに関連した偏見・差別意識（スティグマ）の強さなども紹介されている。また、同センターの「コロナ×こどもアンケートその4――悩んでいること・困っていること」には、「なぜイライラしてしまうか、わからなくてイライラする」「経済的にも家が苦しくなったり、家の雰囲気もピリピリしている」「コロナになったら、いじめられないかな」「精神的に不安定になって、死にたくなってしまう[21]」などの子どもたちのリアルな声が紹介されている。

この子どもたちのストレスの大きさ・深刻さは、「正常性バイアス[22]」とも関係しながら〝形状記憶合金〟のようにいかに元に戻すかへと強くドライブがかかるなかで、「教室の子どもたちが見えているのか」「心の叫びを受け止めているのか」という根本的な〝問い〟を突きつける

中原淳らは、異例の全国一斉休校時の実証的なデータ分析を通して、学校が「健康保障」「つながり保障」「学び保障」の三つの機能を持つことを明らかにした。また、元気がないときに励ましてくれる人、悩みや不満を聴いてくれる人、悩んでいるときにアドバイスをしてくれる人、雑談して笑い合える人が、「いなかった」（サポー

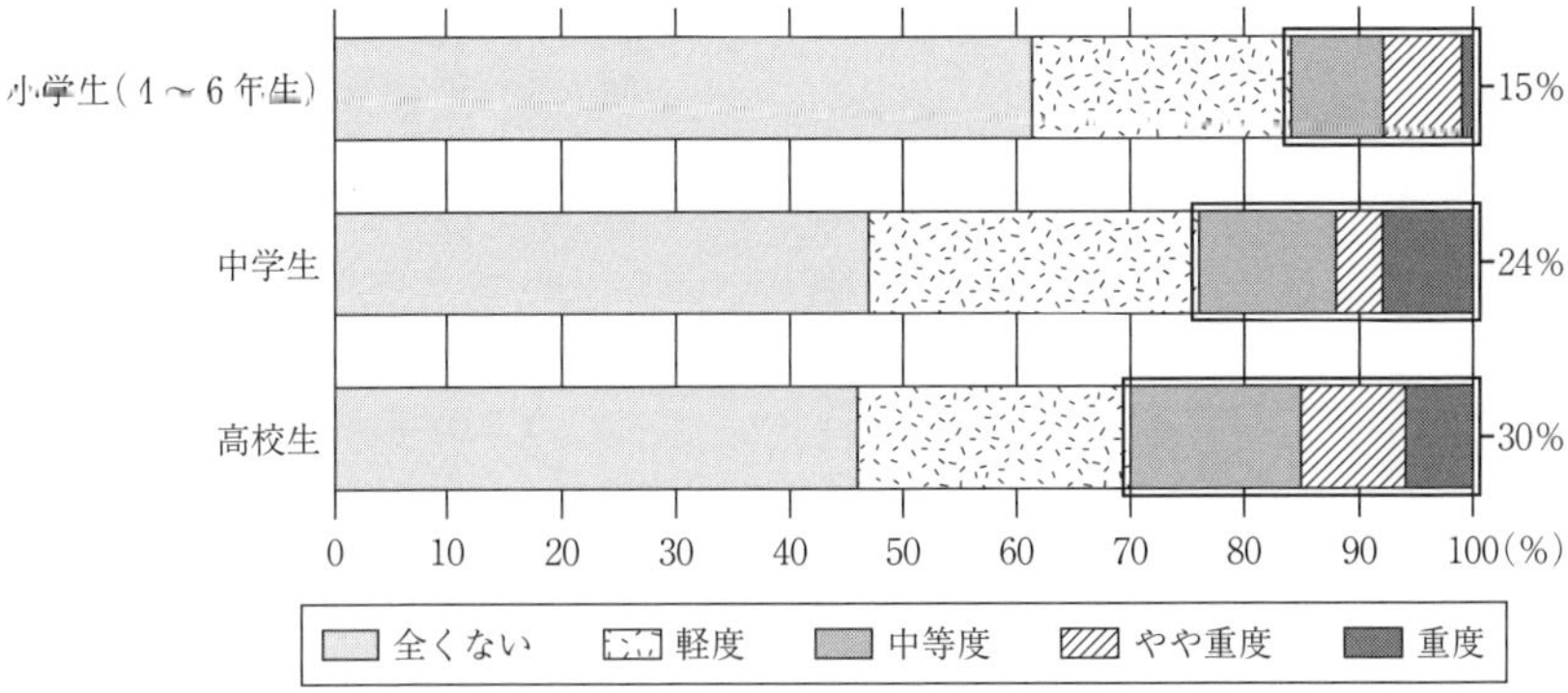

図8－3　子どもたちのうつ症状

出所：国立成育医療研究センター「コロナ×こどもアンケート」第4回調査報告書、2021年。

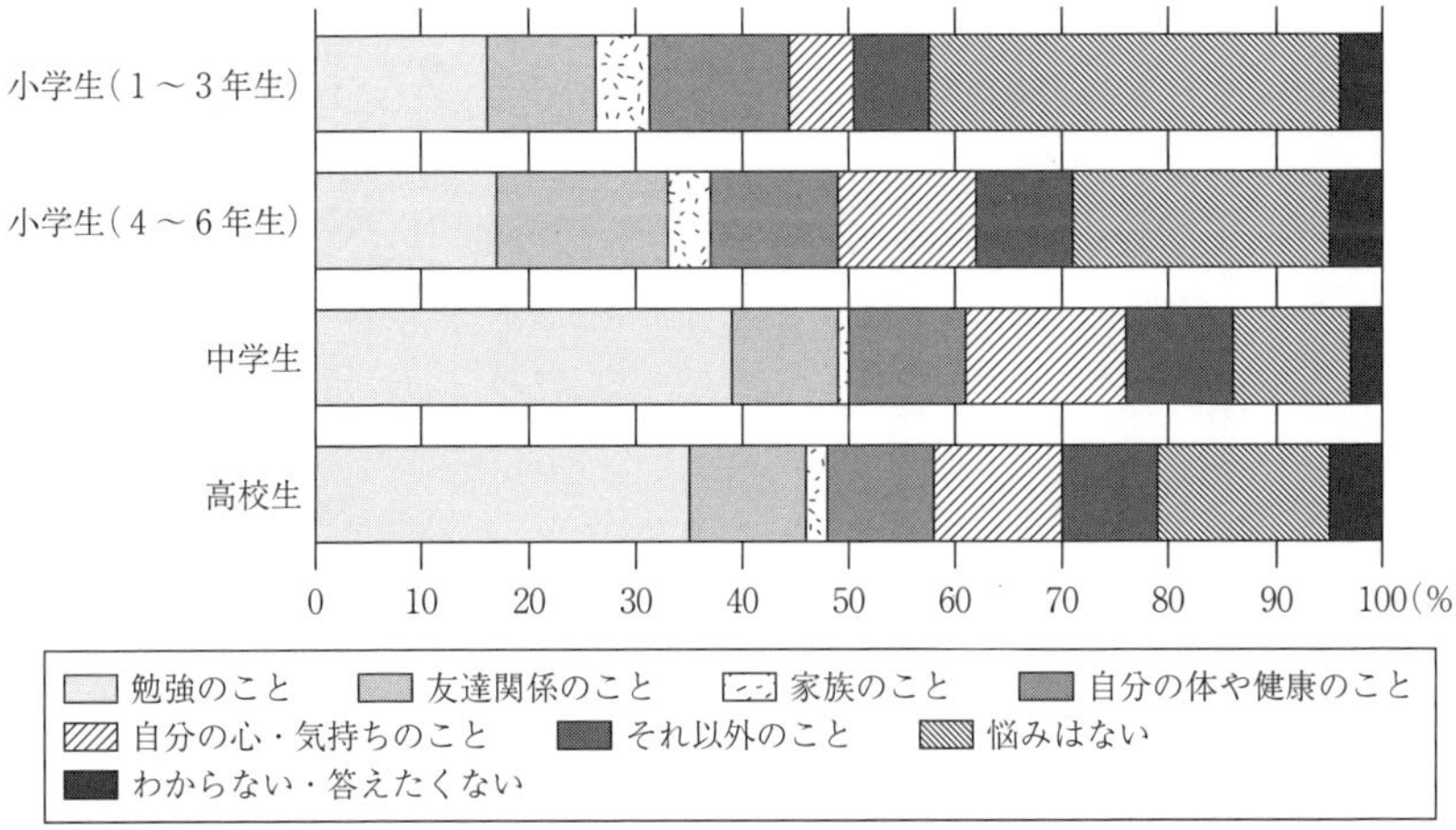

図8－4　子どもたちの悩み

出所：図8－3と同じ。

トが得られなかった）と回答した高校生が各項目とも約二〇％いたこと、「学校での受容感」（学校生活を楽しんでいる、学校で他者との関係を築けている）が、学びの継続（学習時間、成長実感）や心身の健康（ストレス反応）に大きな影響をもたらしていることなどを析出した。[23]

なお、人類史をふまえながらスマホの持つリスク（うつや睡眠障害などの発症、集中力の低下）を紹介しているアンデシュ・ハンセンの『スマホ脳』[24]の知見と「コロナ×子どもアンケート調査報告書」を重ねると、子どもたちの健康保障・ケアの問題の重要性が強く再認識させられる。

残念ながら、こうした子どもたちの生きづらさ、苦悩の延長上に、二〇二〇年、小中高生の自殺が過去最多を記録したのである。[25]

3　学級担任は何に困り、何に負担を感じているのか

子どもたちへの調査と同様、中学校の先生方にも学級経営に関する調査を行った。[26] 質問に対して、多くの先生方が次のように回答した。

【Q】「どんな学級をめざしておられますか？」

【A】子どもたちの心に寄り添う学級経営／いじめがなく明るく楽しく笑顔のある学級／居心地のよい安心と信頼感ある学級経営／違いが認められ多様性が尊重される学級／〝ほどよい〟広がりと深まりが感じられる人間関係／行事などの学級活動を感動と達成感で成功させたい／一人一人の進路実現を個人戦ではなく団体戦として取り組んでいる／協働的な学びや行事を実現したい／自立と貢献をめざしている／笑顔で卒業さ

せたい　……

第一節で検討した子どもたちの「学級の願い」と重なり共鳴し、子どもたちの大きな成長を願う担任の熱い思いが伝わってくる。また、「今、学級担任として困っていること、負担感は何ですか？」とも尋ねているが、集計した結果、次の三点が浮かび上がった。

①　生徒との関係性、不登校や問題行動などの理解と対応

②　保護者との関係（多様な苦情や理不尽な要望への対応、連携と協働）

③　授業準備（時間がない、また、専門教科というよりも学級担任が担っている総合や道徳などの教材研究が大変）

※その他　多様な業務の重なりで心身に余裕がない（とにかく人が欲しい）

この「困り感・負担感」の上位にランクされた三点は、みなさんの困り感・負担感と重なるだろうか？　また、「困り感・負担感」の心境もお伺いできた。

ちょっと教室への距離が遠く感じて足取りが重い／表面的には落ち着いているが、人間関係のトラブルが続いている／今、子どもたちとの関係性に悩んでいます。こんな経験は教師になって初めてです　……

過去の優れた成功体験が結果として次の成功を阻み、方針転換ができにくい「成功の復讐」という言葉を想起するベテラン教員もいた。行き詰まったら俯瞰的な視点で、アンラーン（Unlearn：学びほぐし、過去の学び・成功

体験を手放す）することも必要なのかもしれない。

このテーマに関連して、横浜市で実施された「教員の働き方や意識に関する調査」（学級担任に限定された調査ではないが）[27]では「教員の抱える悩み」は、上位から①「授業の準備をする時間が足りない」、②「仕事に追われて生活のゆとりがない」、③「保護者との関係」、④「児童・生徒との関係」と続き、今回の調査と大きく重なる。なお、ＯＥＣＤ国際教員指導環境調査（TALIS 2018）でも「教員のストレス」を調査している（図８－５）[28]。

この結果に対して文部科学省は、「日本の中学校教員は、『事務的な業務が多すぎること』、次に『保護者の懸念に対処すること』についてのストレスが高い。また、『採点業務が多すぎること』『多大な授業準備があること』等は参加国平均と比べて特に低い」とコメントしている。

保護者対応に苦慮している事実は共通しているが、いくつかの点で異なる点がある。それはなぜか？　考えてみるとＴＡＬＩＳ調査には、私たち日本の生徒指導・生活指導の概念と実践範囲が異なること、また、日本の教員が担っている部活動はその選択項目さえないことなどに気付く。このことは、国際調査の単純な比較による結果から、国や自治体レベルの政策や学校レベルでの対策を導き出すことの危険性を示唆しているのではないか。

神林寿幸も働き方改革を進めるために、「今日の日本の教員にとって負担の大きい業務」の実証分析を試みている[29]。その結果、明らかになったのは、「これまでの通説では、日本の教員に心理的負担をもたらす業務として、事務処理などの周辺的な職務に焦点が当てられてきたが、生徒指導という本来的な業務もまた、日本の教員に負担をもたらしていること、特に、今日の教員の心理的負担増大の背景として、不登校や発達障害など教育を行う上で特に配慮が必要な児童生徒の増加や、ひとり親世帯という生活が困難な環境に置かれた児童生徒の増加がある」という、従来見落とされてきた視点を実証的に析出したのである。そのことから、「負担をもたらす業務とされてきた事務処理などの周辺的な職務が仮に改善されても劇的に教員負担を進展することは難しい」という重

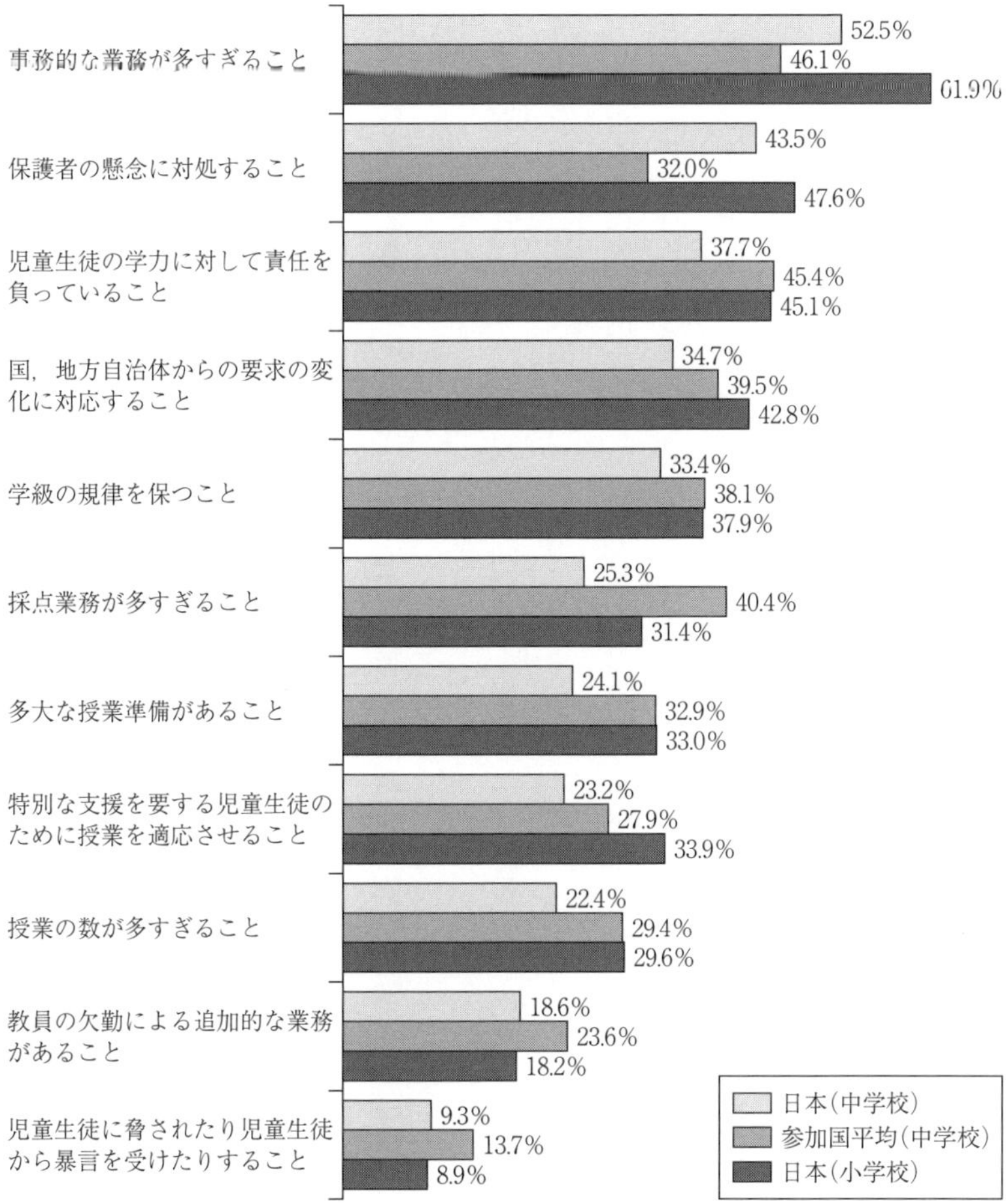

図 8－5　教員のストレス

出所：国立教育政策研究所「OECD 国際教員指導環境調査（TALIS）2018 報告書 vol. 2 のポイント」2020 年 3 月 23 日。

要な知見を紹介している。

子どもたちの事実と願いを原点にした学級経営は、学級担任の困り感・負担感の改善・解決につながる

目の前にいる子どもたちの事実と願いに真摯に向き合い、「子どもたちを主語にして伴走」する学級経営は、子どもたち一人ひとりと集団の成長を促し、人間関係・信頼関係を深め、安心感ある居場所を形成する。「子どもたちは見えにくい」という自覚を持ちながら、思春期のドラスティックな変化が引き起こすさまざまな問題行動や人間関係のトラブルを子どもたちと一緒に考え読み解き対応する姿勢が、子どもたちや保護者からの信頼感を高める。その結果、担任の困り感・負担感の上位の「生徒との関係性」「保護者との関係」を改善・良好にする。

そうだとすれば、今、学級経営で問われているのは、一見、厳しい否定的な事象のなかにも、それを克服する肯定的な要素を見つけ出し、ピンチの局面をチャンスに切り替えること、そのために、単なるハウツーではない子どもたちへの共感的な眼差し、子どもたちの「見方・考え方（人間観、教育哲学）」を研ぎ澄ますことではないか。学級経営のあり方は、学校教育のあり方そのものに深く関わっているのである。

また、山口周は、現在のように未来が不確実な時代、〝ＶＵＣＡ〟[30]の時代には、「ＷＨＡＴ＝目的は何か?」「ＷＨＹ＝理由：それはなぜ重要か?」が組織を方向づけ、モチベーションを引き出し、他者をエンパワーするという。これまでの「ＨＯＷ＝どうやってやるのか」を示して他者に指示・命令するリーダーシップだけでは、経営は行き詰まる。そして「ＷＨＡＴ」の大事な要件は「共感できる」ということだと指摘する。この「意味と共感」の重要性は、学級経営でも同様である。

中教審答申（二〇二一年）で注目されている「子供を主語にして伴走」で思い出すエピソードがある。私はかって視覚障がい者の長距離走を〝伴走〟した経験がある。事前の研修で、良い伴走者とは、障がい者ランナーが安心して走れること、視覚障がい者が言いやすい雰囲気作りをいつも考えること、状況判断力や具体かつ的確な指示が必要で、速く走れるだけでは務まらない、と教えられた。障がい者ランナーと伴走者をつなぐものは〝きずな〟と呼ばれる一本のロープである。さて、本番当日、スタート地点で不安がよぎる。引っ張りすぎても、引きずられてもいけない、微妙で繊細な距離感が問われる。だが徐々に呼吸が合い走るリズムがシンクロすると、その〝きずな〟を通して何だか心地よい安心と信頼が伝わってくる。……伴走者を学級担任と置き換えると、学級の子どもたちの関係とも通底するところがあるように思える。

あらためて、学級経営の「主語」を子どもたちへ転換し、リフレーミング（物事をみる枠組みの変更）する意味は大きい。今や「変わることよりも変わらないことのリスクが大きい」時代である。大変な日々であるが、子どもたちの理解が深まり信頼関係が深まるなかで、担任としてのワクワク感が高まることを願っている。

第九章　学級課題や担任の困り感・負担感の改善・解決

「子どもたちの願いを大切にする学級経営」と「担任の困り感・負担感の軽減」は、なんら矛盾することではなく、むしろ表裏一体の関係として統合できるのではないか。本章では、学級担任の困り感・負担感の上位にランクした「生徒との関係」「保護者との関係」「授業準備」という三点のテーマをとおして、少しでも担任の困り感・負担感を減らすと同時に、目的である子どもたちの願いの実現を前進させる方策を検討したい。

一　いじめ・不登校の理解・対応と生徒との関係性

1　いじめの理解と対応

前章で小・中・高校生から共通して学級からなくなってほしい、なくしたいと語られた「いじめ」。しかし、文部科学省の認知件数のデータは、毎年、過去最多件数を更新してきた（図9-1）。ただし、二〇二〇（令和二）年度は、大幅に減少している。その理由を文部科学省は、コロナ危機の中で学校活動の制約により児童生徒間の

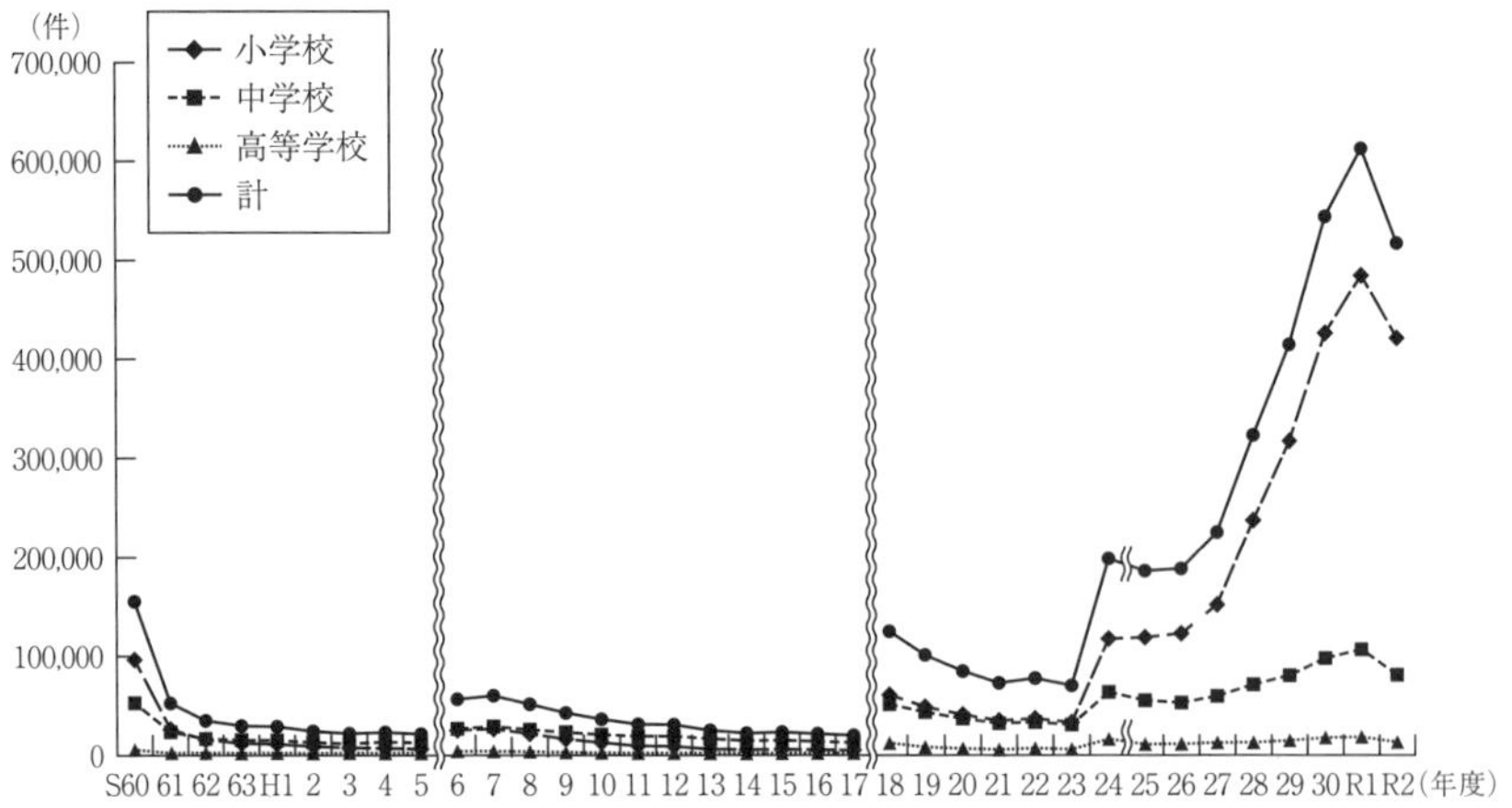

図９－１　いじめの認知（発生）件数の推移

出所：文部科学省「令和２年度　児童生徒の問題行動・不登校等生徒指導上の諸課題に関する調査結果」2021年。

注：グラフの波線は、調査方法の変更等を示す。

物理的な距離が広がったことや例年よりも授業日数が減少したことなどをあげている。同時に、発見できていないいじめ（1）がある可能性にも考慮して、引き続きいじめの早期発見、積極的な認知、早期対応に取り組んでいくことが重要であると説明している。

このいじめの定義は、いじめ防止対策推進法の施行に伴い二〇一三年度以降、「児童生徒に対して、当該児童生徒が在籍する学校に在籍している等当該児童生徒と一定の人的関係のある他の児童生徒が行う心理的又は物理的な影響を与える行為（インターネットを通じて行われるものも含む。）であって、当該行為の対象となった児童生徒が心身の苦痛を感じているもの」（なお、起こった場所は学校の内外を問わない）と規定される。

しかし、この定義では、「いじめられた子どもの立場で判断する」ことが徹底される一方で、被害者が「いじめでない」と認識・主張すれば、客観的な状況があるにもかかわらず「いじめでない」とされることにつながる。また、いじめの定義が変更されるたびに認知（発生）件数が変わっていることに注意が必要である。さらに、子どもたちに

「いじめられる側にも問題はあるか」と尋ねると、一定数の子どもは必ず「ある」と答えるが、「人権を侵害される側に問題はあるか」と聞き方を換えてみると、「問題はある」と答える子どもは、ほとんどいなくなるという。[2]

いじめの定義で事実が変わるのではない。重要なことは定義に該当するか否かという判断ではなく、起こっている「事実」への迅速で的確な対応である。

「いじめはいけない」と語るだけでは、解決しない

では、このいじめ問題をどのように捉え、どのように対応したらいいのか。これまで、中学校では、いじめの実態とその構造、傍観者や観衆の問題、いじめによる被害者の心の苦しみ・心情などを考え、いじめの非人間性・虐待性・犯罪性などの理解を深めてきた。

しかし、いじめは止まっていない。海外での事例を参考に、いじめ加害者への法的手段の見直しや、加害者にこそカウンセリングが必要などの声も強まっている。また、以前から学級の濃密性・閉鎖空間が原因なので学級解体を、という声もある。しかし、日本的な学級集団が形成されていない海外でもいじめは深刻である。いじめの国際比較は文化が異なる点などに留意が必要であるが、例えば、ＴＩＭＳＳ調査（「私の外見について意地悪なことを言われた」「私についての意地悪で傷つけるものがインターネットで広められた」などの一四項目で構成された質問紙調査）の結果、むしろ日本の中学二年生のいじめが「まったくまたはほとんどない（never or almost never）」の割合が他国と比べてきわめて高いという結果が示された。[3] また、ＰＩＳＡ調査の「いじめの被害経験」指標の結果も同様の傾向で、日本のいじめ被害は質問項目によって凸凹はあるものの、ＯＥＣＤ平均と比べて多くないことがうかがえる。[4]

このいじめ問題の解決が容易でないのは、「問題を生み出すシステムが開放系になっており、現象として目に

見える範囲以上に広範囲かつ多様な因果関係によって引き起こされている問題」だからであり、「単純な原因と結果という見方だけでは困難」だというシステム思考の視点の必要性とも関連しているのではないか。[5]

未然防止・早期解決への実践的視点

中井久夫は、いじめかどうかを見分ける最も簡単な規準は、「立場の入れ替えがあるかどうか[6]」だという。中井が洞察したいじめの三段階（人間を奴隷にしてしまうプロセス）の「孤立化→無力化→透明化」を防止するのは、私たち教員である。教員が介入せず、傍観者が何もしないままだと、加害者は自分の行為が承認されていると誤解してしまい、被害はより深刻になってしまう可能性がある。子どもたちのメッセージを見落とすことなく真剣に向き合いたい。

関連して、第八章で、同調圧力のなかでの息苦しさや生きづらさを考え、今必要なのは、「みんなちがって、たいへんだ」であると提案した。いじめを根本的になくすことは困難だが、多様性が尊重され、心理的安全性が高い、楽しい教室は有効ないじめ対策になる。

ここでは、学級担任として参考になると思われるさまざまな実践的な知見・視点を紹介する。

岡本茂樹は、「いじめは人間として最低の行為だ。絶対にあってはならないと思わせる手法では、一時的な効果はあっても、まったく深まりがない[7]」と述べる。そして、いじめ防止教育は、いじめられた子どもの心理からではなく、いじめた子どもの心理、いじめたくなる心理からじっくり考えることから始めて、最後に、いじめられた子どもの心理を考えさせれば、いじめに対する理解はぐっと深まると提案する。「加害者の視点だからこそ、本音が出せます。本音が出ないと、自分の内面と向き合えません、内面と向き合わない教育は、結局は表面的になってしまい、何かを得たという学びの実感を子どもにもたらしません」と指摘している。

和久田学は、いじめ加害者の特徴として、「共感性のなさに基づくシンキング・エラー」(8)があり、それをどう正すかがポイントだという。シンキング・エラーとは、誰かを傷付けていても「遊びだ」「問題ない」「自分にはそうしてよい権利がある」などと捉える〝間違った考え〟である。また、学校風土・学級風土の良さも大事で、生徒が公平に扱われているか、価値観として多様性が尊重されているか、障がいのある子やＬＧＢＴの子などがクラスにいるのを「普通だ」と思える雰囲気があるか、と問いかけ、その学校・学級風土のカギを握るのは、教員の行動だと洞察する。また、いじめの加害者となる子どもの周囲には、「大人の悪いモデル」を見ているケースが多く（父が母を怒鳴りつけたり、子どもをたたいたりする行為が日常化している家庭環境など）、自分の行為を間違っていると気付けないのは、殴っておいて「愛情だから」と正当化する大人の存在が大きいと指摘する。一方で、いじめの加害者になる可能性がほとんどない子どもたちには、家庭や友達、先輩も含めて「良いモデル」の存在がある場合が多いとし、「人がいやがることをしてはダメだ、暴力は絶対ダメだ、と自然にわかっている子どもは、加害者になる可能性は低い」(9)という。まさしく、いじめは「大人の映し鏡」である。

医師の岩田健太郎は、「傍観者は、いじめの加害者ではない」(10)とし、「傍観者は許す。が、通報しろ」と提起する。「傍観者は許す。よくないけど、許す。その代わり、いじめの存在を教えろ、というアプローチだ。（一種の「司法取引」）こういう清濁併せ呑むアプローチのほうが、いじめ対策にはずっと効果的だとぼくは思う。そうではない、と言う人たちは、目にした問題すべてに〝傍観せずに〟立ち向かってくれればそれでいい。できないと思うけど」という。また、「大人社会がいじめ社会なのに、子供のいじめがなくなるわけがない」「多様性を認めないと、いじめが起こる。いじめとは要するに、多様性の全否定に他ならないからだ」、さらに「上から教わったことをそのまま丸暗記、は同調圧力の等質的な集団づくりに親和性が高い」など、重要な指摘を展開している。脳科学との関係で言えば、「脳内ホルモンが排除性や制裁、攻撃性を司るのが事実だとしても、それがいじめの本質的な衝動だから仕方がないという意見には頷けない」「〔なぜなら〕いじめを回避している人はたくさんいる。ホルモンが我々の行動を完全に規定しているわけではない証拠だ」と語る。

荻上チキは、「不機嫌な教室」（いじめが起きやすい）から「ご機嫌な教室」（いじめが起きにくい）にする次の「七つの解決策」[11]を提案する。①わかりやすい授業をする／②多様性に配慮する／③自由度を尊重する／④自尊心を与えていく／⑤ルールを適切に共有していく／⑥教師がストレッサーにならず、取り除く側になる／⑦信頼を得られるようにコミュニケーションをしっかりとる。

同様に、河村茂雄は、ルールが適切に共有され認められている、居心地がよいと感じられる教室ではいじめや不登校が減少、逆に、管理ばかりを強めた教室（管理型）、あるいは自由度だけは高いがルールが定着していない教室（なれ合い型）はバランスが悪く、次の五点はストレスを高めいじめを増加させると指摘する。①教師との関係（教師の指導が管理的・威圧的、特定の子どもだけが承認されている）／②授業がわからない、興味がもてない／③友達との関係（中傷や陰口が多い、ルールや規範が確立されていない）／④学級集団との関係（学級集団に親しみや帰属意識が感じられない／⑤学級生活の単調さ（毎日が単調で刺激が少ない）[12]。

「いじめと教師との関係性」で言えば、スクールカースト（同学年の児童や生徒の間で共有されている「地位の差」）を研究している鈴木翔も、スクールカースト現象を「生徒は〝権力〟として認識しているのに対して、教師は〝能力〟として力関係を認識しているため、いじめの培地であるスクールカーストの構造維持に教師が（無自覚のまま）加担してしまっている可能性がある」[13]と指摘している。

村山士郎は、もともと人間には攻撃性がそなわっていて、その攻撃性は人類が生きていくために不可欠なものだが、「イラダチやムカツキ、不安感や抑圧感をため込むと、その攻撃性は、いじめのように歪んで他者に向かって発揮される」[14]という。また、その歪んだ攻撃性は自分に向かうこともあり、それが、不登校や、自傷行為や、うつ症状などにあらわれているのではないか、と洞察する。村山の知見の、いじめや暴力行為、不登校が、日常生活に仕掛けられた〝ストレス〟から「他者攻撃・自己攻撃」に転化した「社会病理」（原因はひとつの要因から説明できない。個人的性格要因、家庭的要因、生活文化的要因、社会的要因、学校的要因などが複雑にからんで形成される）であるならば、いじめをなくすには、その歪んだ他者攻撃の源になっている子どもたちの内面に充満している匿名的なストレスや攻撃性のマグマとなっているムカツキや不安感を軽減していくことの重要性が理解できる。

この村山の知見で、私が思い出す生徒がいる。かつて、問題行動が多発している学校で、中学一年で長期の不登校生徒だったA男が、中二の大型連休明けに、大型バイクで暴走行為を繰り返し、大変な問題行動を起こすようになった。私は、最初、あの優しくて大人しいA男と、目の前の暴走行為を繰り返すA男が同一人物であることが、どうしても結びつかなかった。しかし、この村山の「不登校と問題行動をおこす生徒の根っ子の共通性」（ストレス、不安感や自己否定感など）という視点は、A男の問題行動の理解と対応に役立ったのである[15]。

この知見を前提に考えると、根本的には、子どもたちのストレスを強くしないことがいじめ問題解決の糸口となること、そして、第八章で考えた、教室に真の多様性が尊重され、心理的安全性が確保される学級・学校の重要性が理解できる。

2　不登校の理解と対応

今や、中学校の不登校生徒数は、一三万二七七七人、割合は四・〇九％で二四人に一人（令和二年度）、つまり、全国各地の学級には一人以上在籍している可能性がある[16]（図9-2）。

また、日本財団の調査（二〇一八年）では、「登校しても教室に入れない」「教室で苦痛に耐えているだけ」と

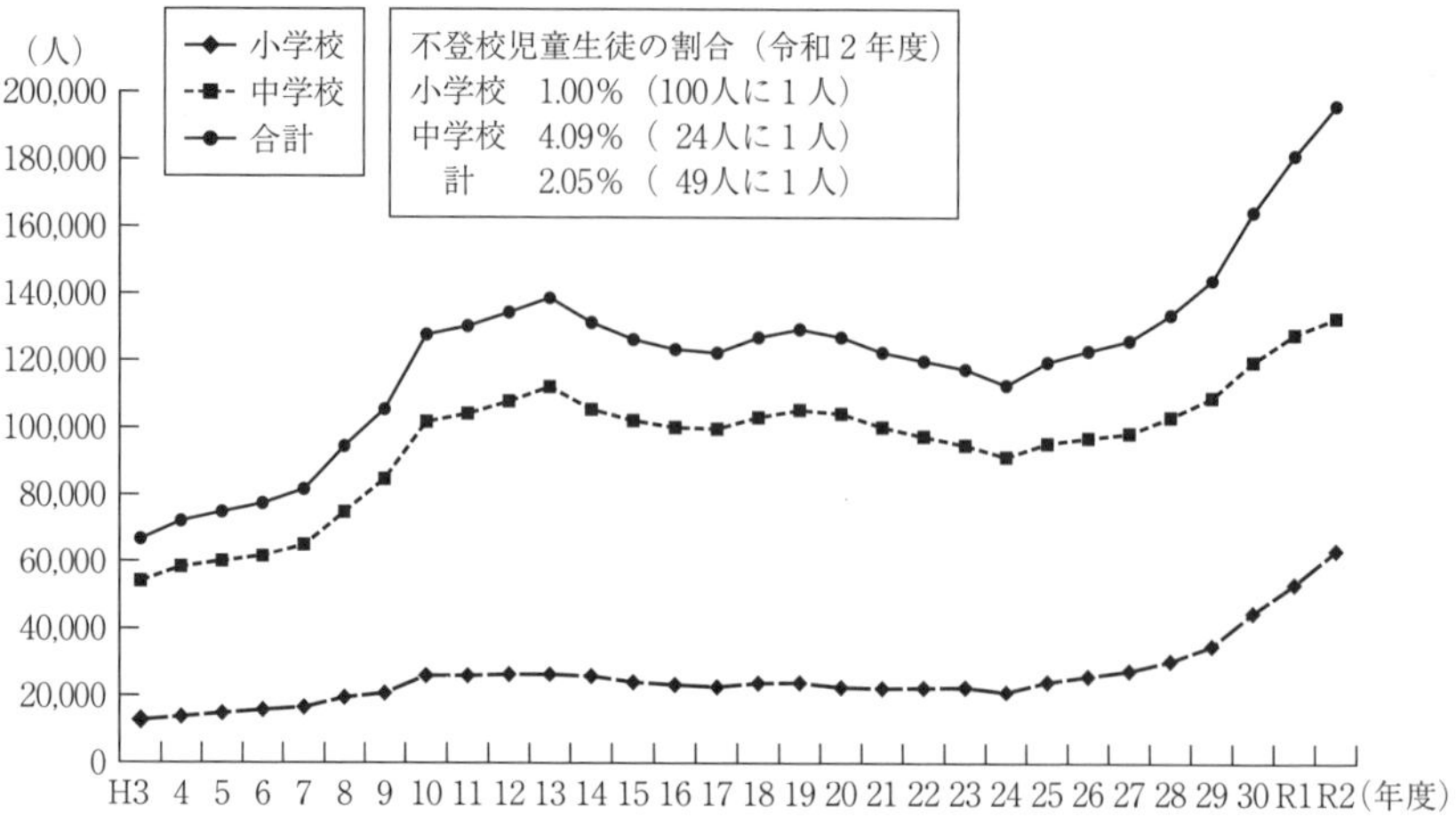

図９－２　不登校児童生徒数の推移

出所：文部科学省「令和２年度　児童生徒の問題行動・不登校等生徒指導上の諸課題に関する調査」2021年。

いう〝隠れ不登校〟ともいえる中学生が、推計で約三三万人もいることが明らかにされた。この調査では、中学校に行きたくない要因が「授業がよくわからない」「良い成績がとれない」「テストを受けたくない」などの学習面での理由も多く見られたことが注目された。

この調査時点での文部科学省の不登校約一一万人を合計すると、約四四万人にも上る中学生が「学校へ行きたくない」と考えている現実をＮＨＫスペシャル「シリーズ子どもの〝声なき声〟」第2回「〝不登校〟四四万人の衝撃」で放送され、大きな反響を呼んだ。

こうした状況なども踏まえて、文部科学省は、二〇一九年に不登校支援の基本的な考え方を「学校復帰」から「社会的自立」に転換した。また、学校外の公的機関や民間施設における学習を指導要録上出席扱いとする場合、学校復帰を前提とするという要件をはずし、社会的自立を目指すという要件に改めたのである[17]。その結果、各地で学びの場の選択肢の拡充が加速化している実態が生まれている。

そもそも原因は特定できるのか

生徒の欠席が続き、教室に机が一つポツンとある光景は、学級担任にとってつらくて重い。第八章で紹介した質問紙やインタビューでは、「不登校生徒やその保護者の不安に寄り添いながら家庭訪問等の対応している。しかし、不登校の原因がわからず、しかも長期化で学校への復帰が見えない」「社会的自立が目標だということは理解している。ただし、学校復帰と社会的自立を二項対立的には捉えたくない」という声をいただいた。多くの学級担任は、「やさしい排除」に陥らないように子どもたちに真摯に寄り添い対応しているが、復帰への見通しのなさから疲弊感を高めている担任も少なくない。

ところで、そもそも原因は特定できるのだろうか。

私は、かつて、長期不登校のまま転校してきた女子生徒を担任した経験がある。[18] 幸い中学三年時は完全復帰して高校に進学していった。その女子生徒が二〇年後、私の職場を訪ねてくれ親しく交流したのだが、そのとき語った彼女の次の言葉が忘れられない。「先生、私はあのとき、なぜ不登校になったのか、二〇年経ってもわからないのです」と。私は、その言葉を聴いて、原因詮索の無意味さと解決に焦点をあてることの重要性を心に刻んだのである。

また、地元の精神科医が以前私に語ってくれた言葉を思い出した。それは、「原因や対策がわからなくてもいいんじゃないか。わからなくても本人や家族の苦しみにつきあっていくことのほうが大切なんじゃないか。原因を知らなくても回復の援助はできる（けがの原因を詮索するよりもまず傷の手当てを）。対応しているうちに原因があとでわかることもある。不登校を克服したあとでも原因はわからないことだってよくあることだ」という言葉である。

桑原知子も不登校の原因特定の困難性を語り、「不登校ゾロ目説」「不登校耐震工事説[19]」で理解することを提案している。桑原は、「不登校の原因を明らかにしたい人も多くいると思いますが、もし原因ということを言うのであれば、複数の要因が複合したもの」だと捉える「不登校ゾロ目説」を提唱している。不登校ゾロ目説とは「いろいろの要因がゾロ目のようにチーンとそろったとき、不登校という状態になるのです。なので、要因の数（桁数）が多ければ多いほど、それを解消するのはたいへんだということになります」と説明している。

また、「不登校耐震工事説」とは、「子どもたちが、今現在はこれといって壊れたりダメージを受けているわけではないものの、このままいけば、将来大きな地震（人生のなかの大きな衝撃）に出合ったときに、崩壊してしまいそうな危険がある場合、それを回避するために今のうちに補強工事をしているのだ」という考え方である。「この作業中は、幕を張って、外とのコンタクトを一時的に遮断します。また、どこに将来のリスクを生む可能性のある〝ひび〟が入っているかによって、工事期間は変わってきます。土台部分に〝ひび〟がある場合は、かなりの時間がかかります。身体のどこにも問題はない。元気そうに見えるし、むしろめぐまれている環境のなかにいるのに、なぜ長期間不登校という状況を続けているのか、こういう理解しにくい不登校の場合、私は、この土台からの工事という見方をしてみるのはどうか」と提案している。

また、「不登校は、どの子どもにも起こりうる自己防衛反応」といわれるが、帚木蓬生は、「不登校というのは、本人が選びとった避難所[20]」で、「そこを追い立てるのは、天災で逃げ込んだ人々を追い出すのと同じだ」という。

本人の考える原因と教員の考える原因は一致しているのか

また、そもそも、不登校生徒だった本人が考える原因・きっかけと、学級担任をはじめとする関係者が推測（仮説）する原因・きっかけは一致しているのであろうか。

文部科学省の学校基本調査では、例年、不登校となったきっかけとして、「不安など情緒的混乱、無気力、親子関係をめぐる問題、いじめを除く友人関係をめぐる問題」などが上位に示される。この基本調査のデータは、学校が教育委員会に申告した集計結果である。

しかし、中学三年時に不登校であった生徒に対する、五年後の大規模な追跡調査（以下、二〇〇六年度追跡調査）[21]によれば、「学校を休みはじめた時のきっかけ」を、二〇歳になった本人は、「友人との関係、生活リズムの乱れ、勉強が分からない、先生との関係、クラブや部活動の友人・先輩との関係」などと述懐している。

さらに、文部科学省は二〇二〇年度に「二〇〇六年度追跡調査」と同様、不登校児童生徒と保護者を直接対象にしたアンケートを実施している。[22]この児童生徒対象の調査では、学校対象の調査と比べて、「先生のこと」や「勉強が分からない」と回答された割合が高く、学校の認識との乖離が際立つ。また、自由記述には「先生の指導が怖かった」「体罰があった」「勉強に追い付けない」など、学校側の対応や学業不振などで不登校となった事例があったことが報告されている。

つまり、学校が本人や親子関係、家庭の問題などの問題として捉える傾向があるのに対して、本人は、勉強のことや教員との関係も大きな問題であったと回答しているのである。このことは、教員が原因を特定したつもりでも、それは誤った見立ての可能性があり、その原因で考えられた対応策では効果がないことを示唆している。

「聴く」、そして学習支援・進路相談

まずは、原因がわからないと対応できないと考えるのではなく、不登校生徒に寄り添い、「聴く」ことに徹することから出発したい。カウンセリングはラテン語が語源で「ともに考える」という意味がある。優れた聴き手は相手の立場で考える人である。

また、前項でみた村山の知見を視野に入れると、ストレスが「自己攻撃」に陥らないように、学級担任として

は、教室を安心と信頼の空間にすることが大切である。不登校を学校のあり方の象徴的課題として捉え、不登校生徒は生きづらい学校における「炭鉱のカナリア」[23]（敏感で繊細、鋭い感受性）である、と考えることも大切だ。なお、ときどき、長期の不登校生徒の教室に行くと黒板の欠席者の欄に名前がなく、忘れられた存在になっている学級もあれば、反対に、欠席が続く生徒がいつ登校してもいいようにつねに不登校生徒のことを気にかけている担任の言動が感じられる学級もある。その担任の思いと姿は、グレーゾーン（隠れ不登校）の生徒を含めた他の学級メンバーへのあたたかなメッセージとなり、学級の優しい空気感の醸成につながる。今は、コロナ危機による「一人一台端末」の前倒し整備で、在宅学習をオンラインでサポートすることも容易となった。ぜひ有効活用したい。

また、先ほどの二〇〇六年度追跡調査には、中学校三年生時の支援のニーズ（上位から）などが詳細に分析されていて、学級担任ができる、学習支援・進路相談などをはじめ重要な対応の視点が確認される。

▼中学校三年生時の支援のニーズ（上位から）
心の悩みについての相談／自分の気持ちをはっきり表現したり、人とうまくつきあったりするための方法についての指導／学校の勉強についての相談や手助け／友人と知り合えたり、仲間と過ごせたりする居場所／進学するための相談や手助け
▼また、インタビュー調査では、不登校によって勉強、友人、進路等でのマイナスがあったという意見（否定的な語り）の一方で、肯定的な語りとして、「休んだことで今の自分がある」「成長した・視野が広がった」「出会いがあった」「人とは違う経験をした」「人に優しくなった」など、不登校の経験を振り返りながら前向きに進んでいる様子が伺える。

▼なお、進路の状況を見ると（前回平成一三年度の調査と比較して）、不登校経験者の高校進学率が大幅に増加（六五・三％→八五・一％）、高校中退率が大幅に減少（三七・九％→一四・〇％）、大学・短大・高専への就学している割合も大幅に向上（八・五％→二二・八％）、就学も就業もしていない割合は減少（二二・八％→一八・一％）

さらに、ネット依存は「快楽というよりむしろ不安」で「楽しいから止められないのではなく、不安だから止められない」[24]と言われているが、次の不登校とネット、ゲーム問題についての児童精神科医の吉川徹の指摘も重要だ。「〔…〕子どもたちとネット、ゲーム問題は思ったより複雑です。一般にはネットはゲームにはまったことで、学校に行かなくなったり、外出しなくなったりしていると考えられがちですが、私が不登校の子どもたちとたくさん会っている中で感じることはむしろその逆で、学校に行きたくないから、行けないから家にいるほかなくて、家にいる間、他にやることがないからネットやゲームで暇つぶしをいているという子どもが少なくないのです」[25]。そして、「彼らは自分が抱えている苦痛や困難への自己治癒として、長時間ネットやゲームを使っているのかもしれません。その大元の苦痛や困難を和らげることなしに、包帯のようなネットやゲームを取り上げることは、大きな苦痛と、時には危険を伴う」のである。

原因を特定しようとするエネルギーを解決・未来に焦点をあてることに転換し、一緒に伴走したいものである。不登校生徒は人間関係を拒否しているのではない。逆に共感的な人間関係を切実に求めているのである。

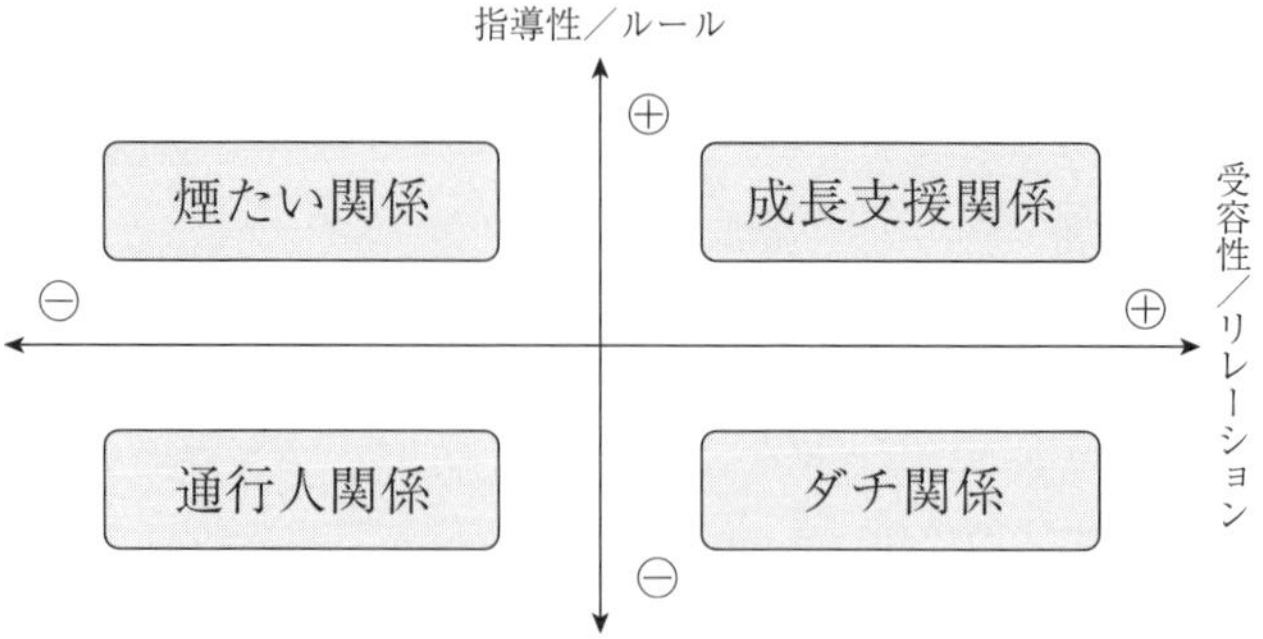

図9－3　指導性と受容性

出所：福島（2001）をもとに筆者が加工修正。

3　生徒との関係性を深める

厳しさと優しさ（指導性と受容性）の統合

みなさんのなかには、厳しさと優しさ（指導性と受容性）は矛盾・対立すると考えている人はいないだろうか。

しかし、本当の優しさとは、厳しさと表裏の関係である。厳しさとは、けっして切り捨てることではない。いけないことはいけないと厳しく指導し要求することと、問題の奥に潜んでいる痛みや苦悩を読みとり励ます優しさは、メダルの表裏だ。そして、厳しさと優しさは、私たち一人ひとりのなかで、深いところで一体化していなければ、生徒の心に響く指導は難しい。その厳しさと優しさを統合させるのは、深い生徒理解と成長への信頼である。

福島脩美は、教育的人間関係の考察のなかで、「指導性と受容性の統合度が高い場合に、指導効果が上がり、〝成長支援関係〟になりうる」という[26]。しかし、「指導性が高く受容性が低い場合は〝煙たい関係〟、受容性が高く指導性が低い場合は、何でも許してしまう〝ダチ関係〟、さらに指導性も受容性も低い場合は〝通行人関係〟になる」と指摘する（図9－3）。

実際、あなたの周りには、「ダチ関係」の象限にプロットされる教員が少なくないのではないか。しかし、それでは、本当の意味での信頼関係が深まらず、逆にあとで指導困難な学級に陥る可能性が生じる。生徒との成長を支援する適切な「距離感」を深めたい。

関連して、河合隼雄は、「中学生の心の奥底からつき上がってくる衝動に対して、ここからは絶対にダメだという〝壁〟が必要だ」[27]という。ただし、「その壁というのは、生徒を厳しくしめつけるということではない。壁はがっちりと立っていて、それにあたってくるものをはね返すが、自ら動いて他をしめつけたりはしない」ことだという。そして「壁がぐらつくと、生徒の不安が増大する」という。

解決志向的なアプローチ（問題・原因ではなく解決に焦点をあてる）

よく先生方から、「原因を知りたい、原因がわかればモヤモヤ感が減り、安心して対応できる」と言われた。気持ちは理解し共感できるが、むしろ「これが原因だ」と決めて対応することの危険性を感じることのほうが少なくない。例えば、私はこれまで多くの不登校生徒と出会い対応してきたが、誰一人として同じケースはなかった。逆に「似たケース」として対応すれば、誤った判断につながる可能性があった。

私たちはこれまで、さまざまな問題事象に対して、あれこれと原因を詮索しがちであった。しかし、事象は氷山の一角で、簡単に原因は特定できない。また、原因と結果は円環的に連鎖している場合がある。また、仮に原因が特定できても、その原因を取り除けないことが多い。例えば、原因が仮に過去の生育歴や家庭の問題だとしても、それを取り除くことは不可能である。原因と解決は、別と考える必要がある。

また、いじめも不登校も、簡単に原因が特定でき、対応策に正解があるならば、「全国の一万校、一四万学級」[28]で、こうした問題はとっくの昔に解決済みになっているはずである。[29]

そこで、学級で起こる問題を、解決志向的なアプローチで考えることをおすすめしたい。解決志向的アプローチとは、問題の原因やその分析に焦点をあてるのではなく、現状を改善する方向へ焦点をあて、早期解決を目的とした考え方で、「解決」について知る方が、問題と原因を把握するよりも有用だと考えるのである。また、小さな変化は、大きな変化を生み出す、そして、現在のやり方でうまくいっているのならそのまま続ける。しかし、これまでのやり方で改善されないのなら、思い切って、そのやり方をやめて何か違う行動を起こすことを重視するのである。

なお、モヤモヤ感・不安感に関連するのだが、「ネガティブ・ケイパビリティ」という言葉がある。「答えの出ない事態に耐える力」のことだが、帚木によれば、悩める現代人に最も必要なのは「共感する」ことであり、この共感の力が成熟する過程で伴走し、容易に答えの出ない事態に耐えうる能力がネガティブ・ケイパビリティだという。[30]この能力は、原因が簡単に特定できず、また、未来予測が困難な時代に必要な力ではないか。「待たなくてよい社会、待つことができない社会[31]」だからこそ、この「答えの出ない事態に耐える力」は、学級の子どもたち、そして、教員にも必要な力ではないか。

前向きな学級

学級の前向きな雰囲気をつくりだし、子どもたちの理解と人間関係を深めるため、多くの学級担任が、学級通信、班ノート、面談などを活用して取り組んでいることかと思う。学級経営の〝達人〟は学校が設定した定期的「面談」（1 on 1）だけでなく、随時（ここぞという時、タイムリーに）実施していることに気付く。生徒からすれば、自分と向き合ってくれる担任の承認と助言で伴走してもらっている気持ちが高まり、信頼関係が深まる。また、その面談での「内省と共感のある話し合い（対話）[32]」は、子どもたちの意欲に火をつける絶好の機会につながる。

学級通信も効果的だ。私も学級担任のとき、子どもたちの思い、意見などで編集した学級通信を日刊的に出していた。継続できた理由は、一つのテーマ、例えば、学校行事のことや「私のイチオシ勉強法」などをＳＨＲなどで書いてもらい、それを簡単な見出しとリード文をつけて掲載することが中心の通信なので、発行が簡単だったのである。しかも、紙面が学級の仲間が何を考えているのかという「交流の広場」になり、また、自分の意見が掲載されることで学級での当事者感、所属感を高めた。学級通信は「生徒がつくる学級通信」の様相となったのである。ときには、保護者の行事などの感想も掲載した。

ところで、最近、「働き方改革を進めるために、学校として学級通信を一律廃止した」という記事を読んだ。私は、学級通信の目的は、子どもたちが学級の友達の新たな発見や「つながり」をもたらし、学級の主体的・協働的で前向きな雰囲気を高めると考えていた。また、保護者に教室の事実・現状を伝えることで、情報の共有・可視化（見える化）ができると考えていた。保護者からも「子どもが学校の様子をあまり話さないが、学級通信のおかげで様子がよくわかる」といわれ、そのおかげで、協力関係が生まれやすかったと感じていた。

確かに、そうした目的が実現するのなら、学級通信という媒体でなくてもよい。ただし、子どもたちと保護者と担任が、学級の事実を共有し、希望と未来を語り合うという目的を、別の手段で追究してほしい。今は、「一人一台端末」で、学級の子どもたちの意見や保護者の意見の集約・編集作業は容易となった。デジタルとアナログのハイブリッドで有効に活用したいものである。

前向きの学級をつくる上で「紙上討論」も有効

ここで、私が長年活用してきた「紙上討論」を紹介したい。

【方法】まず、あるテーマ、例えば、学級の授業の状況が良くないと判断したとき、それについての意見を、小さな紙片に短時間で全員に書いてもらうのである（今なら「端末」での回答で容易に集計できる）。その際、「どう思うか」と「どうしたら改善できるか」の二点を書いてもらう。そして、その意見をそのまま「匿名」で紙上発表する。この方法の〝ミソ〟は、その「一回目の意見」を読んでからの二回目の意見、場合によっては二回目の意見を読んでからの三回目の意見、というように交流・思考を深めていくのである。

【メリット】人間関係に気を遣い、同調圧力のなかで自分の意見をなかなか表明しない思春期の生徒たちも、アンケートなどの紙上では、本音を語ってくれる。そして、どの意見も同価値となる。教員は「やんちゃな生徒」や「気になる生徒」の声や行動を着目しがちだが、普段は声を出さないけれど、当たり前のことを真面目に考え行動している多くの生徒の声が紙上に展開されるので、集団の質や雰囲気（ムード）を変化させることができる。

事実、厳しい状況であった学級や学年（学校）が、この「紙上討論」で、学級や学年の前向きな「見方・考え方」をつくりだし、学級・学年状況を改善した要因の一つになった[33]。学級状況が厳しいときや自治的な集団への形成半ばの段階で、前向きな議論が困難なときなどには、有効な方法になるかと思う。「２：６：２」の経験則でいえば、中間層的な六割が、前向きの二割につくのか、厳しい二割につくのかで、学級の雰囲気が大きく変わる。つまり、厳しい状況の学級では、負のスパイラルが起こり、問題事象を容認・促進する方向に動いてしまう。事象を起こした生徒の個（子）別指導にとどまらず、集団構造にメスを入れるためにも「紙上討論」は効果的である。この「紙上討論」で、問題を起こすのは生徒だが、問題を解決する力をもっているのも生徒自身だということを実感する。

「毒語」を避け、「自己肯定感」を育む

生徒との関係性を深めるためには、教員の言動が子どもたちを傷つけている可能性があることにも注意を払いたい。たとえば、「教室マルトリートメント」という造語で、教室で行われる「不適切な指導」を説明した川上

康則は、「励ましや賞賛をしない」「特定の子の指名を避ける」ことや、「何回言われたらわかるの」「勝手にすれば」「そんなこと一年生でもやりません」「じゃあ、もういい」などの「毒語」が、ネグレクトや心理的虐待に類似しており、子どもの心を傷つけているのではないかと問いかける。(34) 私がこの知見を大学の授業で紹介すると、かつて同様の言葉を投げかけられた学生たちが、「教師は励ましのつもりと思っていても、深く傷ついた」と語ってくれた。さらに、川上は、子どもの「むかつく」「ウザい」「消えろ」などの表面化した暴言の内面世界は、「くやしい」「情けない」「さみしい」「苦しい」「思いどおりにいかない」など可視化されていないネガティブな感情が潜んでいて、気持ちの適切な言語化が未学習の状態だと洞察している。

また、昨今の非認知能力（社会情動的スキル）への注目を背景に、自尊感情(35)を高めることで、子どもたちの生きづらさや不登校、問題行動の解消、さらには学力向上を図るという言説と取り組みが広がっている。しかし、児童精神科医の宮口幸治は、問題は自尊感情が低いことではなく、自尊感情が実情と乖離していることだと看破する。「等身大の自分を分かっていないことから問題が生じる。無理にあげる必要もなく、ありのままの現実の自分を受け入れていく強さが必要(36)」とし、さらに、認知能力と非認知能力の機械的な分離にも警告を発している。学力との関係でいえば、「良い成績を得るから自尊心が高まるのであって、自尊心だけ高めても成績は高まらない(37)」（相関関係と因果関係の誤解・混同）。加えて、「自尊源」（自尊心の拠り所）が人によって異なるという知見(38)をふまえれば、自尊感情の測定による平均値の向上を目的として、競争的な比較による自己評価を高めるのではなく、人間としての全体性・丸ごとが尊重される存在レベルでの「自分が自分であって大丈夫」（ありのままの自分）という「自己肯定感(39)」を生徒に育みたいものである。

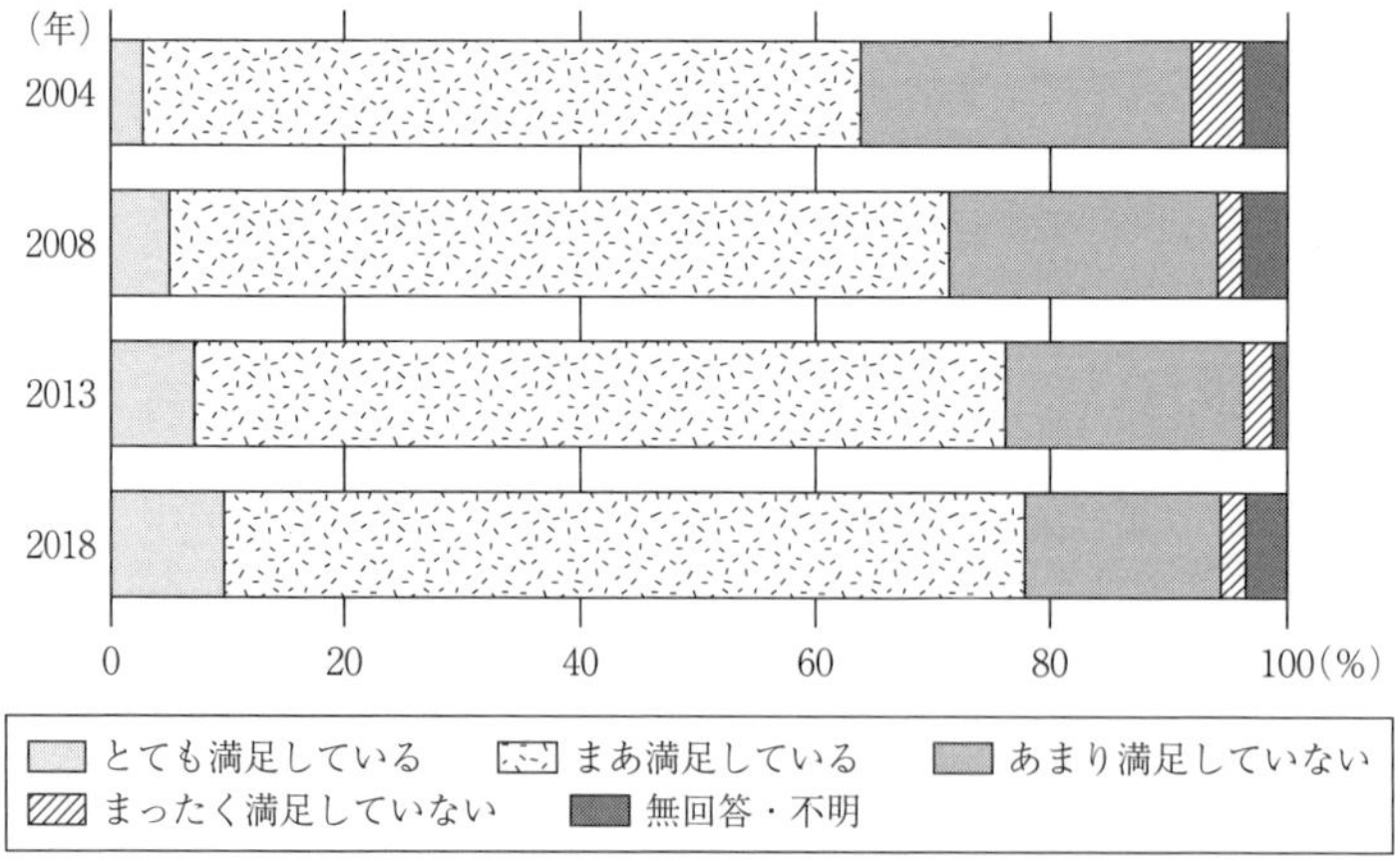

図9－4　保護者の満足度

出所：ベネッセ教育総合研究所・朝日新聞社共同調査「学校教育に対する保護者の意識調査」2018年。

二　保護者との信頼・協働関係

第八章で紹介した調査などで共通して学級担任の困り感・負担感に挙げられたのは「保護者との関係」である。ベテラン教員も、対応に苦慮する事案が増えていると語る。また、教員志望者の学生たちからも、教員を目指すにあたって一番心配で不安なのは保護者対応だという声が強い。

保護者対応のしんどさの背景には、新自由主義的な教育のサービス化の強まり（保護者が教育の消費者として、教員を単なるサービス労働者としてとらえる社会的なまなざし）も影響している。では、どうしたらいいのか。

保護者の中学校へ満足度と期待

ところで、保護者は、学校に対してどのような思いや期待をしているのだろうか。例えば、二〇〇四年からの継続的な調査である「学校教育に対する保護者の意識調査二〇一八」[40]では、総合的にみて子どもが通う学校に「満足している（とても＋まあ）」と回答した中学生の保護者は、六三・九％（二〇〇四年）、七一・四％（二〇〇八年）、七六・三％（二〇一三年）、七七・八％（二〇一八年）と推移し、実は調査開始の二〇〇四年より一三・九ポイント増加し、八割近い保護者が学校に満足しているのである（図9－4）。

一方、コロナ危機（二〇二〇年～）で保護者が学校に求めたのは「学習の遅れを取り戻すことよりも、子どもたちが学びたくなる授業」や「子どもたちが楽しく学校で過ごすこと」であり、「親の満足度は、公立私立を問わず、オンライン授業を提供されたかどうかよりも、緊急事態にどれだけ迅速な方針決定と対応がなされたか、そして先生と生徒や保護者との信頼関係が築かれているかによるものが大きかった(41)」との指摘がある。

関連して、大学の授業に保護者の方々をゲストにお招きして講演してもらったときのこと。保護者から「たった一つでもいいので自分の子どもの良いところを教えてくれたら保護者は安心でき担任への信頼が高まる」「子育て年齢＝子どもと同じ年齢（子どもが一年生なら親も一年生）」「信頼関係ができると担任の応援団になります」などと教員への率直な思いと学生への期待を語られた。その結果、学生のリフレクションには「これまで保護者は何となく怖いと思っていた」「保護者が上で教師が下という上下関係に感じていた」が、「不安が減り、とても勇気づけられた」との声が溢れた。教員不足が大きな問題になっている今、教員を志す学生の不安を少しでも緩和するため、こうした保護者と交流できる機会をつくることの大切さも痛感させられる。

困った親は〝困っている親〟（苦情は保護者の不安の裏返し）

私たちは、不登校や問題行動を起こしている生徒を見ると、「本人の問題」「友だち関係の問題」「保護者の問題」などに原因を求めてしまうことがある。どんな問題も、人間関係のなかで生じるという事実を前にすれば、影響力のある友人や保護者が関係すると考えるのは不思議なことではない。しかし、仮に保護者に問題があるとしても、保護者を取り除くことはできない。困った子は〝困っている子〟と同様、困った保護者は〝困っている保護者〟である。保護者の問題という見方では「保護者は敵」になってしまい、一緒に解決する指針が見えにくくなる。むしろ、保護者を「大切な教育的パートナー」と考えて、保護者の持っている力を引き出し、保護者と一緒に対応していくという姿勢は、解決にとってきわめて有効だ。また、保護者からの苦情は保護者の不安の裏返しである。保護者から寄せられる意見は、一見クレーム的な内容であっても必ず多くの事実を含んでいる。そうした苦情を〝いちゃもん〟と捉えず誠実に対応することは、結果的に学校への信頼を高める。「教師にとっては四〇分の一の子どもであっても、親から見れば一分の一」のかけがえのない存在なのである。

なお、苦情で来校された保護者に対しては、子どもたちへの対応と同様、じっくりていねいに聴く（相手の立場に立って）、気持ち（主観的・心理的事実）は受容する、しかし、無謀な要望・苦情（客観的事実）は認めてはいけない（安易な共感はだめ）。あくまでも、「〇〇さんは、そのように思われるのですね」と対応することが大切である。

保護者の信頼を高める知見

学級の社会関係資本（人間関係が生み出す力）を分析視座に、「学級レベルの集団的信頼を決定する要因は何か」を考察した露口健司ら[42]は、保護者相互のつながりがバラバラでは信頼される学級づくりが困難で、保護者が学級に訪問・参加し、学級担任と対話し、学級通信等によって情報を受信することが、信頼される学級づくりの基盤となることを明らかにしている。また、「落ち着いた学習環境で子どもが学習していること、教員の授業力・指導力が高いこと、改善が定着していること等、保護者集団が学校（教員）の有能性を実感する場合に、集団的信頼は向上する」ことを析出した。さらに、大規模校では集団的信頼の醸成に対して「負の影響」があり、「信頼される学級づくりが困難」との分析も紹介している。

また、「保護者による教師の信頼性認知」を分析した杉本希映らは、[43]「子どもにトラブルが生じたときの学校対応に対する満足度が、保護者による教師の信頼性認知に関連していること」、また「保護者による教師の信頼性認知が低く、トラブル時の学校対応満足度も低いと、教師に援助を求めることへの心配が高いこと」を明らかにし、さらに「保護者による教師の信頼性認知」は、保護者と教師の協働に関与している可能性を示唆した。

弁護士（スクールロイヤー）であり現役教師である神内聡は、「マスメディアの影響もあって、今の学校現場は保護者と教師の対立関係が目立ち、モンスター・ペアレントに日々教師たちが疲弊している印象があるが、実のところ、教師に積極的にクレームをつける保護者はごく一部であり、しかもその中で理不尽なクレームを繰り返す保護者となると、多くても各学校に数人くらいしかいない[44]」、むしろ、大半の保護者は今でも日本の学校教育と教師に信頼と期待を寄せているのではないかと語り、「そのごく一部の保護者が一人でも減れば、換言するとそうした保護者と一人でも信頼関係を築ければ、教師の負担は大きく減る」と指摘する。そのために、「教師が子どもに〝等しく〟対応するのではなく、子どもの能力に応じて〝公正〟に対応する必要性を保護者が理解すれば信頼関係につながっていく」「保護者との信頼関係ができることほど、教師にとって仕事がやりやすくなることはない。それが物凄く難しいことなのは私自身も教師を経験して理解しているが、それがより良い学校を築く第一歩である」と提言する。

連携から「協働」へ

なお、学校現場では、連携と協働が明確に区別されずに議論されることがある。しかし、「〝連携〟モデルが既存の学校文化を変えることなく学校外の協力を得ようとするものであるのに対し、〝協働〟モデルは保護者・地域の多様な思いや校種間の教育観の違いを取り込むことで学校文化を多様で子どもたちにとってより安心して育

表9－1　連携モデルと協働モデル

	連携モデル	協働モデル
課題の共有	浅いレベルでの共有	深いレベルでの共有
情報の流れ	一方から他方への発信 必要に応じた情報公開	相互に情報発信 最大限の情報公開
価値ある情報	それぞれの側の内部に重要な情報が内蔵されている	交流によって意味ある情報が生み出される
関係の形態	いずれかの側が主導権を握る	対等な立場での関係づくり
役割の認識	それぞれ独自の役割を担う 「こちら」と「あちら」の意識が維持される	役割は場合に応じて相互交換され共通の役割が生み出される 「われわれ」意識が生まれる
参加の形態とその結果	部分的 連携による組織自体の構造の変化はない	全体的 協働にともなう組織自体の構造変化
成果	追加（付随）的	革新的 協働がなければ生まれない成果

出所：志水宏吉・若槻健『つながりを生かした学校づくり』東洋館出版社、2017年。

ち、豊かに学ぶものへと変容させる可能性に開かれている」という指摘がある[45]。その決定的な違いを表9－1で確認し、ぜひ、保護者・地域との協働関係を前進させたい。

三　授業と学級経営

1　授業での信頼関係は学級の雰囲気を向上させる

自分の学級での授業は、単位数が週一時間の実技教科の教員もいれば、男女別体育で学級の半分程度だけ担当する教員もいて、接点は限定される。とはいえ、授業で信頼関係が築かれると、学級経営はとてもやりやすくなる。ここで、小柴らが明らかにした「中・高校生が求める理想の教師像」[46]を確認したい（表9－2）。いかがだろうか。この調査では、質問項目二〇項目中、中・高校生ともに「わかりやすい授業をする先生」がトップで、四位まで同一項目が選択されている。項目を確認すると、授業と学級経営に関する期待が高いことが理解できる。

関連して、かつて国立教育政策研究所が「全国学力・学

表9－2　中・高校生の理想の先生

	中学生	高校生
1位	わかりやすい授業をする先生	わかりやすい授業をする先生
2位	生徒とのコミュニケーションを上手にとることができる先生	生徒とのコミュニケーションを上手にとることができる先生
3位	クラスをまとめることができる先生	クラスをまとめることができる先生
4位	だれに対しても笑顔で明るくかかわる先生	だれに対しても笑顔で明るくかかわる先生
5位	授業に全力で取り組む先生	生徒の成長に喜びを感じる先生

出所：小柴孝子ほか「中・高校生が求める理想の教師像」『神田外語大学紀要』第26号、2014年。

習状況調査で優れた成果を上げている学校の訪問調査」[47]を実施した（当時、筆者もそのプロジェクトに関係していた）。訪問調査をとおして判明したことは、「経済格差と学力格差」の厳然たる傾向である。しかし同時に、全国にはその状況を克服して「学力」を向上させている学校がたくさんあるという事実であった。そうした学校で共通して感じられたことの一つは、「よくわかる授業」（授業の質の高さ）と併せて、教室の心地よい雰囲気・空気感、あたたかな関係性（教員と生徒、生徒同士）と適度の緊張感であった。事例集では、その結果の一端を「子どもたちや保護者との信頼関係が構築されると、子どもたちは教員の指導内容をしっかり受け止めようとするし、保護者は学校の取り組みに協力的になる。そのことが、再び教員の意欲を高め、指導力を向上させる、といった好循環をもたらしている」と紹介されている。よい授業は学級の雰囲気と信頼関係を向上させる。なお、正解だけが重視される授業では、学級に不寛容さを生む可能性があることも心に刻んでおきたい。

2　「専門性×オンライン×協働性」で担任の負担軽減

学級担任の困り感・負担感に、授業準備があげられた。具体的には、自分の専門教科の準備というよりは、学級担任として担当する「総合的な学習の時間」や「道徳」などの教材研究・授業準備の負担感を語る教員が多かった。そこで、「総合的な学習の時間」では「専門性×オンライン×協働性」を検討してはどうだろうか。

その際の前提に、探究する課題は、ぜひ子どもたちの知的好奇心を喚起する楽しく挑戦しがいのあるテーマを子どもたち自身で決定させたい。子どもたちは、私たちの想像以上に社会的なテーマに関心を寄せている。その際、現実の社会で実際に起きている事象や問題を探究課題としてとりあげ（真正の学習：Authentic Learning の保障）、プロジェクト・ベース学習（ＰＢＬ：答えが複数ある課題などを、自ら仮説を立て、調査し、検証する）等で、自ら問題解決をする〝探究型〟の学びを追究したい。「ＰＢＬを用いた授業では、通常の授業を受けた場合に比べて、事実をより正確に理解しており、批判的に思考する力と自信が向上している」という研究結果もある[48]。同時に、この授業は教師にとってもやりがいのある楽しいテーマである必要がある。

探究課題が決定したら、「専門性×オンライン×協働性」による負担軽減である。進め方は、学級担任を含めた学年所属の教員がそれぞれの専門性を生かして、その課題に迫る授業資料を順番に作成する（専門性）。例えば、国語科の教員であれば、テーマに関する本や新聞記事の活用、英語科の教員であれば中学生が読むことのできるテーマに関する英字新聞の活用など（国→社→数→理→音……）。実際の授業は、資料を作成した教員がメインティーチャーとなり、学年の全クラスにＺＯＯＭ等のテレビ会議で実施する（オンライン）。自分の順番でない授業時の学級担任の役割は、アシストティーチャーとなる（協働性）。学年所属教員が多いほど学級担任の資料作成回数、メインの授業準備の回数が減る。小規模校であれば、異学年の協働（全校体制）も考えられる。さらに、校内の教員だけでなく、地域等からのゲスト講師も積極的に活用したい。

コロナ危機は、オンラインで教室と地域や専門家、さらには海外などとつなぐことも容易であることを浸透させた。ぜひ、外部のリソース（多様な専門家など）とのコラボレーションを実現したい。また、全員が手にした一人一台端末の積極的な利活用で、子どもたちの主体的な調べ学習を進展させたい。しかも、こうした進め方は、子どもたちからすれば、学級担任以外の教員などのさまざまな考え方に接することができるメリットがある。学習指導要領に明記されている「校長や教頭などの参加、他の教師との協力的な指導の工夫」の具体化にもなる。学期末には、子どもたちは「まとめの発表資料」を作成する（その後は、次の共通の探究課題か、個人での探究テーマの追究かを検討する）。なお、このときの教員の役割は「生徒の様々な体験と知識を引き出すファシリテーターであり、学習全体の構成を考えるプロデューサーでもあり、学校と社会をつなぐコーディネーター」[49]でもある。「道徳」も同様の発想で実施してはどうだろうか。一人の教員が一つの持ちネタ（得意な教材や内容項目）を順番にオンラインを活用しながら実施する。学級担任が一人で抱え込むのではなく、ぜひ〝学年担任〟としての発想と視点で実践したい。こうした協働での知の探究実践、また、教科の縦割りから資質・能力の横割りでの構想と実践は、自分の専門教科の授業づくりへの大きな刺激とヒント、相乗効果につながるメリットもあり、最終的には、学級担任の負担軽減をもたらす。

なお、総合的な学習の時間の探究課題に関連して、国連サミットで採択されたＳＤＧｓ（持続可能な開発目標：一七の目標と一六九の具体的なターゲット）を考えている学校も少なくないと思う。二〇二〇年からの新教科書は、どの教科でもＳＤＧｓの事例が数多く登場している。実際、研究実践校を訪問・参観すると、テーマ・理念に意味と共感を見いだした子どもたちのダイナミックで楽しそうな取り組みを目の当たりにする。教科横断・文理横断（融合）の視点での取り組みは、子どもたちを大きく飛躍させる。しかし同時に、このＳＤＧｓの目的と手段を取り違えないことが重要である。ＳＤＧｓはご承知のとおり、「Sustainable Development Goals（持続可能な開発目標）」の略称だが、正式文書名は『Transforming our world : the 2030 Agenda for Sustainable Development（我々の世界を変革する：持続可能な開発のための二〇三〇アジェンダ）』である。目的は「本質的な変化を生み出し、それを浸透させて現実を変えていくこと[50]」であり、「Transforming」（変革）の視点がないと「名ばかりＳＤＧ ｓ」に陥る可能性がある。

田中治彦は、「ＳＤＧｓ一七目標について教師が解説したり、生徒が各自であるいはグループ学習で調べて発表する学習イメージがあるが、それでは、一七目標を覚えたり、調べ学習をした子供たちは、持続可能な社会の創り手となり得るであろうか、地球温暖化の解決に向けて積極的に取り組んだり、今回の新型コロナのような想定外の新事態に対応できる人間になるのであろうか[51]」と問いかけ、従来型の学習スタイルに陥らないように注意喚起している。

湯本浩之も「ＳＤＧｓを無批判に称揚するのではなく、これを客観的に検討する視点や思考、批判的に議論する姿勢や態度をもつことが大切である。特に教育現場においては、そうした技量や力量を育てることが持続可能な社会の担い手育成にとって必要なことではないか」、その視点と態度とは、「例えば、もし二〇三〇年までにＳＤＧｓが達成されたら、世界は本当に豊かで平和な世界になるのだろうか？　あるいは有限な地球資源の中で持続的な経済成長が本当に可能なのか？　といった素朴な疑問をもつことである」そして、「ＳＤＧｓの一七目標の中に、軍備縮小に関する記述がないことに気付いている人はごくわずかであろう[52]」と問いかけている。

また、こうした視点はＳＴＥＡＭ教育の特徴とも重なる。ヤング吉原麻里子・木島里江によれば、ＳＴＥＡＭ教育は、「子供たちに、自分たちに社会を変える力があるのだという自信を与えます。実社会の問題を発掘し、解決していくという教育モデルですから、生徒の学習の先には、常に実現すべき〝よりよい社会〟がビジョンとして想定されています。限られた資源しかない山奥の過疎地に、きれいな飲み水をどうやって届けるのか。海に流れ出すペットボトルなど、海洋汚染をどう食い止めるのか。学習の成果を社会的インパクトにつなげられるのも、ＳＴＥＡＭ教育の大きな特徴です。そこで培われるのは、プログラミングや計算力といった機能的側面だけではありません。様々な課題を通して、地球のために考える、人間のために発想するトレーニングを繰り返すことで、子供たちは変革を起こすための視点と方法論を培い、〝チェンジ・エージェント〟としての自信を深めていくのです(53)」と指摘する。

3　エージェンシー（Agency）を育てる学級経営

ＯＥＣＤの Education 2030 プロジェクトの学びの羅針盤（ラーニング・コンパス）が、注目されている。より良い未来の創造に向けた変革を起こす力（Transformative Competencies）を、①新たな価値を創造する力、②対立やジレンマを克服する力、③責任ある行動をとる力と特定し、最上位のウェルビーイング（Well-Being：個人や人間関係、社会が良好な状態にあること）を実現するためのエージェンシー（Agency：自ら考え、主体的に行動して、責任をもって社会を変革していく力）を育てることが提起されている。

このプロジェクトに関係した文部科学省の白井俊は、子どもたちのエージェンシーの重要性を説明しながら、このエージェンシーの発揮の対極にあるのは、「カリキュラムも校則も宿題も学校行事も、すべて教員が決め、生徒はそれに従うだけ」の教育だと指摘する。そして、授業で言えば、「先生（だけ）が授業をつくるのではなく、生徒を授業づくりのエージェントとして捉えて、一緒に授業をつくるというマインドセットが重要で、その相互作用の中で、より良い授業を作っていくことが、先生・生徒双方の成長につながる」、また、「エージェンシーという概念をリフレクション（内省）・ツールとして用いることで、日本の教育を見直すきっかけにもなる」と説く(54)。さらに、白井は、よりＶＵＣＡが進行する世界においては、他者が設定したゴールに向かうだけでなく、「そもそもゴール自体が適切なものなのか」「設定されているゴール自体を見直す必要はないのか、といったことまで考えていくこと(55)」が求められると指摘するのである。

エージェンシーの視点は、これからの学級経営のあり方を考えるうえで極めて重要だ。その「生徒エージェンシー（Student Agency）」には、「共同エージェンシー（Co-Agency）」さらには「教師エージェンシー（Teacher Agency）」が不可欠となる。エージェンシーが問われているのは、教員・学級担任も同じである。

4 「よくわかる授業」（授業の質の高さ）は学級の荒れを克服し、学力格差も改善させる

学級の荒れを予防・改善

私は以前、数年間荒れが続いていた中学校で勤務したことがある。四月一日着任したとき、ＰＴＡ会長から「校舎の壁には落書き、窓ガラスは割れ放題、授業中は座っている生徒の方が少ない……」と言われた。実際、教室の授業風景は厳しく、教職員一丸となっての連日深夜におよぶ対応にもかかわらず、一学期は事象の連鎖、悪循環で途方に暮れた[56]。

私はそのとき、別の学校で生徒指導主任をしていたときのことを思い出した。

話は二十数年前のこと。連日、早々に授業を放棄した十数人のグループが、学校内では、違反の服装、茶髪・金髪、授業エスケープ、授業妨害、器物破壊、喫煙、暴力行為（生徒間で、そして教師に対して）を繰り返す。学校外では、卒業生や他校生と交友関係を深めながら、コンビニや公園など地域にたまり飲食物のゴミやタバコの吸い殻を散乱させる。家出・深夜徘徊の中で、飲酒・万引き・バイク窃盗・無資格運転、シンナー吸引……そんななかで、忘れることができない経験がある。相談室でゆっくり話を聴こうとする私に、X男は、涙を流しながら「授業妨害は悪いと思っている、本当はよくわかるようになりたい」「でも、わからない授業を聞くことは辛い」「そんな自分にますますイラダツ」と驚くほど素直に語ってくれた。そして最後に、X男は、「先生、授業が

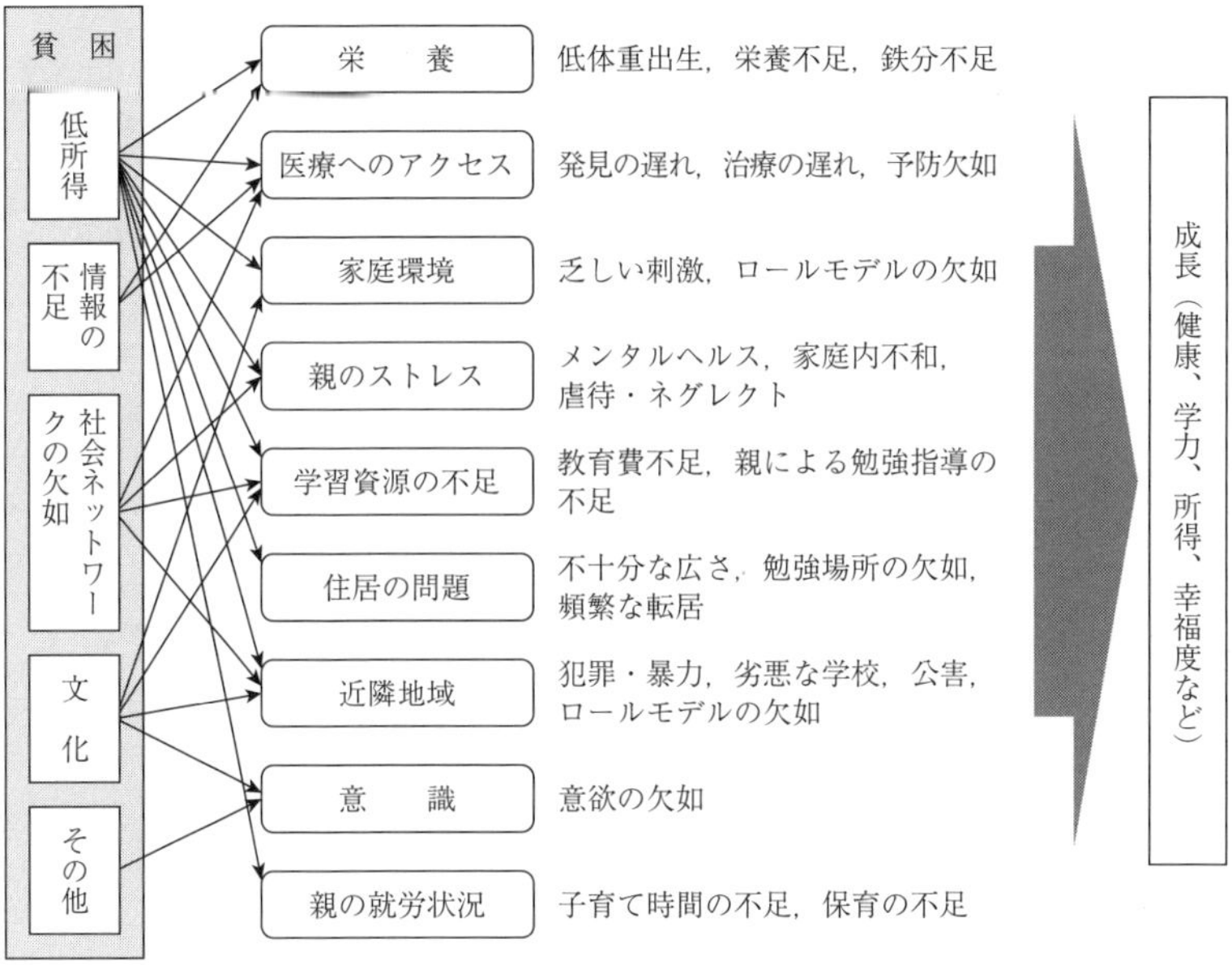

図 9－5　貧困と成長をつなぐ「経路」
阿部彩『子どもの貧困――日本の不公平を考える』岩波新書、2008 年。

わからないで六時間座っているオレたちの気持ちがわかるのか[57]」と、私に問いかけてきたのである。私は、当時、授業を妨害している生徒が「本当は授業をわかりたい」という思いで教室にいることを想像できていなかった。考えてみれば、授業がわからないということは、わからない生徒からすれば、「お前はここにいる資格がない[58]」「君はここに存在しない」というメッセージに転化する恐れがある。

その経験をあらためて原点にして、その後、授業づくりを中心に取り組んだ結果、保護者、地域から「一年で激変した」と言ってもらえる状況が生まれたのである。そのとき、私たちは、「授業が変われば生徒が変わる、そして学級・学校が変わる」に確信を持ち、授業づくりを根幹にした学級・学校づくりの重要性を再認識したのである。よい授業・わかる授業は最大の生徒指導であり教育相談、特別支援になること、不登校や問題行動を起こす可能性のあるすべての生徒への予防的で

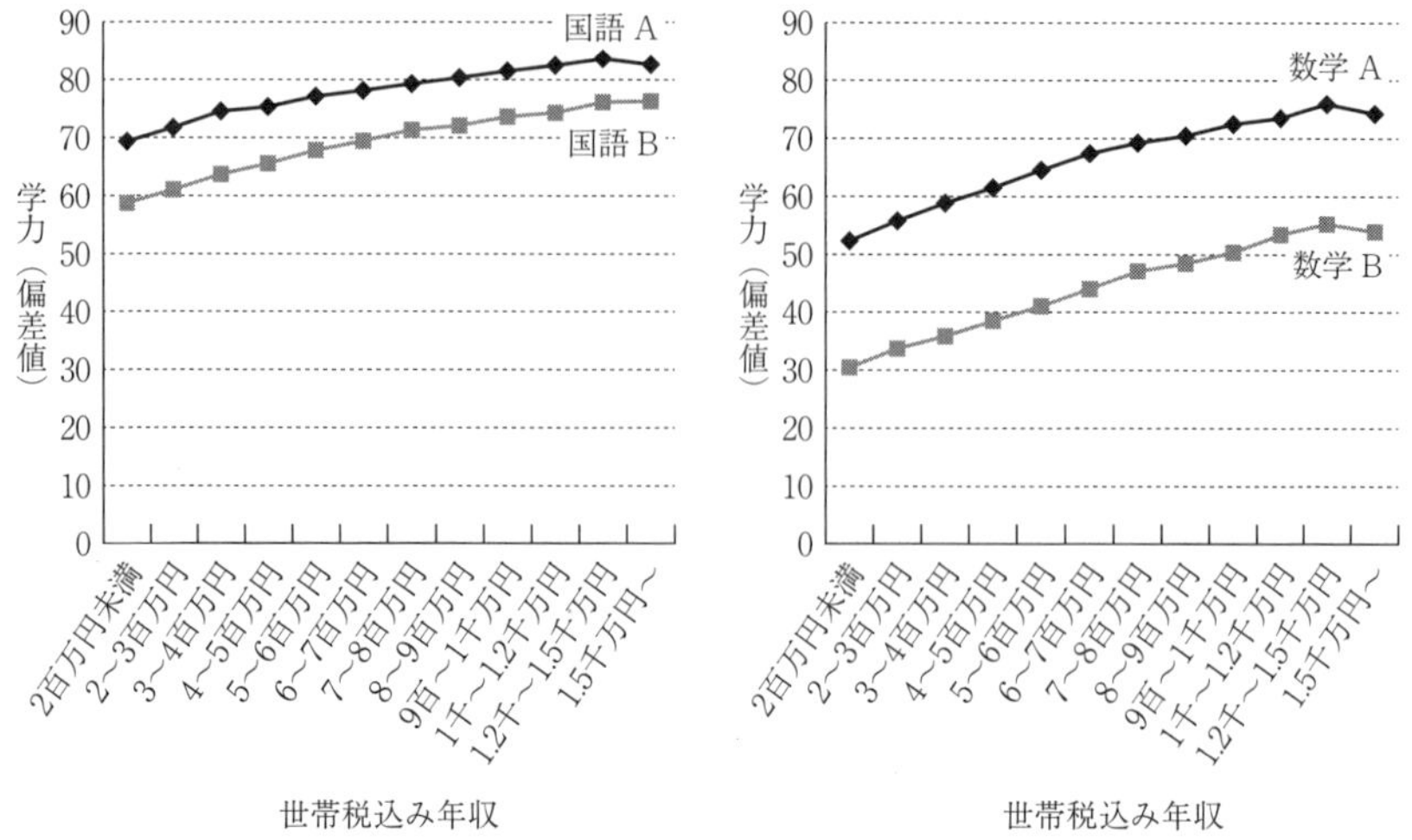

図9－6　世帯所得と学力の関係（中学生、国語および数学）

出所：赤林英夫ほか編『学力・心理・家庭環境の経済分析——全国小中学生の追跡調査から見えてきたもの』有斐閣、2016年。

教育的援助となること、そして、授業のなかで関係性（信頼関係）を築くことの大切さを噛みしめたのである。

学力格差の縮小で学級の空気感が変わる

教室は、現代社会の縮図的な側面があり、家庭の問題が色濃く投影される。担任をすれば必ず、子どもの貧困[59]、経済格差と教育格差（世帯所得の多寡で学力に格差が生じている）、虐待、ヤングケアラーなどの問題に直面する。そして、経済的貧困などが子どもたちの成長や発達への影響、文化的貧困や体験格差などへの「貧困の連鎖」につながっている現実を目の当たりにするのである。

図9－6のグラフは、二〇一三年度全国学力・学習状況調査（きめ細かい調査）に基づく世帯所得と学力の関係を示したグラフである。「経済格差と教育格差」の歴然たる現実である。

松岡亮二も『教育格差』[60]で、「生まれ（出身家庭と居住地域）によって、人生の選択肢・可能性が制限される」ことを圧倒的なデータ量で検証した。その本の冒頭で、例えば「（質問）公立の小学校同士の間で学力格差が確認できるのは……①一年生から、②四年生から、③六年生から」などの三択問題（全七問）を紹介している（この質問の答えは①）。講演先で、学校現場の先生方に答えてもらうと、全問正解者は皆無で、現状との認識のギャップに驚かれる。

また、「そもそも平等でないものを、平等に扱うことほど、不平等なことはない」という言葉もあるが、図9－7の「平等／公正／現実」の一枚のイラストは、私たちに、「形式的平等」と「実質的平等」の問題を鋭く突きつける。

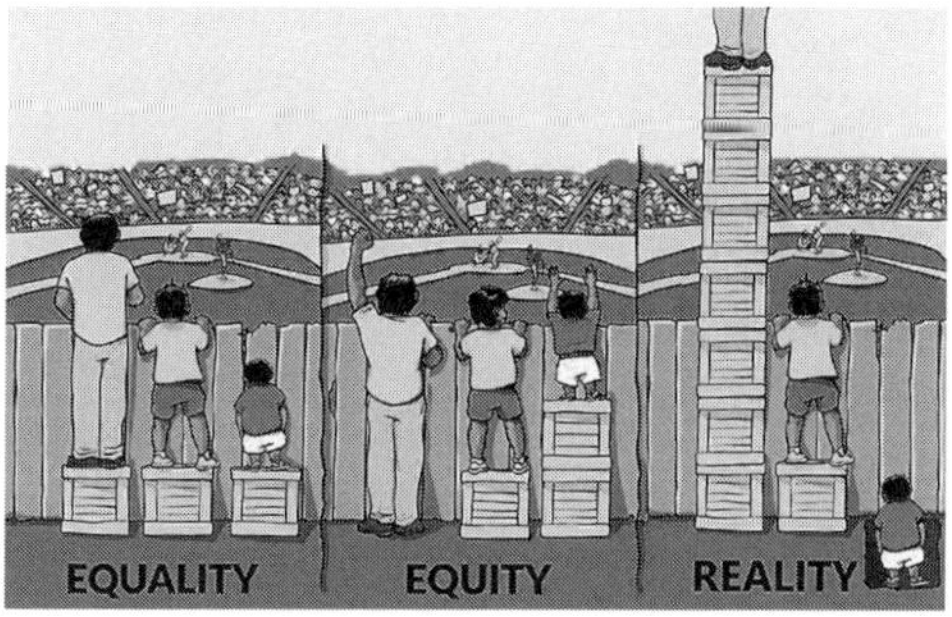

図9－7　平等／公正／現実

出所：https://medium.com/@CRA1G/the-evolution-of-an-accidental-meme-ddc4e139e0e4（2022年2月25日閲覧）

学習過程で生まれるように見える格差が、実は学習以前の家庭背景に規定されている側面があること（「子どもたちがスタートラインの異なる競争に放り込まれている」）、学力格差は、「経済的資本、文化的資本、社会関係資本」が関係していること、また、努力する能力さえも家庭背景に深く影響されている可能性があることを確認したい。その結果、私たちが素朴に信じている「誰でもがんばれば学習目標を達成できる」という「努力の平等」論や「努力主義」の再考が迫られる[61]。

ところで、この「子どもの貧困と教育格差」の問題に切り込むことで、学力の向上や学級の雰囲気を高めることも可能である。私は以前から、「学習で苦戦している子どもたちは、努力不足だけが問題か」ということを考えさせられることが多く、勤務校でのこの問題を考えるため、経済格差の代理指標として「就学援助受給の有無」と学習状況との関係をデータで確認してみた。その結果に驚いた。就学援助を受けている家庭の生徒と、被受給者の家庭の生徒の学力を比較すると、そこには明確な格差傾向があり、特に数学と英語では学年進行に伴ってその格差が拡大する事実が判明したのだ。私たちはただちにそのデータを可視化（見える化）、全教職員で共有した。学力の充実と進路実現は、人権教育の中核であり、希望の源泉である。

その後の学力格差縮小への取り組み[62]では、忙しい教員の放課後等の追加的な対応はいっさい避け、日々の授業（五〇分）での工夫を中心とした。結果の検証は、すべての定期テスト・評定や国や府の学力調査などで継続して調査した。ありがたいことに年々格差を大きく縮小させることができたのである。また、この取り組みでは「就学援助受給の有無」に関係なく、学習で苦戦している生徒も減少し、成績の上位層が増加した。その結果、授業や学級での活気ある前向きな雰囲気にもつながったのである。この学級の状態は、授業場面での協働的な学びの土台となる。

なお、この学校で生徒会長を務めたMさんは、卒業後、「この中学校には、何かを成功させるために、生徒が中心となって堂々と取り組むことができる雰囲気がありました」「一生懸命はカッコいい、そして、一生懸命やることが恥ずかしくないのです」と語ってくれた。その学校の雰囲気と学級の雰囲気は相似形である。

四　視点を変えることで、今まで見えなかったものが見えてくる

学級担任の困り感・負担感を軽減する視点（見方・考え方）を検討するために、生徒との関係、保護者との関係、授業準備（改善）という三つのテーマに焦点をあてて考えてきた。少し視点を変えることで、今まで見えなかったものが見え始め、「問題」と思っていたことが「問題」でなくなることがある。既存の目的や前提そのものを疑い、新しい考え方や行動の枠組みで取り組むこと（ダブル・ループの省察）は、前例踏襲から抜け出し、手

段の目的化を防ぎ、担任の困り感・負担感を減少させることにもつながる。「大事なのは答えではなく問い」（P・F・ドラッカー）である。そのためにも、「子供を主語」（座標軸）にして伴走することが大切である。

ところで、「教員になって後悔はしていないが、またなりたくはない」とは、OECDのTALIS（国際教員指導環境調査）から浮かび上がった現実である。[63] この調査では、「全体としてみれば、この仕事に満足している」と回答した割合が八一・八％（参加国平均九〇・二％）に対して、「もう一度仕事を選べるとしたら、また教員になりたい」は五四・九％（参加国平均は七五・八％）で、調査に参加したOECD諸国四八か国中、日本は最下位という現状が日本の中学教員のにがい事実である。

こうした状況を打開するためにも職場での同僚性・協働性を追求したい。その同僚性・協働性が形成されると、一人ひとりの力は足し算ではなく、かけ算になる。組織力で達成した感動と充実感は、一人で達成する感動と充実感よりも広くて深いものになる。ぜひとも力を合わせて「もう一度教員になりたい」を選択できる魅力的な職場に改革したいものである。関連して、「五％で集団が変化する」という知見がある。[64] なぜか？　一般的に、多数決の「五一対四九」のように、集団内で過半数以上を占めなければ、組織全体を変えられないと私たちは考えがちだ。しかし、ソーシャル・イノベーションが明らかにしたことは、極めて少数の五％の核となる人たちが、残り九五％を変える努力をしたのではなく、九五％の人に自分たちが本当に望んでいたものが五％側にあると気付かせることによって、拡散的な影響力が生じ、良い方向に変えることができるのだという。

大変な毎日だが〝大変〟は〝大きく変わる〟チャンスでもある。そして、「ピンチとチャンスはつねに同居」している。仕事の「仕」（つかえる）を「志」（こころざす）に〝変換〟して、最上位の目的に向かう「志事」で、ワクワクするすてきな学級経営に挑戦したい。「意味と共感」「希望と未来」があれば、人や組織は大きく成長する。そして、大切なのはどうなるかではなく、どうしたいか、である。

《監修・編著者紹介》

田中耕治（たなか　こうじ）

佛教大学教育学部客員教授，京都大学名誉教授
『教育評価』（岩波書店，2008年）
『戦後日本教育方法論史』上・下（編著，ミネルヴァ書房，2017年）
『教育評価研究の回顧と展望』（日本標準，2017年）
『カリキュラム研究事典』（監訳，ミネルヴァ書房，2021年）

シリーズ学級経営①
学級経営の理論と方法

2022年10月30日　初版第1刷発行　〈検印省略〉

定価はカバーに
表示しています

編著者　田中耕治
発行者　杉田啓三
印刷者　中村勝弘

発行所　株式会社　ミネルヴァ書房

607-8494 京都市山科区日ノ岡堤谷町1
電話代表（075)581-5191
振替口座 01020-0-8076

中村印刷・藤沢製本

ISBN978-4-623-09311-3

Printed in Japan

《**執筆者紹介**》（分担，現職，主著，執筆順）

田中耕治（たなか　こうじ）序論

監修・編著者紹介参照。

福嶋祐貴（ふくしま　ゆうき）第１章〜第４章

京都教育大学大学院連合教職実践研究科講師
『米国における協働的な学習の理論的・実践的系譜』（東信堂，2021年）
『「生きる力」を育む総合的な学習の時間——自己創造・社会創造へつながる理論と実践』（共著，福村出版，2021年）

石井英真（いしい　てるまさ）コラム１

京都大学大学院教育学研究科准教授
『授業づくりの深め方——「よい授業」をデザインするための５つのツボ』（ミネルヴァ書房，2020年）
『未来の学校——ポスト・コロナの公教育のリデザイン』（日本標準，2020年）

羽山裕子（はやま　ゆうこ）第５章

滋賀大学教育学部准教授
『グローバル化時代の教育評価改革——日本・アジア・欧米を結ぶ』（共著，日本標準，2016年）
『アメリカの学習障害児教育——学校教育における支援提供のあり方を模索する』（京都大学学術出版会，2020年）

奥村好美（おくむら　よしみ）コラム２

京都大学大学院教育学研究科准教授
『〈教育の自由〉と学校評価——現代オランダの模索』（京都大学学術出版会，2016年）
『「逆向き設計」実践ガイドブック——『理解をもたらすカリキュラム設計』を読む・活かす・共有する』（共編著，日本標準，2020年）

赤沢早人（あかざわ　はやと）補論

奈良教育大学教育学部教授
「カリキュラム・マネジメントで『教科書をこなす』発想を変える」（『ポスト・コロナの学校を描く』教育開発研究所，2020年）
「我が校の組織を鍛える令和のカリキュラム・マネジメント」（『新教育ライブラリ Premier Ⅱ Vol.5』ぎょうせい，2022年）

岸田蘭子（きしだ　らんこ）第６章，第７章

滋賀大学教育学部特任教授，京都市教育委員会指導部学校指導課参与
『小学校ではもう遅い——親子でいられる時間はそう長くない』（PHP 研究所，2017年）
『先生も子どもも楽しくなる小学校家庭科』（ミネルヴァ書房，2020年）

盛永俊弘（もりなが　としひろ）　第８章，第９章

佛教大学教育学部特任教授，長岡京市教育委員会委員，学校心理士
『子どもたちを“座標軸”にした学校づくり』（日本標準，2017年）
『学びを変える新しい学習評価　文例編　新しい学びに向けた新指導要領・通知表〈中学校〉』（共編著，ぎょうせい，2020年）

索　引

あ　行

か　行

さ　行

た　行

な　行

は　行

ま　行

や　行

ら　行

欧　文

人　名

注

序論

1　鈴木秀勇訳『大教授学』1，明治図書，1962年。
2　同上書，214頁。
3　同上書，216頁。
4　同上書，218頁。
5　コメニウスに関する研究は多数存在する。そのなかで，とくに最新の研究を反映した著作を列記すると以下のようになる。①井ノ口淳三『コメニウス教育学の研究』ミネルヴァ書房，1998年。②井ノ口淳三『コメニウスの生涯と謎を追う』文理閣，2020年。③相馬伸一『ヨハン・コメニウス』講談社選書メチエ，2017年。④相馬伸一『オンライン教育熟議　オン・コメニウス』晃洋書房，2020年。なお，コメニウスの教授学説史上の厳密な位置づけについては，熊井将太『学級の教授学説史——近代における学級教授の成立と展開』溪水社，2017年の第１章第３節を参照のこと。
6　井ノ口，1998年，239頁。
7　同上書，240頁。
8　同上書，245頁。
9　「一斉指導（whole-class approach）」について，「同一時間に，同一の指導内容を，同一の指導方法で，学級などの集団全体に対して指導する教育の方法および形態」（『第３版学校教育辞典』教育出版，1988年）と定義されている。また，「同一内容，同一時間，一人の教師，多人数教育，などがキーワーズである」（『新版現代学校教育大辞典』ぎょうせい教育出版，2002年）と定義されている。
10　相馬，前掲書，2017年，149頁。
11　相馬，前掲書，2020年，112頁。
12　明治初期の学級論に関しては，以下のような研究を参考にした。①宮坂哲文「日本における学級経営の歴史」『宮坂哲文著作集』第Ⅲ巻，明治図書，1975年所収。②佐藤秀夫「明治期における『学級』の成立過程」『教育』1970年６月。③佐藤秀夫「教育慣行における軍と学校」「学校制度と年齢——年齢主義の歴史的背景」『教育の文化史２　学校の文化』阿吽社，2005年所収。④濵名陽子「わが国における『学級制』の成立と学級の実態の変化に関する研究」『教育社会学研究』第38集，1983年。⑤古賀徹「マリオンM.スコットと日本の教育」『比較教育学研究』第17号，1991年。⑥山根俊喜「明治前期小学校における生徒集団の区分原理の展開——『日本的』学級システムの形成(2)」『鳥取大学教育地域科学部教育実践研究指導センター研究年報』第９号，2000年。⑦杉村美佳『明治初期における一斉教授法受容過程の研究』風間書房，2010年。⑧杉村美佳「明治期における等級制から学級制への移行をめぐる論調——教育雑誌記事の分析を中心に」『上智大学短期大学部紀要』第36号，2015年。
13　杉村，前掲書，114頁。
14　詳しくは，梅村佳代『日本近世民衆教育史研究』梓出版社，1991年参照のこと。
15　杉村，前掲書参照。
16　仲新ほか編『近代日本教科書教授法資料集成』第１巻「教授法書」東京書籍，1982年所収。
17　同上書，17頁。
18　同上書，18頁。
19　当時の法令に関しては，文部省初等中等教育局中等教育課『学籍簿・指導要録の変遷』1966年；米田俊彦編著『近代日本教育関係法令体系』港の人，2009年；日外アソシエーツ編集部編『日本教育史事典——トピック1868-2010』紀伊国屋書店，2011年；国立国会図書館デジタルコレクション https://dl.ndl.go.jp/（2021年６月15日　閲覧）を参照。
20　佐藤，前掲論文，2005年，23頁。
21　佐藤，前掲論文，1970年，20頁。
22　石川謙『日本学校史の研究』日本図書センター，1977年参照。
23　佐藤，前掲論文，2005年，23頁参照。
24　杉村，前掲論文，26〜27頁参照。
25　斎藤利彦『試験と競争の学校史』平凡社，

1995年参照。

26 佐藤，前掲論文，2005年；濵名，前掲論文；山根，前掲論文参照。

27 佐藤，前掲論文，2005年，216頁。

28 山根，前掲論文参照。

29 佐藤，前掲論文，2005年，39頁。

30 水原克敏『学習指導要領は国民形成の設計書』東北大学出版会，2010年参照。

31 佐藤，前掲論文，1970年，22頁。

32 山根，前掲論文参照。

33 「競争心」について，1886（明治19）年に発表された論文で，能勢栄は英語の表記を参考にして，以下のように区別していたことは興味深い（杉村，前掲論文，25頁参照)。ちなみに能勢はEmulationとしての競争を推奨している。Emulation：同等の優等生を目標にして励むという「善意の競争」。Rivalry：敵人と敵人との間の敵対的競争。Envy：他人の富貴，栄誉を羨み嫉む競争。Contention：他人の欲する物を押し倒してこれを取ろうとする競争。Competition：他人の得た物を同時に自分も得ようとする競争。

34 天野正輝『教育評価史研究』東信堂，1993年，88頁。

35 同上書，119頁。

36 沢柳に関しては新田義之『沢柳政太郎』ミネルヴァ書房，2006年参照のこと。

37 沢柳政太郎「実際的教育学」『沢柳政太郎全集』第１巻，国土社，1975年所収。

38 同上書，104頁。

39 宮坂，前掲書，1975年，260頁。

40 総論として，中野光・小熊伸一編『日本の教師３学級づくり』ぎょうせい，1993年と豊田ひさき『「学びあいの授業」実践史』風媒社，2020年を参照のこと。とりわけ大正新教育期に関しては，橋本美保・遠座知恵編解説『大正新教育学級・学校経営重要文献選』不二出版，2019年と橋本美保・田中智志編『大正新教育の実践』東信堂，2021年を参照のこと。

41 中内敏夫『生活綴方』国土新書，1976年など参照。

42 鈴木道太の文集「手旗」『鈴木道太著作選１北方教師の記録他』明治図書，1972年所収，103頁。

43 一学級あたりの学級定員については，戦前は70名未満，戦後になって，60名→50名（1959-1963）→45名（1964-1978）→40名（1980-2021）と推移したが，世界的にみて多いと指摘されてきた。2021年３月31日の参議院本会議において「改正義務教育標準法」が全会一致で可決され，35人学級が実現することになった。

44 中内敏夫「施設設備論」『新版教材と教具の理論』あゆみ出版，1990年所収（旧版1978年）と喜多明人『学校環境と子どもの発見』エイデル研究所，1983年を参照のこと。より詳しくは小林正泰「学校建築史研究の課題と展望」『日本教育史研究』第37号，2018年を参照のこと。

第一章

1 文部科学省『生徒指導提要』2010年，148頁。

2 文部科学省「学校評価ガイドライン」2016年，49頁。

3 安藤知子「『学級経営論』の展開から何を学ぶか——専門職業人としての教師の実践と研究」蓮尾直美・安藤知子編『学級の社会学』ナカニシヤ出版，2013年，15～23頁。

4 下村哲夫『学年・学級の経営』第一法規，1982年，５～12頁。

5 『学級経営入門』明治図書，1964年，23頁。

6 同上書，28～29頁。

7 同上書，67頁。

8 同上書，38頁。

9 同上書，20頁。

10 宮田丈夫『新訂学級経営』金子書房，1970年，79頁。

11 同上書，79頁。

12 同上書，142頁。

13 同上書，79～80頁。

14 同上書，80頁。

15 細谷俊夫『教育方法』岩波書店，第４版，1991年，90頁。

16 同上書，95頁。

17 同上書，97頁。

18 同上書，93頁。
19 同上書，99頁。
20 同上。
21 同上書，101頁。
22 下村，前掲書，10～11頁。
23 同上書，12頁。
24 同上書，20頁。
25 同上書，21頁。
26 同上書，19頁。
27 同上書，20～21頁。
28 白松賢『学級経営の教科書』東洋館出版社，2017年，17頁。
29 同上。
30 同上書，22頁。
31 同上書，18頁。
32 同上書，21頁。
33 澤正『学級経営』弘道館，1912年，1頁。
34 同上書，296頁。
35 同上書，300頁。

第二章

1 小川太郎ほか「子どもの実践と認識をどう指導するか（下）――国民のための教育科学再論（三）」『教育』第78号，1958年，83～89頁。
2 同上論文，83頁。
3 同上論文，85頁。
4 宮坂哲文「生活指導と道徳教育」『教育』第86号，1958年，31～39頁。
5 同上論文，34頁。
6 同上。
7 宮坂哲文編『ホームルームの指導計画』国土社，1958年所収。
8 宮坂哲文「学校教育における生活指導の役割とホームルーム」同上書，31～32頁。
9 同上論文，32頁。
10 小川太郎「教育における教科の位置――歴史教育をめぐって」『国民教育と教師』国土社，1959年，136～137頁。
11 宮坂哲文『生活指導と道徳教育』明治図書，1959年，141頁。
12 同上書，142～144頁。
13 同上書，145頁。
14 小川太郎『教育と陶冶の理論』明治図書，1963年，107頁。
15 同上書，108頁。
16 同上書，109頁。
17 同上。
18 大橋精夫「現代教育における訓練論の課題」『現代教育科学』第59号，1963年，126頁。
19 同上。
20 大橋精夫『現代教育方法論批判』明治図書，1964年，210頁。
21 藤田昌士「『生活指導』の概念をめぐる論争――小川＝宮坂論争」久木幸男・鈴木英一編『日本教育論争史録　第四巻』第一法規，1980年，189～190頁。
22 同上論文，191頁。
23 同上。
24 同上。
25 竹内常一『生活指導の理論』明治図書，1969年，76頁。
26 同上。
27 同上。
28 同上書，61頁。
29 同上書，80頁。
30 文部科学省『小学校学習指導要領（平成29年告示）解説　特別活動編』東洋館出版社，2018年，143頁。
31 同上書，34頁。
32 同上書，31頁。
33 田中耕治「教育課程における『総合学習』の位置を考える」田中耕治・西岡加名恵『総合学習とポートフォリオ評価法　入門編』日本標準，1999年，15～16頁。

第三章

1 吉本均『教授学重要用語三〇〇の基礎知識』明治図書，1981年，274頁。
2 吉本均『現代授業集団の構造』明治図書，1969年，57頁。
3 『大西忠治教育技術著作集6』明治図書，1991年，104頁。
4 同上書，106頁。
5 同上書，107頁。
6 同上書，102頁。
7 同上書，107頁。

8 『大西忠治教育技術著作集７』明治図書，1991年，282頁。
9 高田清『学習集団の論争的考察』溪水社，2017年，138～139頁。
10 『学級の教育力を生かす　吉本均著作選集３』明治図書，2006年，27～34頁。
11 大西忠治『学習集団の基礎理論』明治図書，1967年，11頁。
12 同上書，24頁。
13 『大西忠治教育技術著作集７』，275頁。
14 大西忠治『学習集団実践論』明治図書，1978年，80～81頁。
15 大西忠治『国語授業と集団の指導』明治図書，1970年，18頁。
16 『学習集団の基礎理論』，112頁。
17 読み研運営委員会編『科学的な「読み」の授業入門：文学作品編』東洋館出版社，2000年，21頁。
18 『学習集団の基礎理論』，84頁。
19 同上書，83頁。
20 『大西忠治教育技術著作集７』，277頁。
21 同上書，280頁。
22 佐藤学『習熟度別指導の何が問題か』岩波書店，2004年，29～31頁。
23 R. E. Slavin, “Ability Grouping and Student Achievement in Elementary Schools: A Best-Evidence Synthesis,” in *Review of Educational Research*, Vol.57, No.3, 1987, p.328.
24 加藤幸次『少人数指導・習熟度別指導』ヴィヴル，2004年，61～62頁。
25 文部科学省「『令和の日本型学校教育』の構築を目指して～全ての子供たちの可能性を引き出す，個別最適な学びと，協働的な学びの実現～（答申）」2021年，18頁。
26 同上書，17頁。
27 同上書，19頁。
28 東浦町立緒川小学校『個性化教育へのアプローチ』1983年，32～34頁。
29 同上書，69頁。
30 久田敏彦「授業における競争と協同」日本教育方法学会編『現代教育方法事典』図書文化，2004年，312頁。

第四章

1 竹内常一「『組』と『級』の関係を問う」『生活指導』第514号，1997年，５～６頁；『教育を変える』桜井書店，2000年，17～18頁。
2 春田正治「ちがいを明らかにした上で」『生活指導』第71号，1965年，67頁。
3 大西忠治『学習集団の基礎理論』1967年，明治図書，80頁。
4 川地亜弥子「書くことによる実生活と教育の結合」田中耕治編著『戦後日本教育方法論史〈上〉』ミネルヴァ書房，2017年，61頁。
5 春田正治・宮坂哲文「生活指導」日本教職員組合編『日本の教育６』国土社，1957年，357頁。
6 大西忠治「集団主義の立場から」宮坂哲文編『現代学級経営　第２巻』明治図書，1961年，46～47頁。
7 大西忠治『班のある学級』明治図書，1964年，46頁。
8 全生研常任委員会『学級集団づくり入門第二版』明治図書，1971年，72～73頁。
9 同上書，55頁。
10 同上書，49頁。
11 同上書，50頁。
12 全生研常任委員会編『新版学級集団づくり入門　小学校』明治図書，1990年，26頁。
13 同上書，35頁。
14 同上書，65～66頁。
15 同上書，36頁。
16 同上書，69頁。
17 同上書，205頁。
18 全生研常任委員会『子ども集団づくり入門――学級・学校が変わる』明治図書，2005年，61頁。
19 同上書，64頁。
20 同上書，66頁。
21 船越勝「子ども集団づくりの行方」深澤広明・吉田成章編『学習集団づくりが育てる「学びに向かう力」』溪水社，2020年，32頁。
22 同上書，33頁。
23 竹内常一「生活指導におけるケアと自治」

竹内常一・折出健二編著『生活指導とは何か』高文研，2015年，83頁。
24 赤坂真二『資質・能力を育てる問題解決型学級経営』明治図書，2018年，124頁。
25 同上書，97頁。
26 向山洋一・TOSS編集委員会編『日本教育技術方法大系第８巻　学級経営大事典』明治図書，2001年など。

第五章

1 経済産業省「ダイバーシティ2.0 行動ガイドライン」2017年（2018年改訂）。
2 渡邉健治・大久保賢一・竹下幸男・深田將輝「日本の小学校における『ダイバーシティ教育』に関する調査」『畿央大学紀要』第14巻第２号，2017年，26頁。
3 清水貞夫「インクルージョン」茂木俊彦監修『特別支援教育大事典』旬報社，2010年，40～41頁。
4 インテグレーションやメインストリーミングというのは1970年代頃より欧米の障害児教育において提起されてきたスローガンである。いずれも，障害児が通常教育の場から切り離されていることを問題視する点ではインクルージョンと通底する部分があるが，インクルージョンが通常教育の側の変容を求めるものであるのに対して，インテグレーションやメインストリーミングにはこの視点が弱いという相違がある。
5 訳語は国立特別支援教育総合研究所による特別支援教育法令等データベース内の「基本法令等――サラマンカ声明」に従った。https://www.nise.go.jp/blog/2000/05/b1_h060600_01.html（2021年３月31日閲覧）。
6 訳語は外務省ホームページに掲載のものに従った。https://www.mofa.go.jp/mofaj/gaiko/jinken/index_shogaisha.html（2022年１月11日閲覧）。
7 文部科学省「通常の学級に在籍する発達障害の可能性のある特別な教育的支援を必要とする児童生徒に関する調査」2012年。
8 堤英俊『知的障害教育の場とグレーゾーンの子どもたち――インクルーシブ社会への教育学』東京大学出版会，2019年。
9 河崎佳子『きこえない子の心・ことば・家族』明石書店，2004年。滋賀大キッズカレッジ手記編集委員会編『ぼく，字が書けない，だけど，さぼってなんかいない――発達障害（LD，ADHD，アスペルガー症候群）の読み書き困難』文理閣，2010年など。
10 深沢和彦・河村茂雄「小学校通常学級における特別支援対象児在籍数と周囲児の学級適応感の検討」『学級経営心理学研究』第６号，2017年，１～10頁。
11 大和久勝『「ADHD（注意欠陥多動性障害）」の子どもと生きる教室』新日本出版社，2003年。
12 猪狩恵美子『通常学級在籍の病気の子どもと特別な教育的配慮の研究』風間書房，2016年。
13 文部科学省「長期入院児童生徒に対する教育支援に関する実態調査の概要」2015年。
14 栗山宣夫「小児がん等の難病で入院中の高校生の教育保障の動向と課題」『障害者問題研究』第50巻第１号，2022年，６～７頁。
15 全国病弱教育研究会編『病気の子どもの教育入門』クリエイツかもがわ，2013年。
16 篠原淳子「病弱総合支援学校のセンター的機能を活用した入院する高校生の学習支援――高校生学習会と同時双方向型配信授業の取り組み」『障害者問題研究』第50巻第１号，2022年，27頁。
17 全国病弱教育研究会編，前掲書。
18 栗山，前掲論文，５頁。
19 文部科学省『外国人児童生徒受入れの手引き（改訂版）』2019年。
20 藤森善正・青木道忠・池田江美子・越野和之編『交流・共同教育と障害理解学習――仲間を見つめ自分を育てる』全障研出版部，2002年。
21 中央教育審議会初等中等教育分科会義務教育９年間を見通した指導体制の在り方に関する検討会議「義務教育９年間を見通した教科担任制の在り方について（報告）」2021年。https://www.mext.go.jp/b_menu/shingi/chousa/shotou/159/mext_00900.html（2022年１月12日閲覧）。
22 渡邉流理也・半澤嘉博・岩井雄一「小学校

における特別支援教育体制についての検討——校内委員会の組織体制と支援機能を中心として」『SNE ジャーナル』第21号第1巻，2015年，157～171頁。

23 中央教育審議会初等中等教育分科会　学校段階間の連携・接続等に関する作業部会「資料　小中連携，一貫教育に関する主な意見等の整理」2012年。https://www.mext.go.jp/b_menu/shingi/chukyo/chukyo3/siryo/attach/1325893.htm（2022年1月12日閲覧）

24 田中耕治・羽豆成二・大脇康弘監修，京都市立高倉小学校研究同人編著『「確かな学力」と「豊かな心」を育てる学校——学校・家庭・地域・大学の連携』三学出版，2005年。

25 小野田正利『親はモンスターじゃない！——イチャモンはつながるチャンスだ』学事出版，2008年。

26 小野田正利監修「DVD　教員のための保護者対応力向上シリーズ」日本経済新聞出版，2012年（主に第1巻の付属資料を参照)。

27 小野田，2008年，前掲書。

28 原田武広「農村小学校のガイダンスとしての家庭訪問」『カリキュラム』第41巻，1952年，56～58頁。

29 大和久，前掲書，96～97頁，101頁。

30 外山旬「保護者の学習参加を組み込んだ小学校カリキュラムの開発——授業参観と総合的な学習の時間を中心に」『山形大学大学院教育実践研究科年報』第4巻，2013年，178～185頁。

31 同上。

32 有馬明恵・下島裕美・竹下美穂「PTA 活動に対する母親たちの態度の多様性」『東京女子大学紀要論集』第67巻第2号，2017年，209～230頁。

33 森村繁晴「『日本 PTA』新聞の計量テキスト分析——『親の責任』言説の経年変化に注目して」『教職課程センター紀要』第3号，2018年，39～45頁。

34 中西広大「大阪市における学力テスト結果公開と人口流入——小・中学校における学校選択制の検討から」『都市文化研究』Vol.21，2019年，66～79頁。

35 同上。

36 同上。

37 金井香里『ニューカマーの子どものいる教室——教師の認知と思考』勁草書房，2012年。

38 林由紀子『弥栄のきずな』毎日新聞社，2013年。

39 大阪府立西成高等学校『反貧困学習——格差の連鎖を断つために』解放出版社，2009年。

40 窪田知子・丸山啓史・河合隆平・田中智子・越野和之「障害児家族の生活・養育困難に対する教員の認識——特別支援学校教員へのインタビュー調査から」『滋賀大学教育学部紀要』第63号，2014年，31～38頁。

41 中園桐代「高校生アルバイトの労働実態と学校生活——『子ども』ではいられない高校生たち」『教育学の研究と実践』第7巻，2012年，25～34頁。

42 丸山啓史・窪田知子・河合隆平・越野和之・田中智子「障害児家族の生活・養育困難と特別支援学校教員の対応」『京都教育大学紀要』第124巻，2014年，29～44頁。

43 文部科学省「GIGA スクール構想の実現へ」2020年。

44 文部科学省「情報活用能力を育成するためのカリキュラム・マネジメントの在り方と授業デザイン——平成29年度情報教育推進校（IE-School）の取組より」2019年。

45 総務省『情報通信白書　令和2年版』2020年。

46 南雲勇多「外国につながる子どもと学校のルール・校則」『季刊教育法』第204号，2020年，38～45頁。

47 赤木和重『アメリカの教室に入ってみた——貧困地区の公立学校から超インクルーシブ教育まで』ひとなる書房，2017年。

48 是永かな子・石田祥代・眞城知己「スウェーデンにおける知的障害児のインクルーシブ教育——指導内容・指導方法に注目して」『高知大学学術研究報告』第65巻，2016年，31～42頁。

49 金井，前掲書。

50 子安潤「学級崩壊の読み方と関係の編み直し方」子安潤ほか編『学級崩壊――かわる教師かえる教室　第Ⅲ巻　小学校中学年』フォーラムA，2000年。

51 同上。

52 尾木直樹『子どもの危機をどう見るか』岩波新書，2000年。

53 同上。

54 小西健二郎『学級革命――子どもに学ぶ教師の記録』牧書店，1962年。大西忠治『班のある学級』明治図書出版，1964年。

55 森田洋司・清永賢二『いじめ――教室の病い（改訂版）』金子書房，1994年，44～45頁。

56 同上書，45頁。

57 同上書，52頁。

58 大西彩子『いじめ加害者の心理学――学級でいじめが起こるメカニズムの研究』ナカニシヤ書店，2015年。

59 同上書。

60 文部科学省「令和元年度　児童生徒の問題行動・不登校等生徒指導上の諸課題に関する調査結果について」2020年。

61 日本財団「不登校傾向にある子どもの実態調査」2018年。

62 稲垣卓司・和氣玲・松田泰行「中学校・高校における不登校生徒の進路状況の検討――思春期外来の現状から」『島根大学教育学部紀要（教育科学）』第53巻，2020年，1～5頁。

63 神崎真実・サトウタツヤ「不登校経験者受け入れ高校における教員による生徒への支援――フィールドワークに基づくトランスビューモデルの生成」『立命館人間科学研究』第30巻，2014年，15～32頁。

64 世田谷区教育委員会『不登校の小・中学生のための心の居場所ほっとスクール（令和3年度改訂）』2021年。

65 奥地圭子『フリースクールが「教育」を変える』東京シューレ出版，2015年。

補論

1 文部科学省「高等学校通信教育の現状について」2020年1月。岩瀬直樹「ポスト・モダンの学校を描く」教育開発研究所『教職研修』編集部編『ポスト・コロナの学校を描く』教育開発研究所，2020年所収を参照。

2 内閣府ウェブサイト。https://www8.cao.go.jp/cstp/society5_0/（2021年12月17日閲覧）

3 同上。

4 Society 5.0に向けた人材育成に係る大臣懇談会「Society 5.0に向けた人材育成～社会が変わる，学びが変わる～」2018年6月。

5 中央教育審議会「『令和の日本型学校教育』の構築を目指して～すべての子供たちの可能性を引き出す，個別最適な学びと，協働的な学びの実現～（答申）」2021年，7頁。

6 ベネッセホールディングス「小・中・高校生の親子の生活における新型コロナウイルス影響調査（毎週実施）」2020年5月14日。https://blog.benesse.ne.jp/bh/ja/news/2020/index_3.html（2021年12月17日　閲覧）

7 文部科学省「新型コロナウイルス感染症の影響を踏まえた公立学校における学習指導等に関する状況について」2020年6月23日。https://www.mext.go.jp/content/20200717-mxt_kouhou01-000004520_1.pdf（2021年12月17日閲覧）

8 鈴谷大輔「Zoomを活用したオンライン朝の会，進行のポイントは？【公立小学校での実践事例】」EdTechZineウェブサイト，2020年5月29日。https://edtechzine.jp/article/detail/3859（2021年12月17日閲覧）

9 中央教育審議会，前掲，8頁。

10 同上，40頁。

11 鈴木款「『教育現場の3Kから脱却を』　文科省の“ないない尽くし”若手が目指す教育改革」FNNプライムオンラインウェブサイト，2019年3月19日。https://www.fnn.jp/articles/-/7685（2021年12月17日 閲覧）

12 中央教育審議会，前掲，77頁。

13 経済産業省「未来の教室」ウェブサイト。https://www.learning-innovation.go.jp/about/（2021年12月17日閲覧）

14 文部科学省「特例校（不登校児童生徒を対象とする特別の教育課程を編成して教育を

実施する学校）について」。https://www.mext.go.jp/a_menu/shotou/seitoshidou/1387008.htm（2021年12月17日閲覧）

15　ニューノーマル時代の学級経営にかかわるTIPS集が早くも市場を賑わせている。樋口万太郎ほか編著『仲よくなれる！　授業がもりあがる！　密にならないクラスあそび120』学陽書房，2021年や，鈴木邦明ほか編著『オンライン，ソーシャルディスタンスでできる学級あそび＆授業アイスブレイク』明治図書，2020年など。

16　赤坂真二『資質・能力を育てる問題解決型学級経営』明治図書，2018年。

17　文部科学省ウェブサイト「学校における働き方改革について」。https://www.mext.go.jp/a_menu/shotou/hatarakikata/index.htm（2021年12月17日閲覧）

18　文部科学省「学校における働き方改革～取組事例集～」2020年２月。https://www.mext.go.jp/a_menu/shotou/hatarakikata/mext_00428.html（2021年12月17日閲覧）

19　たとえば，文部科学省が働き方改革の一環としてSNS上で展開した「＃教師のバトン　プロジェクト」をめぐる顛末は，学校の働き方改革が現場レベルで進んでいるとは言えない状況をリアルに示した。https://mext-teachers-gov.note.jp/（2021年12月17日閲覧）

20　たとえば，東京女学校中学校・高等学校，名古屋経済大学市邨中学校，目黒日本大学中学校・高等学校などの取り組み。

21　たとえば，戸田市立の小・中学校は，令和２年度の臨時休校期間中から，Google Classroomを活用した学習指導や学級経営の取組に即した保護者向けガイドラインを作成している。例：戸田市立戸田第一小学校「Google Classroom活用ガイドライン」。https://www.toda-c.ed.jp/site/toda1-e/（2021年12月17日閲覧）

22　LINE株式会社「青少年のネット利用実態把握を目的とした調査　平成30年度最終報告書」2018年，45頁。https://scdn.line-apps.com/stf/linecorp/ja/csr/report2018.pdf（2021年12月22日閲覧）

23　長野県教育委員会が2019年に実施した調査によれば，「ネット上だけの知り合い」に会ったことがあると回答した子どもは，小学生男子で0.9％，小学生女子で0.0％，中学生男子で0.6％，中学生女子で2.1％にとどまっている。長野県教育委員会「令和元年度　インターネットについてのアンケート　調査結果について」2019年12月。https://www.pref.nagano.lg.jp/kyoiku/kyoiku/goannai/kaigiroku/h31/teireikai/documents/1058_h5n.pdf（2021年12月22日閲覧）

24　松原和之「学校におけるデジタル・トランスフォーメーション『DX』とは」。https://www.youtube.com/JEKCjcDWa2Y（2021年12月22日閲覧）

第六章

1　中山大嘉俊「学級経営力を高める」大脇康弘編著『若手教師を育てるマネジメント――新たなライフコースを創る指導と支援』ぎょうせい，2019年，50～51頁。

2　同上書，52～53頁。

第七章

1　Q-Uテストは早稲田大学教育学部の河村茂雄氏により，学習集団をアセスメントし，適切な支援をするための補助ツールとして開発された。学級満足度尺度，学校生活意欲尺度，ソーシャルスキル尺度により構成される。

2　京都市においてはクラスマネジメントシートを学級担任等がクラスの子どもの状況を適切に把握し，学級経営をより効果的に進めるための独自ツールとして活用している。

3　アメリカの犯罪学者ケリングが提唱した理論で，一枚の窓ガラスが割れている状態を放置しているとやがて他の窓ガラスも割られていき，次第に街全体が荒廃し犯罪が増加すると言われる。教育場面でも小さいルール違反や問題を見逃さないことが重要であるという点から割れ窓理論が応用されることが多い。

4　協同学習を促すために，グループの意見を持ち寄って互いに紹介しあい，協力して違った意見を取り入れて全体像をまとめ上げていく手法。
5　文部科学省「生徒指導提要」2010年。
6　文部科学省『小学校学習指導要領（平成29年告示）解説　特別活動編』東洋館出版社，2019年，81～82頁参照。小学校から高等学校までのキャリア教育に関わる活動について，学んだことを振り返りながら新たな学習や生活への意欲につなげたり，将来の生き方を考えたりする活動を行う際に，学びのプロセスを児童生徒自身で記述し蓄積する教材等を活用することとされている。これを「キャリア・パスポート」と呼ぶこととされた（2019年３月29日文部科学省初等中等教育局事務連絡）。
7　嶋崎政男『生徒指導の危機管理』学事出版，1998年，６～11頁。

第八章

1　京都府下の小学６年生，中学１～３年生，高校１年生に，自由記述式の質問紙調査を実施した。調査時期は小中高いずれも2020年12月，有効回答は計202名。また，教員を志している３つの大学（佛教大学／京都教育大学／京都大学）の学生・院生との授業で「理想の学級像」のディスカッションを実施することができた。調査に協力いただいた先生方，議論に参加してくれた学生たちに記して感謝したい。
2　滝充『「いじめ」を育てる学級特性――学校がつくる子どものストレス』明治図書，1996年。
3　土井隆義『つながりを煽られる子どもたち――ネット依存といじめ問題を考える』岩波書店，2014年。
4　本田由紀『教育は何を評価してきたのか』岩波書店，2020年。
5　中央教育審議会「『令和の日本型学校教育』の構築を目指して～全ての子供たちの可能性を引き出す，個別最適な学びと，協働的な学びの実現～（答申）」2021年１月26日。
6　土井隆義「人の反応，自分の羅針盤に」『朝日新聞』耕論，2021年４月24日。
7　本田，2020年，前掲書。
8　伊藤亜矢子「スクールカウンセリングから見た多様性を認める学級づくり」『教育と医学』2020年５・６月号，慶應義塾大学出版会。
9　岡檀『生き心地の良い町――この自殺率の低さには理由がある』講談社，2013年。
10　McKinsey & Company, "Diversity Wins: How inclusion matters," 2020.5.19. https://www.mckinsey.com/featured-insights/diversity-and-inclusion/diversity-wins-how-inclusion-matters（「ダイバーシティが企業にもたらす真の利益」『ハーバード・ビジネス・レビュー』ダイヤモンド社，2021年３月号）
11　蒔田晋治『教室はまちがうところだ』子どもの未来社，2004年。
12　５つの鍵とは，①心理的安全性（Psychological safety）＝不安や恥ずかしさを感じることなくリスクある行動を取ることができるか，②信頼性（Dependability）＝限りある時間を有効に使うため，互いに信頼して仕事を任せ合うことができるか，③構造と明瞭さ（Structure & clarity）＝チーム目標や役割分担，実行計画は明瞭であるか，④仕事の意味（Meaning of work）＝メンバー一人ひとりが自分に与えられた役割に対して意味を見出すことができるか，⑤仕事のインパクト（Impact of work）＝自分の仕事が組織内や社会全体に対して影響力を持っていると感じられるか，である。
13　エイミー・C・エドモンドソン，野津智子訳，村瀬俊朗解説『恐れのない組織――「心理的安全性」が学習・イノベーション・成長をもたらす』英治出版，2021年。
14　平田オリザ『わかりあえないことから――コミュニケーション能力とは何か』講談社，2012年。
15　平田オリザ「初めはきっとわかりあえない。でもそんな“対話”から希望は生まれる」リクルート進学総研『キャリアガイダンス』vol.437，2021年。
16　ブレイディみかこ『ぼくはイエローでホワ

イトで，ちょっとブルー』新潮社，2019年。同『他者の靴を履く――アナーキック・エンパシーのすすめ』文藝春秋，2021年。

17 ブレイディみかこ「エンパシー」『キャリアガイダンス』vol.440，2021年。

18 ルトガー・ブレグマン，野中香方子訳『Humankind 希望の歴史』下，文藝春秋，2021年。

19 広田照幸『学校はなぜ退屈でなぜ大切なのか』筑摩書房，2022年。

20 国立成育医療研究センター「コロナ×子どもアンケート」第4回調査報告書，2021年2月10日。PHQ-A（Patient Health Questionnaire-9 for Adolescents）は，PHQ-9（成人用のうつ症状の重症度を評価する尺度）を改訂して作られた思春期のこどもを対象としたうつ症状の重症度尺度。過去7日間について，「気分が落ち込む，憂うつになる，いらいらする，または絶望的な気持ちになる」，「物事に対してほとんど興味がない，または楽しめない」など，9項目の質問から構成されている。

21 国立成育医療研究センター「コロナ×こどもアンケートその4――悩んでいること・困っていること」2021年。

22 正常性バイアスとは，自分にとって都合の悪い情報を無視したり過小評価したりして，「いつもと変わらず正常である」と穏やかな心の状態を保とうとすること（「自分は大丈夫」「今回は大丈夫」「まだ大丈夫」）。東日本大震災で，この正常性バイアスを克服して想定外を生き抜いた取り組みは，片田敏孝『人に寄り添う防災』集英社新書，2020年が参考になる。

23 中原淳監修『学校が「とまった」日――ウィズ・コロナの学びを支える人々の挑戦』東洋館出版社，2021年。

24 アンデシュ・ハンセン，久山葉子訳『スマホ脳』新潮新書，2020年。

25 文部科学省「コロナ禍における児童生徒の自殺等に関する現状について」2021年2月15日。

26 質問紙とインタビュー調査で実施。質問紙調査は京都府下の中学校，インタビュー調査は筆者の所属する研究会（「学校改革フォーラム」）の全国各地の会員に協力していただいた。

27 中原淳監修，辻和洋・町支大祐編『データから考える教師の働き方入門』毎日新聞出版，2019年。

28 OECD 国際教員指導環境調査（TALIS：Teaching and Learning International Survey）2018（2020年3月23日公表）。

29 神林寿幸『公立小・中学校教員の業務負担』大学教育出版，2017年。

30 山口周『ニュータイプの時代――新時代を生き抜く24の思考・行動様式』ダイヤモンド社，2019年。VUCA（ブーカ）は，Volatility（不安定・変動性），Uncertainty（不確実性），Complexity（複雑性），Ambiguity（曖昧性）の頭文字からなる造語。社会環境が目まぐるしく変化し，将来の予測が困難になっている状況を意味する。

第九章

1 この「発見できていないいじめ」に関連していえば，高校生の調査ではあるが，2020年に京都府と滋賀県の公立，私立高校生のうちインターネットで嫌がらせや中傷を受ける「ネットいじめ」を経験した割合は8.7％と，前回調査（2015年）から3.5ポイント上昇したことが，生徒約6万4,000人が協力した大規模調査でわかった。また，この調査では，加害者を「ほぼ特定できた」のは45.8％と前回の67.5％から減っている。一方で，「まったく特定できなかった」は31.7％と前回の7.9％から4倍超になり，匿名性が高まっていることが伺える。なお，使用されたツールは，前回の項目になかった「オンラインゲーム」が40.7％と最多となっている。「ネットとリアルは地続き」である。原清治を代表とする研究グループが，20年11月～21年3月に調査。京都82校，滋賀50校の計132校の高等学校が参加。初回の前回は約6万6,000人が協力している。『京都新聞』2022年1月23日。

2 共同通信大阪社会部『大津中2いじめ自殺――学校はなぜ目を背けたのか』PHP新

書，2013年。
3 TIMSS 2019, INTERNATIONAL REPORTS, "Student Bullying"（結果公表は2020年12月）．以前のTIMSS評価で使用されていた８年生（中学２年生）の生徒いじめ尺度は，「ソーシャルメディアとネットいじめに関連する現在の傾向をより適切に反映するため」にTIMSS 2019で改訂された（https://timss2019.org/reports/student-bullying/）。なお，国立教育政策研究所編『TIMSS2019 算数・数学教育／理科教育の国際比較――国際数学・理科教育動向調査の2019年調査報告書』明石書店，2021年，320頁には質問項目のみ掲載されているが，結果の訳出，分析はない。小松光，ジェルミー・ラプリー『日本の教育はダメじゃない――国際比較データで問いなおす』ちくま新書，2021年参照。
4 国立教育政策研究所『PISA 2015年調査国際結果報告書 生徒の well-being（生徒の「健やかさ・幸福度」）』2017年。
5 システム思考のアプローチについては，ピーター・M・センゲ，枝廣淳子ほか訳『学習する組織――システム思考で未来を創造する』英治出版，2011年およびピーター・M・センゲほか，リヒテルズ直子訳『学習する学校――子ども・教員・親・地域で未来の学びを創造する』英治出版，2014年が参考になる。
6 中井久夫『いじめのある世界に生きる君たちへ――いじめられっ子だった精神科医の贈る言葉』中央公論新社，2016年。
7 岡本茂樹『反省させると犯罪者になります』新潮新書，2013年。
8 和久田学『学校を変える いじめの科学』日本評論社，2019年。
9 和久田学『朝日新聞』耕論，2020年７月10日。
10 岩田健太郎『ぼくが見つけたいじめを克服する方法――日本の空気，体質を変える』光文社，2020年。
11 荻上チキ『いじめを生む教室――子どもを守るために知っておきたいデータと知識』PHP新書，2018年。
12 河村茂雄『データが語る〈１〉学校の課題――学力向上・学級の荒れ・いじめを徹底検証』図書文化社，2007年。
13 鈴木翔『教室内（スクール）カースト』光文社，2012年。
14 村山士郎『いじめの世界が見えてきた』大月書店，1996年など。
15 筆者も統計的な分析で“根っ子の共通性”の確認を試みている。内田利広・盛永俊弘「中学生の「学校適応感」や「逸脱願望の抑制」に影響を及ぼす要因に関する研究――学校生活と心理状態に関する実態調査を通して」『京都教育大学教育実践研究紀要』第３号，2003年。
16 今回の調査では「新型コロナウイルスの感染回避」により30日以上登校しなかったとされる中学生6,667人は不登校の集計から除外されているが，その内実を十分吟味する必要がある。
17 文部科学省「不登校児童生徒への支援の在り方について」2019年10月25日。本通知で，従来の通知はすべて廃止となった。
18 内田利広・盛永俊弘「中学生の内面的理解による担任の関わりについて――不登校や問題行動の実践事例」『京都教育大学教育実践研究紀要』第４号，2004年。
19 桑原知子『教室で生かすカウンセリング・アプローチ』日本評論社，2016年。
20 帚木蓬生『ネガティブ・ケイパビリティ――答えの出ない事態に耐える力』朝日選書，2017年。
21 文部科学省「不登校に関する実態調査～平成18年度不登校生徒に関する追跡調査報告書～」。
22 不登校児童生徒の実態把握に関する調査企画分析会議「不登校児童生徒の実態把握に関する調査報告書」2021年10月。
23 有毒ガスが発生した場合，人間よりも先にカナリアが察知して鳴き声（さえずり）が止むことから，その昔，炭鉱労働者がカナリアを籠にいれて坑道に入ったことに由来する。
24 土井隆義「『いじり』と『いじめ』のあいだ」原清治編『ネットいじめの現在（い

ま)』ミネルヴァ書房，2021年。

25 吉川徹『ゲーム・ネットの世界から離れられない子どもたち——子どもが社会から孤立しないために』合同出版，2021年。

26 福島脩美「教師は指導と受容をどう統合するか」『児童心理』金子書房，2001年。

27 河合隼雄『臨床教育学入門』岩波書店，1995年。

28 文部科学省「令和2年度学校基本調査」2020年12月。全国の中学校数は1万142校(国立69校，公立9,291校，私立782校)，編制方式別学級数は13万9,379学級(単式学級11万8,581，複式学級168，特別支援学級2万630)。

29 解決志向的アプローチの中心哲学(3つのルール)は，「もしうまくいっているなら，変えようとするな／もし一度やって，うまくいったのなら，またそれをせよ／もしうまくいっていないのであれば，(何でもいいから)違うことをせよ」である。また，4つの発想の前提は，「変化は絶えず起こっており，そして必然である／小さな変化は，大きな変化をもたらす／「解決」について知るほうが，問題と原因を把握することよりも有用である／クライエントは，彼らの問題解決のためのリソース(資源・資質)を持っている。クライエントが，(彼らの)解決のエキスパート(専門家)」である。

30 帚木，前掲書。

31 鷲田清一『「待つ」ということ』KADOKAWA／角川学芸出版，2006年。

32 熊平美香『リフレクション(REFLECTION)——自分とチームの成長を加速させる内省の技術』ディスカヴァー・トゥエンティワン，2021年。

33 盛永俊弘『子どもたちを“座標軸”にした学校づくり』日本標準ブックレット，2017年。

34 川上康則『教室マルトリートメント』東洋館出版社，2022年。

35 自尊感情の定義等は，箕浦有希久「自尊感情」『非認知能力——概念・測定と教育の可能性』北大路書房，2021年を参照。

36 宮口幸治『ケーキの切れない非行少年たち』新潮新書，2019年。

37 新谷優『自尊心からの解放——幸福をかなえる心理学』誠信書房，2017年。

38 鹿毛雅治『モチベーションの心理学——「やる気」と「意欲」のメカニズム』中公新書，2022年，中間玲子編『自尊感情の心理学——理解を深める「取扱説明書」』金子書房，2016年。

39 高垣忠一郎『悩む心に寄り添う——自己否定感と自己肯定感』新日本出版，2021年。

40 ベネッセ教育総合研究所・朝日新聞社共同調査「学校教育に対する保護者の意識調査」2018年。

41 マザークエスト「学校教育の現状とこれからの期待に関する保護者アンケート」結果，2021年1月18日。https://prtimes.jp/main/html/rd/p/000000001.000072080.html

42 露口健司編『「つながり」を深め子どもの成長を促す教育学——信頼関係を築きやすい学校組織・施策とは』ミネルヴァ書房，2016年。

43 杉本希映ほか「保護者による教師の信頼性認知尺度の開発とその関連要因の検討」『教育心理学研究』67巻3号，2019年，149～161頁。

44 神内聡『学校弁護士——スクールロイヤーが見た教育現場』角川新書，2020年。

45 志水宏吉・若槻健『つながりを生かした学校づくり』東洋館出版社，2017年。

46 小柴孝子ほか「中・高校生が求める理想の教師像」『神田外語大学紀要』第26号，2014年。

47 国立教育政策研究所『全国学力・学習状況調査において特徴ある結果を示した学校における取組事例集』2009年。

48 ヤング吉原麻里子・木島里江『世界を変えるSTEAM人材——シリコンバレー「デザイン思考」の核心』朝日新書，2019年。

49 田中治彦「SDGsで持続可能な社会の創り手を育てる教育を」『SDGsで変えるこれからの学び』ぎょうせい，2020年。田中治彦・奈須正裕・藤原孝章編『SDGsカリキ

ュラムの創造――ESDから広がる持続可能な未来』学文社，2019年。
50 高橋真樹『日本のSDGs――それってほんとにサステナブル？』大月書店，2021年。
51 田中，前掲書。
52 湯本浩之「知っていますかSDGs」『SDGsで変えるこれからの学び』ぎょうせい，2020年。関連して，斎藤幸平は「温暖化対策としてレジ袋削減のためにエコバッグを買った……は，温暖化対策をしていると思い込むことで，真に必要とされているもっと大切な大胆なアクションを起こさなくなってしまうのでは」と問いかけ，SDGsが現代版「大衆のアヘン」に陥らないようにとの警句を発している。『人新世の「資本論」』集英社新書，2020年。
53 ヤング吉原・木島，前掲書。
54 「ウェルビーイング　学校現場での活用術を白井室長に聞く」『教育新聞』2021年4月30日。
55 白井俊『OECD Education2030プロジェクトが描く教育の未来――エージェンシー，資質・能力とカリキュラム』ミネルヴァ書房，2020年。
56 盛永，前掲書。
57 同上。
58 内田樹『複雑化の教育論』東洋館出版社，2022年。
59 日本の相対的貧困率は15.4%，子どもの貧困率は13.5%である。厚生労働省「2019年国民生活基礎調査」2020年7月17日。
60 松岡亮二『教育格差』ちくま新書，2019年。
61 日本社会が，メリトクラシー「meritocracy」（個人の能力と努力が将来を切り拓く）からペアレントクラシー「parentocracy」（親の富〈学校外教育費支出・世帯所得〉と願望〈学歴期待〉が子どもの学力を規定している）への道を歩みつつあるとの指摘は，耳塚寛明など。
62 盛永，前掲書。
63 OECD国際教員指導環境調査（TALIS：Teaching and Learning International Survey）2018（2020年3月23日公表）。
64 鈴木博毅『「超」入門　学問のすすめ』ダイヤモンド社，2013年。